本书出版得到国家社科基金重大研究专项项目"加快构建中国特色哲学社会科学学科体系学术体系话语体系"（批准号：18VXK005）、内蒙古大学"双一流"科研专项高端成果培育项目资助。

本书是国家社科基金"铸牢中华民族共同体意识研究"专项重大项目"铸牢中华民族共同体意识视域下北部边疆安全建设机制研究"（批准号：22VMZ013）子课题三"平安中国背景下北部边疆社会治理现代化研究"阶段性成果。

刘强 著

流动人口
地位获得机制研究

A STUDY ON MECHANISM OF
MIGRANTS'
STATUS ATTAINMENT

社会科学文献出版社
SOCIAL SCIENCES ACADEMIC PRESS (CHINA)

图书在版编目（CIP）数据

流动人口地位获得机制研究 / 刘强著. -- 北京：
社会科学文献出版社，2024.8
ISBN 978-7-5228-2365-2

Ⅰ.①流…　Ⅱ.①刘…　Ⅲ.①流动人口-研究-中国
Ⅳ.①C924.24

中国国家版本馆 CIP 数据核字（2023）第 162883 号

流动人口地位获得机制研究

著　　者 / 刘　强

出 版 人 / 冀祥德
组稿编辑 / 刘　荣
责任编辑 / 单远举　朱　勤
责任印制 / 王京美

出　　版 / 社会科学文献出版社（010）59367011
　　　　　　地址：北京市北三环中路甲 29 号院华龙大厦　邮编：100029
　　　　　　网址：www.ssap.com.cn
发　　行 / 社会科学文献出版社（010）59367028
印　　装 / 三河市东方印刷有限公司

规　　格 / 开　本：787mm×1092mm　1/16
　　　　　　印　张：13.75　字　数：225 千字
版　　次 / 2024 年 8 月第 1 版　2024 年 8 月第 1 次印刷
书　　号 / ISBN 978-7-5228-2365-2
定　　价 / 98.00 元

读者服务电话：4008918866

目 录
Contents

第一章

中国流动人口的现状及问题

第一节　中国流动人口现状

一　中国人口流动规模急剧增长

1978 年改革开放以来，中国各个领域都发生了巨大的变化。其中，人口的流动、迁移及其衍生问题成为人口学、经济学、政治学、地理学、社会学等各学科持续关注的重要议题。诺贝尔经济学奖得主、美国哥伦比亚大学经济学教授斯蒂格利茨曾断言，21 世纪对世界影响最大的有两大事件：一件是美国高科技产业的发展，另一件就是中国的城镇化（董小君，2006）。中国的城镇化不可避免地伴随着人口的流动和迁移，"人的城镇化"已经成为新型城镇化中非常关键和迫切需要解决的重大问题。为数众多的流动人口不仅成为当前中国经济社会发展中最为活跃和值得关注的一个群体，还推动了中国最为深刻的社会变迁进程。从微观层面上看，随着流动人口进入城镇生活，人们的生产方式、生活方式、文明素质和社会权益发生了全方位的变化（李强、薛澜，2013：9~15）。从宏观层面上看，人口的迁移和流动会推动劳动力转型、产业结构升级、城乡人口分布、社会阶层变动，以及社会结构和制度等方面的根本性变革（段成荣、杨舸、马学阳，2012：41）。

　　流动人口之所以有如此重要的学术研究价值，且造成如此深刻的社会影响，与其巨大的人口数量密不可分。新中国成立以来，我国流动人口的发展经历了阶段性的变化。20世纪50年代后期至80年代初期，中国实行严格的计划经济体制，加上严格的户籍管理制度，导致人口流动的规模很小。20世纪80年代初，全国离开户口所在地外出务工的农民人数不超过500万人。80年代中期以后，我国的流动人口经历了一个迅速增长的过程（见表1-1）。这是因为，1984年，国家在一定程度上放松了对农村人口进入中小城镇的控制，当年，全国登记的流动人口就猛增到1000多万人。1992年，邓小平南方谈话后全国掀起了新一轮开放和开发的热潮。从这一年开始，农民大规模进城，从2000多万人增加到1996年的7200万人，2002年又进一步增加到1.1亿人。

表1-1　1982~2020年我国流动人口规模变化情况

年份	流动人口数量（万人）	全国人口数量（万人）	流动人口占全国总人口比例（%）
1982	657	101654	0.6
1987	1810	109300	1.7
1990	2135	114333	1.9
1995	4771	121121	3.9
2000	10229	126743	8.1
2005	14735	130756	11.3
2010	22143	134091	16.5
2015	24597	138326	17.8
2020	37582	141212	26.6

注：1982年、1990年、2000年、2010年、2020年数据来源于国家统计局公布的第三次至第七次全国人口普查数据；1987年、1995年、2005年、2015年数据来源于国家统计局公布的全国1%人口抽样调查数据。

自我国人口迁移的浪潮启动以来，规模持续扩大。《中国流动人口发展报告（2018）》数据显示，2017年，中国流动人口接近2.45亿人，达历史新高，占全国总人口的17%。随着中国政府大力推进城镇化建设，预计未来十年全国城镇人口年均增加1300万~1600万人，其中，农村转移人口为1000万~1300万人。这意味着，在制度环境的鼓励和经济增长的刺激下，人口迁移增长的趋势仍将持续。

从个体迁移意愿的角度预测未来的迁移趋势，也能证明人们将不断向城镇流动的论断。清华大学中国经济社会数据研究中心 2012—2013 年全国抽样调查的相关数据显示，农民工群体中，80% 的人选择在县城及以上的城市居住，只有 20% 的人选择在乡镇定居（见图 1-1）。

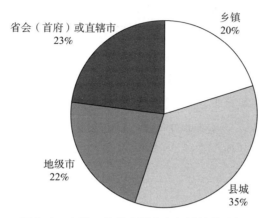

图 1-1　农民工最想定居在各级城镇的比例

资料来源：清华大学中国经济社会数据研究中心 2012—2013 年"中国城镇化与劳动移民研究"调查数据。

　　流动人口数量的增长不仅意味着我国的人口流动更加频繁，也预示我国正在经历一个重要的现代化转型过程。具体言之，在工业化和城镇化的推动下，体制的约束被不断打破，市场经济的力量持续释放，人们按照自己的意愿进行生产和生活地域的选择，结果就是大量人口向经济发达地区转移，城市面临巨大的人口压力，流动人口的社会融入问题成为越来越严峻的挑战。为此，学者们持续地讨论了不同的城镇化发展模式和我国人口迁移模式的策略问题（费孝通，1984；王春光，1996；王小鲁、夏小林，1999；温铁军，2000；邹德慈，2004；辜胜阻、易善策、李华，2009；李强等，2013）。[①] 随着相关研究的饱和，学者进一步细化了城镇化和人口流动的问题，将视角聚焦至不同地区和民族（冯雪红、王玉强，2016；王松磊、杨剑萍、王娜，2017；李博，2017；张明斗、葛于壮，2019；杨小柳，2019）。

---

　　①　有关中国城镇化道路的选择，学者们从不同的角度进行了深入的探讨和争论，认为存在多种途径的可能性，如小城镇模式、大城市模式、中等城市模式、城市群和城市圈及乡村城镇化等，也有学者指出，中国的国情复杂，需要通过多元模式来发展城镇，实现流动人口的转移。详见李强等（2013）。

二 流动人口的社会融入和地位状况

社会学家一直对移民的社会融入研究比较感兴趣，因为流动人口的融入不仅关系经济和社会结构转型，也涉及社会流动和地位上升后的分层议题。社会融入是移民研究中的一个重要概念，根据移民理论的阐释，移民会因为流出地和流入地的差异生成一种"非整合"的状况，即移民无法完全融入新的社会环境。也就是说，流动人口在进入流入地之初，由于语言、文化、习俗、价值观念等方面的差异以及流入地的制度障碍或主观歧视，都会经历一个从隔离（segregation）到融入（integration）的过程（Levitt et al.，2003）。相较其他国家的内部移民问题，我国人口流动受到的制度性约束更多。例如，通过分割就业市场、住房购买、教育入学和享受福利保障等政策的规定，户籍制将外来人口屏蔽于正常的社会地位上升渠道之外，成为一种先天的制度性屏障，不仅形成了城乡分割的二元结构，也形成了以户籍为标志的社会分层体系（Cheng et al.，1994；陆益龙，2002；李强，2003；Wu et al.，2004）。所以，将流动人口更加顺利地引导到城镇，并使他们的社会地位上升，是解决流动人口问题的重要途径，也是实现社会稳定的前提。

目前，我国的流动人口社会融入状况不是很理想，还存在很多问题。比如"不融入"和"半融入"（李强，2011）、认同问题（王春光，2001），还有犯罪问题（王大中，2004）、子女教育问题（张斌贤，2001）等。随着流动人口的稳定性逐渐增强，融入的需求不断上升，中国的流动人口正在从单个劳动力外出打工的模式转变为一个家庭整体迁出的模式（王培安，2013：52~53）。有数据显示，超过30%的流动人口在流入地居住生活时间超过5年，流动人口在流入地的平均家庭规模达到2.5人，青少年流动人口和老年流动人口数量不断增加。72%的流动人口家庭通过租房居住，尤以租住私房为多。住房条件和子女教育正在成为影响流动人口在城镇稳定生活的重要因素（唐亚林，2013）。

流动人口与城镇本地居民的贫富分化日益加大，流动人口内部的分化也越来越明显。随着劳动力结构性短缺现象的出现和保障农民工工资权益等措施的实行，流动人口的收入相比以往有一定的提升，但流动人口收入水平内部分化更为严重。物价上涨和通货膨胀使得低收入流动人口面临更为严峻的生存与发展问题，他们的社会融入也更为困难。流动人口在就业、医疗、子女教育和社会福利等方面的困境将使更多的城市贫困人口产生，流动人口的贫富分化会影响城市社会的稳定。

此外，不同年代出生的乡—城流动人口也存在明显的差异。第一代流入城市的乡村人口，他们的根还扎在农村，期望在年老时返回农村，他们在城市打工是为了赚钱养活在农村的家里人，或者是因土地被征和出于生计考虑而流动到城市。新生代农民工却不同，他们的根已经不在农村，农村繁重的农活与他们没有太多交集。与老一辈人对土地依存、留恋的心态相反，他们更希望在城市扎根。清华大学中国经济社会数据研究中心2012—2013年的调查数据显示，新生代流动人口逐渐成为迁移的主体（见图1-2），他们融入城市生活的意愿更为强烈。因为他们在年轻的时候就步入了城市，对于城市生活的节奏更为适应，加之他们对于农业劳动非常生疏，再回到农村种地几乎是不可能的，所以，新生代农民工将更多地在城市找工作、结婚生子和买房定居。

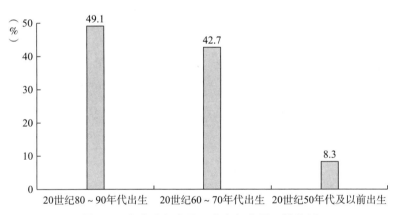

图1-2　各出生组农民工占全部农民工的比例

资料来源：清华大学中国经济社会数据研究中心2012—2013年"中国城镇化与劳动移民研究"调查数据。

有关社会融入的研究不仅包括对融入过程和维度的分析，也存在对社会融入的阶段和类型的划分。一般来讲，流动人口的融入分为经济融入、社会融入、文化融入和政治融入等几个方面，很多学者也对这几方面的融入进行了详尽的研究（Dustmann et al.，1996；Jonnalagadda et al.，2002；Jacobs et al.，2004）。社会融入研究的传统思路是把城市吸纳的过程视为流动人口社会关系的一种扩展，大多数研究试图从各个角度分析个体和家庭如何融入新的社会。从学术讨论的情况来看，以往的研究多注重对社会融入、文化融入和政治融入的探索，往往忽略移民的经济融入这一领域。随着社会融入研究的推进，近年来，也有一些经验研究关注了该领域的某些问题，但是主流的理论家和研究者似乎没有把经济因素视为融入研究不可或缺的组成部分，可能是研究者往往认为移民通常获得了更高的收入，因此经济融入并不构成融入的主要障碍。事实上，收入的提高并不意味着社会地位的提高，与本地居民相比，流动人口很难享受到相应的福利待遇和社会公共服务。上述事实提醒研究者，流动人口的融入问题需要综合考虑经济、社会、文化等多方面因素，并且每个方面的融入都包含相应的地位获得机制问题。

三　制度障碍和地域歧视

从现实来看，对流动人口社会地位的考察要从我国城乡流动大范围展开时入手。20世纪80年代，农民为了提高经济收入，通过远距离迁徙，进入城市劳动力市场寻找工作。但是由于户籍政策的限制，与城市居民相比，农民工的地位非常低，受到了不平等的待遇：不仅工资低于城市居民，从事的工作也是本地居民不愿做的体力活，劳动环境较差，拖欠工资的情况也较为常见。对于外来流动人口社会地位低下的现状，学者从不同的角度进行了分析，普遍认为以户籍为依托的城乡二元制度使农民无法摆脱农民身份，在城市的工作和生活也因此受到多方面的限制和歧视。所以，流动仅是位置和空间的变换，没有发生身份和地位的跃迁。

我国现行的户籍制度是在新中国成立后形成的，并在计划经济体制下逐渐完善，是城乡二元结构的制度根源。学者们对于户籍制度的主要批评在于户籍限制了公民自由迁移、定居和享受社会福利的权利。有学者认为，户籍制已在整个社会中造成了严重的"社会空间等级"（social spatial hierarchy）（陆益龙，2002：128~130）。实际上，在美国、法国、日本等国家，大多采取人口登记的办法掌握人口的总体情况。户籍制度多被称为"民事登记"、"生命登记"或"人事登记"，其功能主要在于对人口信息的登记和管理，登记内容十分详细，管理特别严格；但在人口迁移管理方面相对宽松，人口迁移基本自由，一般很少受到限制。这样的人口登记管理便于观察人口的规模、分布、构成以及增长速度和发展趋势，可以为政府管理公共事务、法院裁决民事案件提供依据或材料，它并不是为了维护社会稳定或者确定一个人的地域归属和福利身份（别红暄，2013：157）。在中国，作为一项基本的人口管理制度，户籍制是公民定居于一个城市的重要准入机制。流动人口虽然到城里生活、居住和工作，但不太容易得到城镇户籍，所以他们不得不往返于城市和家乡之间，形成一种"循环流动"。这种"循环流动"表明农民工还没有融入城市社会（李强、薛澜，2013）。

尽管在市场化改革的过程中，我国政府试图破除计划经济的弊端，开放劳动力市场并通过自由竞争的办法公平配置资源，不过，流动人口进入城市时，由于户籍的限制，无法通过某些途径实现经济社会地位的上升，也因此无法获得各方面社会权益。由此，户籍制度成为阻碍流动人口融入城市和提升社会地位的重要制度壁垒，对流动人口的地位获得和社区认同都造成了负面影响。从收入的角度看，户籍制度仍是产生初次分配城乡差异的重要原因，主要表现为持农业户口的居民难以进入收入和社会地位较高的体制内单位（陈伟，2013：104~107）。从心理和认同角度看，由于二元户籍的存在，农民工心理上有被歧视的感觉，并认为他们与市民的冲突起因常常在于市民对他们的排斥（李强，1995：42~49）。户籍制使流动人口难以融入城市和获得市民地位，在社会地位、职业地位乃至居住条件等方面与城市本地人口有很大的差别（张雪筠，2002：55~58）。城乡二元分割制度对社会资源分配的影响表现在各个方面，如教育、就业、住房、医疗、社会保障等。为了保证社会的公平正义，有必要尽量消除人为的制度障碍，避免社会流动固化。

伴随户籍制度限制而来的是流动人口受到地域歧视和社会排斥。由于没有当地户籍，流动人口的社会认同感较弱，处于一种"边缘人"的自我定位状况。当前，大城市有更多、更好的就业机会，仍然是吸纳劳动力的主要地区，流动人口的就业率也得到了一定保障。[①] 但是流动人口在大城市的地位上升遇到瓶颈，收入水平也很难提高，社会融入程度比较低。目前制造业和加工业有向内地逐步转移的趋势，流动人口也出现了局部的回

---

① 根据蔡昉等人的研究，没有就业的流动人口占10.2%，这部分人的活动是做家务，这个比例高于国家统计的城镇人口常规失业率（4.5%左右），详见蔡昉（2011）。

流返乡现象，跨省流动的数量在减少，省内或者近距离的流动在增加，中小城市在一定程度上体现出吸纳劳动力的潜力。中小城市虽然就业机会比较少、工资水平不如大城市，但随着产业结构的调整和重新布局，一些中小城市在户籍、教育、社会保障、住房等方面进行了改革。这些政策的配套实施为吸纳劳动力回流、吸纳资金，并最终促进地方发展创造了机会和条件，也得以让流动人口更好地在当地就业和定居。回流到中小城市意味着流动人口在选择地域时，不仅看重迁居的环境和地域因素，更注重就业机会和社会保障等方面的因素，即能不能在城市落脚，有没有地位上升的空间（桑德斯，2015）。

第二节　流动人口面临的问题

一　流动人口的变化与地位状况

从流动人口的发展趋势来看，大规模的人口流动已经在我国持续了20多年，随着代际更替的进行，"新生代农民工"① 逐渐成为流动人口的主体。这些新生代农民工与老一代农民工相比，受教育程度更高，职业期望值较高，物质和精神享受要求也更高，但工作中的忍耐力和吃苦精神不如上一代农民工。总体而言，由于新生代农民工的文化素质较高，大多数人没有务农的经验，也不愿意回去务农，所以不能像老一代农民工那样兼顾种地和打工。新生代农民工基本上是全职从事第二、三产业，主要集中在制造业、自主经营和服务业等行业，工作勤奋程度也比本地人高。因此，新生代农民工成为流动人口的主体之后，对流动人口的构成和变化产生很大影响。例如，随着具有更高文化素质的新生代农民工进入劳动力市场，流动人口的职业地位、经济地位将会发生较大变化，流动人口的变化和代际更替促使流动人口的特征和地位状况也发生改变。但是，人们仍然按照以往的观念定义流动人口，认为流动人口的文化素质较低、只能从事无技

---

① "新生代农民工"主要是出生于20世纪80年代和90年代的进城务工人员。他们受义务教育的比例相对较高，但很多人没有受到高等教育就进城打工，相对来讲，对农业、农村、土地、农民等不是那么熟悉。他们渴望融入城市社会，而城市在很多方面还没有完全做好接纳他们的准备。

术含量的劳动，将他们看作城市中的边缘人。这些观点是否还适用于正在发生改变的流动人口，流动人口目前在整个社会结构中处于什么位置，都需要进一步观察和研究。随着近年来有关流动人口的数据资料日益丰富，对流动人口社会地位的研究不能仍局限于对某个地域的流动人口进行考察，而应该从整体上把握流动人口的社会地位变化状况和地位获得规律。无论从理论层面还是政策层面来讲，上述问题都亟待深入研究。

二　制度障碍下的地位获得方式

流动人口突破重重障碍，流向陌生的地域和较为发达的城市，他们向外流动的内在驱动力是追求更高的社会地位，实现向上流动。清华大学中国经济社会数据研究中心 2012—2013 年的调查数据显示，我国的户籍城镇化率非常低，非农户籍人口占全国总人口的比例为 27.6%，20 年内农转非比例仅增长了 7.7 个百分点。与此相对应的是，我国的城镇化率已经超过了 50%，这是基于城镇常住人口的统计。由此可见，我国人口城镇化率远高于户籍城镇化率。尽管有户籍制度的阻碍，仍有大量流动人口为了提高生活水平、寻求更好的发展机会，突破户籍的限制，进入城市工作、生活。在市场化程度较高的大城市，大量的就业机会和教育资源吸引着农村、乡镇和小城市的人。此外，不同地区之间的资源交换也越来越频繁，人口流动不仅存在于城乡之间，也存在于不同地域之间。据统计，截至 2012 年末全国跨省流动人口共 8500 多万人，相对发达的东部省份是跨省流入的主要地区，共 7740 万人流动到东部省份，占跨省流入人口的 90%以上，比 2011 年增加了 665 万人；西部 11 个省区的跨省流入人口总量相对于 2011 年有所减少（国家卫生和计划生育委员会流动人口司，2013）。由此可见，有相当一部分流动人口流动到了东部发达地区，他们流动到东部的原因是能够获得更高的收入、更好的就业机会和更优质的生活。流动人口进入发达地区和中大型城市后，社会地位也会发生改变，但是他们作为没有当地户籍的外来人口，在新的城市面临诸多压力并被排斥。这些压力和排斥对流动人口的地位造成了什么样的结果，流动人口是否会因为这些问题而难以实现向上流动的目标，以及他们在向上流动中依靠的力量，都是本书所关注和研究的问题。

从现实条件来看，流动人口到新的居住地和工作地后，由于脱离了以往的社会关系和地缘网络，其社会资源或可利用的社会资本明显少于本地居民。从理论上讲，各个社会群体所处的地位和社会网络不同，能够利用的社会资源也有很大的差别。以往的研究表明，社会资源供给的不平等性，以及制度、政策、文化评价向一定的群体倾斜，会导致处于劣势地位的那部分人通过超越常规的手段获得更高的地位。例如，女性群体和男性群体相比，在社会地位和晋升渠道方面都处于不利位置。因此，有的女性为了得到更好的职业晋升机会，接触更多的资源，会使用非常规的策略，突破固有的圈子，实现自己的目标（Beggs et al.，1997）。对于流动人口来说，制度分割限制了他们通过正规的途径实现向上流动。从地位上升的途径来看，流动人口和非流动人口会采取不同的方式，非流动人口基本上是按照正式制度规定的路径获得一定的社会地位，流动人口则通过非正式制度获得一定的社会地位（李春玲，2006：85）。非正式制度下的流动途径不仅是流动人口在地位获得中的一种策略性选择，还意味着流动人口在地位获得中不得不依靠自身的努力，不能像非流动人口那样依靠正式制度安排。事实上，流动人口在正式制度内的地位上升可能包含更多的自身努力因素，因为他们在新的居住地和工作地受到更多的限制，可利用的资源和关系也少于非流动人口。这些都迫使流动人口为了获得与非流动人口一样的地位，不得不付出更多的代价和努力。因此，流动人口地位获得的内在驱动力和依靠的力量与非流动人口不尽相同，他们之间的地位差异和地位获得模式是本书的主要关注点。

▶▶ 第二章
国内外流动人口研究的文献回顾

　　地位获得研究是社会学研究的重要领域。所谓地位获得，其实质是资源的获取过程，这个过程也是社会流动的结果和体现。从社会学的研究传统来看，地位获得属于社会流动的范畴。社会流动研究的一个重要关注点就是社会个体或群体在获得社会地位过程中的公平性问题，即是否存在一个平等、开放的社会体系，允许其所有成员根据其自身能力和努力获得一定的社会地位。根据功能主义的分层理论，社会必须将其成员配置到一定的社会位置上并使他们履行相应的职责（Davis et al.，1945）。如果不这样配置，那么当职人员将因缺少履行相关事务的能力，而无法完成重要的任务，继而导致社会体系发生混乱。

　　西方关于社会流动和地位获得的研究经历了多个阶段，从探究社会流动的方向和速率，以及地位获得的影响因素，再精细化到计算地位获得模型中各个因素的影响大小，从而对不同社会的开放性做出判断。最新的研究则从结构主义和网络资本的视角对人们的地位获得过程进行考察。

第一节　西方地位获得研究的理论传统

　　学术界最早对有关社会流动进行研究的人当属索罗金。他在经典著作《社会流动》（*Social Mobility*）中探讨了有关社会流动的基本议题，认为社会流动指所有人类活动创造的社会事件、价值观念所导致的某个社会位置（social position）向另一个社会位置变化的过程。索罗金对社会流动进行了方向区分，他认为社会流动有两种，一种是水平流动，另一种是垂直流动。在分层研究中，垂直流动占据更加重要的地位，它指个人或群体在不同等级之间的位置移动。垂直流动分为两个方向的位移，一是向上流动，二是向下流动。索罗金认为，在较为开放的社会中，垂直流动的频率更高；反之，如果流动率很低，则说明这个社会更加封闭（Sorokin，1927：55-59）。索罗金的这些观点实际上是关于地位获得研究的定性分析。他虽然探讨了社会流动的方向问题和定义，确定了社会流动研究的出发点，但是没有进行进一步的实证研究。对社会流动的实证研究开始于探讨社会的开放性问题，即社会流动的机会是否公平、流动机制对于每个个体而言是否具有开放性。李普赛特和本迪克斯探讨了个体的职业道德与家庭背景之间的关系。他们通过父亲职业与子代职业的交叉表、个体最初职业与当前职业的交叉表，考察社会整体的流动方向及流动率，进而分析社会流动的模式、代际继承和流动方式之间的关联（Lipset et al.，1953）。

其后，有学者提出了完全流动的概念（Glass，1954）。完全流动是一个理想型概念，Glass 等人试图借助融合指数和分离指数反映现实社会中的真实流动水平，通过观察真实流动水平与理想流动水平的差异，测量整个社会的开放程度。但是现实生活的真实流动有两个方面：一是工业化引发的社会结构变动所带来的非强制性结构性流动或强制流动，二是由社会阶层的流动率决定的交换流动或纯粹性流动。研究者采用社会流动表的方式对流动水平进行测量，用这种方法虽然可以观察不同时代的社会流动过程和地位结构的分布情况，但不能分析多种地位的交互效应。

上述研究是流动过程和地位研究的奠基性工作，尽管缺乏成熟的理论假设和研究方法，但对之后的研究很有启发性意义。至此，社会流动的研究主要受到方法论问题的困扰，主要是缺乏职业排名体系，且难以衡量个人背景和职业地位获得之间的转换关系。

一　布劳—邓肯模型

布劳（Blau）和邓肯（Duncan）（1967）最早研究个人地位获得模式。之前的社会流动研究更加宏观，其研究重点是工业化社会中的人口流动问题，目的是考察工业化对宏观社会流动水平的影响。布劳和邓肯则试图区分结构性流动和纯粹性流动各自的影响，并提出了美国社会中的地位获得模型。

布劳和邓肯研究假设的前提是，工业社会中职业地位是分层体系的主要基础，一个人的职业地位能够最有效地反映他在社会经济体系中的阶层和地位。因此，布劳和邓肯使用五个变量衡量社会背景（父亲的教育和职业）和教育获得（儿子的教育）对社会经济地位（第一次工作地位即初职地位和当前工作地位）的影响。他们把这些变量构建成一个因果序列，即建立一个递归模型，以衡量这些变量的相对重要性。这个模型证明，大约有三分之一的职业地位的方差可以被父亲的教育和职业、本人的教育和第一份工作等四个变量所解释。具体而言，父亲所受的教育和职业对子代的教育会产生显著且直接的影响。父亲的职业、子代的教育和初职地位对子代目前的职业都有显著且直接的影响。子代的教育相比父亲的职业而言，对子代的初职地位影响更大，并且子代的教育和初职地位相比父亲的职业而言，对子代目前的职业地位影响更大。也就是说，教育获得在职业地位获得的过程中起主要作用。据此，布劳和邓肯得出以下结论：在美国，就一个人所达到的客观成就而言，自致因素比先赋因素（一个人的家庭背景）更重要。上述命题并不意味着家庭背景不再影响职业获得，而意味着较高的地位不再更多地被继承因素直接影响。

从研究主旨看，邓肯等人的目的还是探讨工业社会下社会流动的过程，但研究的重点则转向个人地位获得的代际传递因素。研究方法也从社会流动表分析方法转为观察家庭背景对子代影响的路径分析。通过量化职业地位，他们将多元回归分析的统计作为一种方法论工具，系统探讨模型中职业地位等变量之间的关系，并分析不同因素之间的因果关系。流动表分析的是不同国家和社会之间的流动情况，而路径分析能够辨析个人先赋因素和自致因素的影响力，也可以说通过测量家庭继承作用的大小观察一个社会的阶层流动的开放或者封闭程度。综上所述，布劳—邓肯的模型聚焦在两个因素上，即先赋地位和自致地位。简言之，布劳和邓肯的地位获得模型可以表示为如下关系：背景—教育—职业地位。

二 威斯康星学派的扩展

布劳和邓肯之后，学者对他们的地位获得模型进行了大量的扩展研究和重复验证。其中一个重要的突破是将社会心理变量加入布劳—邓肯模型，以阐明地位获得过程的社会化背景。威斯康星地位获得模型（the Wisconsin status attainment model）被创造出来，它融汇了多位学者的贡献（Sewell et al., 1967, 1969, 1972; Duncan et al., 1972; Hauser et al., 1977; Kerckhoff et al., 1982; Duncan, 1982）。如，Sewell 和 Hauser 进行了线性递归路径分析，在以往地位获得模型的基础上，加入了社会背景、学术能力以及其他对教育获得和职业获得有影响的社会心理变量。这些因素往往和家庭背景、地位获得联系在一起。这些新变量加入后，对于职业地位的方差解释率增加到了47%。此后，有学者将个人的志向、兄弟姐妹的个数、家庭关系和朋友等因素作为自变量（这些变量将减少地位获得模型中那些无法解释的方差），将收入作为因变量，加入布劳—邓肯的地位获得模型。最初的地位获得模型被扩展为：背景—志向—教育、职业地位、收入。

综上所述，威斯康星学派（Wisconsin School）的研究者们强调了社会心理方面的变量对地位获得的影响。这些变量包括研究对象早期学习的态度和表现，同辈群体、父母和老师的鼓励，对教育和职业的志向。这些研究表明，正规的学校教育（通常被操作化为受教育年限或受教育程度）对于地位获得具有双重作用。首先，更高的受教育程度可以间接地将个体社会出身转化为收入（Bowen, 1977）。也就是说，那些天生就具有社会优势地位的个体能够通过高等教育保持优势。然而，当控制了社会经济背景之后，教育水平的差异小于社会经济地位水平的差异。由此引出了第二个作用，即教育可以"遮蔽"社会出身的分层作用，即不论其社会背景如何，都对地位获得产生直接的促进作用。这些发现催生了冲突理论和功能理论的大量讨论，如冲突理论认为教育机构作为一种制度性安排维持了目前的社会等级（Karabel, 1972; Pincus, 1980），功能理论则认为在地位获得过程中个人自致和组织性质的因素对地位获得的影响可能比社会出身更加重要（Sewell et al., 1975）。

通过引入这些变量，威斯康星地位获得模型的解释力得以提高。原因有二：一方面，相较于布劳和邓肯，后来的研究者将更多的自变量引入模型；另一方面，那些在模型中提高解释力的变量和因变量有高度的相关性。

从早期的学术传统中可以发现，有三种公认的资源构成了地位体系的最基本要素：财富、权力和声望（Runciman, 1968; Haller, 1970）。然而，在实际操作中，这些概念过于抽象，研究者通常将其操作化为社会生活中可以观测到的一系列具体的地位变量。这些变量通常包括收入、贫困程度、政治影响、职业声望和社区威望等。在这些变量之中，最常被用到的或者说被研究最多的是职业，更确切地说，是职业声望（Duncan et al.，1972；Hodge et al.，1966）；其次是收入（Miller，1966）、财富（Lampman，1962），有关声誉、威望和社区影响的研究也屡见不鲜（Warner et al.，1941；Lehman，1969；Walton，1971）。教育则被视为第四个研究地位的重要维度（Svalastoga，1965）。教育在抽象性和普遍性方面似乎不如前三个变量，但是在现代社会，它的重要性显得更为突出。在社会分层体系中更加注意对教育的研究，是因为教育在决定一个人的财富、权力和声望方面显示出了越来越重要的作用（Rosen et al.，1969）。

三 地位获得的国际模型

跨国家或者跨文化的地位获得研究在 20 世纪 70 年代就已经开始（Featherman et al.，1975；Kerckhoff，1974；Pöntinen，1976，Roos，1985，Treiman et al.，1983）。当时，大多数研究集中于对资本主义和工业化国家进行讨论，很少讨论社会主义或者发展中国家的情况。最集中的体现是"工业化假设"的提出，即证明工业社会不具有相同的流动率，但有理由假设，它们可能存在类似的循环流动模式（Featherman et al.，1975）。

这些研究中所采用的模型实际上也是布劳—邓肯模型，它们是在微观和宏观层面上同时进行的，但微观和宏观的分析有不同的方向。

从微观上讲，研究地位获得模型的意图在于比较个体在不同国家和文化中获取地位的过程。这种比较的目的是理解不同国家和文化中的地位获得问题，并检验地位获得模型在全球范围的适用性。这个方法指导了很多跨国家和跨文化的地位获得模式的比较研究。研究者发现美国和其他先进工业国家的地位获得模式存在很多相似性。但在比较工业化国家和发展中国家时，二者地位获得的异质性大于相似性。在社会发展的某些阶段，在职业和教育领域的非制度化筛选可能强化家庭出身在地位获得过程中的意义，并且这种非正规筛选能够抑制教育作为一种地位转化机制的影响。地位获得的微观层次研究进一步指出跨国家和跨文化的地位获得模式的异质性是什么因素导致的。宏观层面的比较分析单位不再是个人，而是国家和文化。在这个问题上，Treiman（1970）最早做了有价值的理论和实证研究。后来，他对 21 个工业化国家的教育和职业获得进行了广泛的比较分析。研究发现，在工业化社会中受教育程度在职业地位获得中占主导地位，而在非工业化社会中，教育并不是职业地位获得的决定因素（Treiman et al.，1989）。根据这个结果，Treiman 等人认为，在工业化社会中，职业地位获得是由自致因素主导的，而非由代际传承获得。此外，几乎在所有社会中，子代的受教育程度主要依赖于父亲的教育而不是父亲的职业地位。他们对这一发现的解释是，父亲赋予子代的主要优势是人力资本，如技能、习惯和价值观，这些因素使其在学校获得更好的成绩。这些发现支持了"工业化假设"。

四　结构主义模型

布劳和邓肯创立的地位获得模型及国际比较研究模型一直在不断扩展并经受检验，但总体逻辑、潜在假设和理论视角都在先赋和自致的框架下讨论，属于流动研究的经典范式和研究传统。随后，自 20 世纪 70 年代末期开始，研究者对现代化社会和工业化假设的社会流动因素进行了反思，把社会制度要素引入分层研究和地位获得模型，专注于新结构主义视角的研究者认为这是长期被前人所忽略的。

从结构的视角看，虽然工业化和经济发展改变了地位获得的模式，但并非只有家庭背景和个人努力等微观要素决定人们的地位，一些宏观的社会结构变量也对社会流动和地位获得产生重要作用。加入结构性因素是对以往地位模型的修正和补充，也是对传统中以个人和家庭背景因素为主要研究对象的研究范式的挑战和批判。由于深受制度学派的影响，新结构主义者认为传统社会分层和流动的理论预设了现代化、经济发展的要素，但没有对这些要素予以更多的讨论，从而忽视了社会经济结构对地位获得结构和平等性的影响。随着大量学者的研究的深入，有关收入和地位不平等的解释逐渐转向经济分割理论，即强调分层的组织基础，认为个人的社会经济成就受不同的社会和经济生产组织的约束（Robert & Form，1977；Beck et al.，1978；Tolbert et al.，1980；Wallace et al.，1981；Granovetter，1985）。为了把经济分割的结构和后果概念化，研究者采用了"二元经济理论"的框架（Averitt，1968），这个理论来自对新古典经济学的批判和继承，其中最有影响力的是"二元劳动力市场模型"，与之类似的概念有双重经济理论（Averitt，1968）、内部劳动力市场（Kerr，1954）等。

二元经济理论认为，美国工业资本积累过程的动态发展结果是出现了经济部门发展的两极化，即朝着垄断和竞争发展的历史趋势。该理论还指出，经济分割的过程将劳动力和劳动力市场以及职业、阶级和其他维度分成若干部分（Edwards，1979）。该观点提供了一个了解个体收入差异和职业地位如何与雇主和产业组织特点联系起来的研究起点。因此，二元经济视角在研究地位和收入获得时不得不涉及经济分割的概念化和测量。有些人认为，经济分割的结构可以通过产业分化的单一维度来表示，而另一些人认为使用多维模型更准确。经济市场中的一些概念由于试图阐明除个人特征之外的结构性因素，故被称为"新结构主义"。在新结构主义模型中，职业地位、教育、收入等要素依然具有重要意义，而且是以职业结构或者收入作为工业化社会中的主要分层结果。但除此之外，经济部门和社会组织中的很多结构性因素都能够对个人经济社会地位产生重要影响。因此，研究者主要探讨在生产体系中企业和产业的分化及其导致的劳动力分割现象，并对这些概念操作化，用于对个人经济社会地位进行分析。这些研究引入了很多新的结构变量，如对不同企业的差异所造成的结构特征的强调、对阶级和职业的分析、对产业和权力关系的论证等（Wright et al.，1977；Stolzenberg，1975）。

该流派认为，劳动力市场的分割使得个人在劳动力市场中的地位获得并不是发生在一个完全平等、整体均质的市场体系中，而是在一个相对独立、彼此分割的部门中进行资源的分配。由于各个部门的性质不同，在一个分割的单元中，个体的收入、地位能够迅速提升，社会流动顺畅，而在另外一些部门，个人的收入、地位获得和社会流动可能受到抑制和阻碍。劳动力市场分割理论对分割的机制进行了区分，分为内生机制和外生机制。内生机制指劳动力市场的分割来自市场经济的动力，如资本的积累和聚集将经济组织分割为垄断和非垄断两部门，从而产生了初级和次级劳动力市场。外生机制指劳动力市场的分割由非经济因素所致，如城乡分割、区域分割、性别分割、种族分割等，其差别均由社会因素导致，外在于劳动力市场，其造成的阻碍仅凭市场自身的作用无法消除，需要借助政府、社会的力量克服。内生劳动力市场多属于经济学的研究范畴，外生劳动力市场多属于社会学研究范畴。

五　社会网络模型

社会网络模型也称社会资源或者社会资本模型。不论是社会网络还是社会资本，其核心均是对社会资源可得性的分析，有关社会资源的经验研究也有很多相关调查予以支持和论证（Lin et al.，1981）。从社会网络的视角看，上述几种模型采用了一样的地位观，假定个体是互相独立、不发生联系或者互动的。而实际上，现实中的个体嵌入社会关系网络，关系的嵌入能够影响人们的行为。从社会网络视角来看，地位获得的过程是实际社会结构的表征。而社会结构是指人们处于特定的位置或者通过网络互相连接的地位，社会关系或网络在很大程度上影响乃至决定地位获得的过程。他们提出从"关系"的视角审视地位获得的过程。在这个视角中，个体在结构中是活跃的。人们使用自己的社会关系网络进行各种活动，例如求职。从这种观点出发，网络分析发展出了一个地位获得的社会资源模型。

新经济社会学派的学者格兰诺维特和社会资源理论的学者林南认为布劳—邓肯模型以一个理想型的工业化国家和自由主义经济为社会背景，但是现实社会并不存在这样的理想情况，这种预设的制度和环境背景也没有现实的标本。他们认为经济部门和市场行为是"嵌入"（embedded）社会网络和社会关系的。与新制度主义学派针锋相对，他们认为一些工作机会或者求职信息往往不是经由正式渠道获取，而更多地经由个体的人际关系和社会网络获得。每个人都有一定的社会资本，市场中也存在很多不对称的信息，如何获得这些信息，是网络模型关注的重点。他们认为，研究一个人的地位获得过程，不能仅采用人力资本或制度主义的视角，表征特殊主义逻辑的社会资本和网络关系也发挥了重要作用（Granovetter，1974，Lin，1982；Marsden et al.，1988；Wegener，1991）。

格兰诺维特最早分析了社会资本、关系强度和地位获得这三者之间的关系，他认为通过关系能够获得信息并使其流动到新的社会地位，包括获得职业。通过求职的研究发现，在实际的求职过程中，人们会使用社会关系搜寻和获得信息，但这种社会关系常常超出了一个人最直接、最紧密的社会圈子，这是一种弱关系。因此，并非强关系而是弱关系在获取信息和产生影响时有更大的优势。因为在二元关系中，即两个群体内，弱关系是最重要的信息来源。尽管人们通过强关系能够获得很多信息，但这些信息往往是自己知道的，也是重复的。相反，人们通过弱关系可以获得更多非重复或非多余的信息，因为具有弱关系的两个人更可能活动于不同领域、部门和地方，接触不同的信息。所以，弱关系在搭建其他社会圈子方面能够发挥更大的作用。这个假设被称为"弱关系假设"（Granovetter，1973）。林南将弱关系假设扩展到更宏大和更抽象的概念之中，发展出了社会资源理论。林南认为社会资源是一种具有规范性的、有价值的物品，如权力、财富、地位和声望。社会资源内嵌于一个人的社会网络中。与个人资源附着于个体不同，社会资源指的是不依附于个体的资源，是必须经过个体动用其社会关系才能获得的资源。在弱关系假设的基础上，林南阐述了两个假设，一是初始地位效应，二是社会资源效应。在一个分层体系中，相同阶层的人们在权力、财富和声望等资源方面相似性高，这些人往往处于强关系中；而不同阶层中的人，所具有的社会资源相似性低，这些人通常处于弱关系中。根据社会资源模型，个体能获得更好的社会地位不仅是其家庭背景和自致因素（个人资源）的作用，更重要的是其拥有一个广泛的网络，通过这个网络中的弱关系，其可以获得更多的资源（Lin，1982：131-135）。其后，有一批学者从社会网络和社会关系的视角分析了地位获得的过程。Seibert等人（1999）的研究发现，通过建立社会网络，个体所拥有的社会资本能够对其职业发展产生显著作用。

第二节　国内地位获得的相关研究

与国外的地位获得研究相比，有关我国的分层和地位研究展开得稍晚。由于社会体制的不同，以及我国处在转型的关键阶段，学者们针对中国等社会主义国家的社会分层和地位获得研究展开了激烈的争辩，并取得丰富的成果。我国的巨大社会变迁发生于20世纪70年代末，以经济体制改革为先导的全方位改革正在推进中，推动了经济的持续高增长，经济增长的同时各个领域的改革不断深化。经济增长和制度变化促使社会结构发生巨大变动，而社会分层涉及一个社会的资源分配、利益分配、价值导向、社会观念等诸多关于公平和正义的要素，成为我国发展过程中不可避免的问题。

正是在这个阶段及以后，我国的社会分层和地位获得研究得到了国内外学者的重点关注，产生了丰富的学术成果和一系列具有范式意义的研究。

一 改革以前社会分层和地位获得的研究

最早对中国的社会分层和地位获得进行研究的学者是 Whyte（1975）。由于条件的限制，西方学者了解中国的主要途径是阅读报刊文献，仅有小部分人可以对企事业单位进行访谈，或在农村居住一段时间，以便观察当地的情况。在分层结果和地位优势方面，Whyte 研究了中国居民经济收入的不平等状况，认为中国的工资虽然保留了一定差距，但是与苏联和东欧国家相比，工资差异更小。而在机会结构方面，享有特权的人数不多，因此他认为新中国相比旧中国和苏东等社会主义国家而言，社会更为平等。此后，Parish（1984）考察了"文化大革命"期间和"文化大革命"后期机会平等与不平等的问题。他采用地位获得模型对不同代际居民作比较，分析教育、职业、收入三个重要的社会地位获得指标与机会平等之间的关系。他发现，在职业地位方面，发生了从机会平等到机会平均的倒退。关于经济地位的一个发现是，教育对收入的回报，从"文化大革命"前的正向作用变为"文化大革命"之后的负向影响，说明 20 世纪 70 年代已经出现了一定程度的"脑体倒挂"现象。

在西方社会学家眼里，西方的科层制和市场经济社会中，职业是衡量社会地位的重要指标。Treiman（1970）通过对西方资本主义国家的地位获得过程的研究，提出在工业化水平较低的社会，由于职业分化程度较低，职业地位很大程度上依赖家庭背景传递，而在工业化程度较高的社会，职业分化差异大，父辈的职业和技能需要通过教育和职业培训等制度传递给子代，所以个人能力的因素在职业获得中具有更重要的作用。但是，在中国等社会主义国家，这一观点是否成立成为学者的关注点。林南和边燕杰（Lin & Bian，1991）对这一问题在中国的适用性提出了不同的观点，他们利用 1984 年对天津居民的调查资料，指出社会主义计划经济与资本主义市场经济不同，前者的资源不完全经由市场配置，所以，西方社会中劳动力资源通过市场分配、职业地位的获得和回报都是在市场中完成的情况不适用于中国。

中国在计划经济时期，地位获得分析也不能将职业地位作为分层体系的主要指标。计划经济的一大特征就是资源通过国家行政组织在单位内进行分配。对资源有分配权的不是市场，而是工作单位。不仅钱和物品等经济资源被单位垄断，劳动力作为一种人力资源，也受单位的支配和调控。在计划经济条件下，劳动力由国家分配给单位，几乎没有自由流动的劳动力，因此劳动力市场也不存在。在这样的情况下，工资、待遇、福利、晋升机会不一定会因职位而不同，所以职业分化并不能成为影响社会经济地位的重要因素。而单位之间的分化更能体现地位的不同，因为资源被单位控制，不同单位的资源占有量不同。所以，他们认为在计划经济条件下，对社会地位获得进行研究，不能只考察职业地位，还应着重对单位地位进行考察。而单位的重要区分因素包括国有和非国有、单位的行政级别、行业地位、人员规模等。

二 改革之后的分层和地位研究

对于中国社会分层和市场转型的研究始于 20 世纪 80 年代，最初是由国外社会学界发起并展开了卓有成效的研究工作，并于 90 年代引发了一场学术争鸣。随着中国社会学家的参与，这场讨论的范围不断扩大，对所涉及的问题的研究也愈加深刻。这场争论发轫于 Nee，他将厦门农村地区 1985 年户均收入作为研究对象，目的是探讨社会主义国家从计划经济向市场经济转变过程中社会分层体系发生了怎样的变化。其前提是把再分配经济和市场经济看作两种不同的经济体制，认为从前一个形态向后一个形态转变时，必然发生分层领域的变化。他的结论是市场转型使得政治资本的经济回报降低，人力资本的回报上升。他认为中国正处于再分配经济和市场经济之间，再分配的体制仍然有一定影响，市场机制和再分配同时发生作用，意味着中国的市场化改革并未结束，市场转型论的一些观点还有待被证实（Nee，1989）。

Nee 的市场转型论一经提出，即引起了诸多学者的争论。他们普遍质疑是否存在截然不同的再分配经济和市场经济，以及这种混合经济形态下哪一个占据主导地位。其中包括罗纳塔斯（Rona-Tas，1994）的权力变型论、边燕杰和罗根（Bian & Logan，1996）的权力维续论、白威廉和麦宜生（William & Michelson，1996）的政治市场论、魏昂德（1995）的政府亦厂商观点、林南（1991）的地方市场主义观点、周雪光（Zhou，

2000）的政治经济同步演变论、李路路（2002b）的直接与间接再生产并存观点等。这些争论的焦点在于怎么看待转型过程中再分配权力的作用、再分配权力发生了什么变化，总之就是集中于再分配权力的效应和存在方式。通过学者们的研究，大家逐渐认识到，对于代际流动的研究必须对制度条件进行分析，以理解社会分层和流动的产生机制和结构变化。此外，学者们的研究也表明，在市场改革和体制变化的各个阶段，选拔的标准和参照的依据也在变化，即影响地位获得的各种因素在此消彼长，比如，改革前期，政治可靠和家庭出身起主导作用；而改革后期，干部的选拔标准逐渐转向学历和绩效（孙明，2011：48~69）。

在中国，最具特色的分配体制就是单位制，单位性质是影响我国公民地位获得的重要因素，资源的配置及其对劳动者的影响在国有/集体部门和私营部门是不同的（Whyte et al.，1984）。能从国家资源配置中获得稀缺和重要的资源的单位的地位更高，单位内工作成员的地位也就更高。

总体而言，我国的单位类型可以分为四种：私营部门、集体部门、国有部门和政府机关。相对于私营部门和集体部门，国有部门和政府机关在资源配置中占据了优势地位，能够得到更多的人力、物力和财政支持，相应的福利待遇也更为优厚（Lin et al.，1991：658-667）。也就是说，我国劳动者的地位获得和评价不是取决于职业地位的高低，而是由单位类型所决定，因为再分配体制的一个重要特征就是资源的配置要经过单位制来实现。单位制改革之后，再分配体制中的行政分割被"体制内"和"体制外"的单位形式所取代，前者包括仍然依靠垄断或者国家分配资源的党政机关、事业单位和国有企业，后者则指依靠市场自由竞争的私营企业。至于单位制的作用在市场转型过程中得到了多大程度的延续，不同的学者有不同的看法。支持单位制控制资源能力弱化的一派认为，随着市场化改革的推进，单位的政治控制、资源分配、子女教育等功能和福利也不断减弱，导致单位成员在经济需求之外脱离单位，市场化运作的模式让人们能够从中得到更好的资源和服务，因此单位成员对单位的依附性减弱（李汉林，1993；郑路，1999）。坚持单位控制资源的功能没有弱化的学者认为，我国的市场化改革并没有从根本上解决国有部门和私有企业之间的不对等性，具有垄断地位的国有单位在中央"放权让利"的政策下，权力和资源控制的能力反而有所上升（路风，1989：80~88）。我国经济体制改革的特点在于，上级管理部门将决策权力从政府转移到单位，单位中管理者的权力在提升。与此同时，员工的福利和权益受到市场化的冲击和威胁，单位不再是不能解聘员工的组织，这就强化了员工对单位的忠诚和依赖，单位职员对单位的依附性不减反增（Bian et al.，1996：742-749）。因此，一些学者认为，经济体制转型后的社会不平等更多地体现为集团性不平等，单位与单位的差距会越来越难以消除（孙立平等，1994；李路路，2002a）。

第三节　中国流动人口的社会地位研究

一　制度排斥对我国流动人口的影响

由于户籍身份不同，我国农村人口和城市人口所享受的机会和权利有很大不同。在改革之前，我国农民和城市居民受到城乡二元制度约束，城乡机会和福利不均等的政策不断被固化，农民成为处于社会底层的群体（Whyte，2010）。城镇户籍人口因为政策的照顾和倾斜，以及城市现代化的条件和设施，能够在就业、工资、教育、福利保障、生活环境等各个方面受到国家保护并享受优先机会（Cheng et al.，1994）。城乡流动政策放开后，农村人口进入城市打工和生活，这个群体的生活状况、社会融入、阶层地位变化等问题成为学者们观察和研究的重要议题。其理论意义在于，从农村到城市，从熟人社会到陌生社区，空间位置上的流动蕴含什么样的心理变化、经济效益和社会结构变化，农村流动人口是否会因为进入城市生活、打工而得到更高的社会地位，以及这对于缩小城乡差距的意义有多大，学者们从不同角度探讨了乡—城流动人口进城后的经济社会地位变化。Fan（2002）认为，中国城市化过程深受以制度为基础的机会结构特别是与户籍制度交织在一起的服务和就业机会的影响，大多数进入城市的农民满足了城市对廉价劳动力日益增长的需求，但是他们并没有得到市民待遇，而且被看作城市社会的外来者。与那些城市常住居民相比，农民工很难获得国家支持或者制度资源。他通过对三个城市和农村的定性和定量分析，讨论了城市本地居民、永久移民和临时性移民三个群体的地位结构，认为居民身份是解释中国人口迁移过程和劳动力市场分割的主要因素。结果表明，从人力资本、流动资源和劳动力市场的进入和转化过程等角度来看，永久移民是最成功、最有优势的精英群体，其次是本地居民，最后是临时性移民，他们居于社会等级的最底层。这些结论暗示城市中产生了一个新的社会分层秩序，说明经济转型过程中的内部移民和劳动力市场发展之间存在非同一般的关系，强调了劳动力市场分割内部存在更多的分支效应。

李强（2002）认为，农村流动人口期待地位上升的动力很强，也付出了巨大的努力，但是他们仍然处在城市社会阶层的最底层。最主要的阻碍因素就是户籍制度，各种地位上升的渠道，如职业渠道、经济渠道、政治渠道、教育渠道和婚姻渠道都被户籍制度所阻断。他指出，虽然经过后天努力也能改变户籍身份，但是户籍从一个人出生之时就已经被决定，所以在一定程度上属于"先赋因素"。如果以先赋的户籍标准阻止一个人的地位上升，对于农民身份的群体来说，这就是一种"整体排斥"的筛选机制。而市场化改革和现代社会发展趋势下，更为理想的应该是以文凭和个人努力作为主要筛选标准的"个体排斥"机制。但是由于制度惯性等的存在，我国筛选机制的变化可能需要更长的时间，需要持续研究和观察。

李春玲（2006）从户籍制度的角度入手，对流动人口和非流动人口的职业地位获得方式和经济地位获得方式分别进行了模型检验。她将户籍作为一个主要的制度分割机制，进而考察了三种制度分割对流动人口社会地位的影响，这三种制度包括二元社会结构、二元经济结构和二元劳动力市场结构。她认为这三种制度的分割成为流动人口社会流动和地位上升最主要的障碍，制度壁垒将流动人口限制在一定的社会和经济领域内，而非流动人口则成为这三种制度分割的受益者，他们的地位获得过程受到正规制度、正式规则的保护和引导。由于流动人口被上述三种制度壁垒所排斥，他们的地位上升空间很小，且处在非正式渠道内；这些制度却对非流动人口地位上升和流动产生更显著的正面影响。因此，流动人口的社会阶层和地位获得方式被限制在非正式渠道内，他们更多地通过非正式规则实现向上流动，这些特殊的路径和非正式规则构成了流动人口社会经济地位获得的非制度模式。这就是说，影响个人地位获得的常规因素和正式制度对他们的社会流动和地位获得似乎没有发挥正常的作用，如家庭出身和父母背景、教育水平或学历、工作经验、工作单位类型等因素并不是最重要的，这些结构和制度因素把他们排挤到正规制度安排之外的领域，使他们处于社会边缘，从而不能按照常规的地位获得模式去争取地位上升的机会。他们更多地采取特殊的方式和途径改变地位，比如借助社会关系和社会资本，依靠机遇、勇气、努力，发现制度和法律的空白等。因此，流动人口想冲破制度阻碍和结构屏障，从社会下层进入社会中上层，会更努力地争取工作机会，也不得不频繁地更换工作和职业。但总体而言，流动人口获取地位上升的机会明显少于非流动人口，流动人口向上流动大多流向远离国家正式组织或制度控制不严的领域，例如企业主阶层，而非政府管理阶层或专业技术阶层。

二　我国流动人口经济社会地位研究

大量研究表明，流动人口尤其是农民工的经济地位较低，工资普遍较低，福利待遇也不高。从职业地位上看，农民工的职业阶层较低，就业渠道单一，求职市场机制也不完善，工作流动性大、劳动时间长，处于不利地位（李路路，2002b；高文书，2006；格丽娅，2007；魏下海、黄乾，2011）。陆学艺（2009）认为农民工遭遇到了"同工不同酬，同工不同时，同工不同权"的不公正对待。由此可见，流动到城市来的农民工的职业很不稳定，处于非正式就业的状态（李强、唐壮，2002）。这与农民工的身份和职业有密切关系，与城市居民相比，农民工成了"二等公民"（朱力，2001）。李强（2002）通过多年的研究和社会声望地位调查，证明流入城市的农民或称城市农民工在城市社会分层体系中处于十分低下的地位。与未流出的农民相比，外出打工人口是典型的精英群体，他们在个人素质上具有明显优势，而且农民工的教育程度普遍高于农村未流出人口。一个高活力群体长期处于城市社区的底层，这是一种严重的"地位相悖"现象。

杨菊华（2010）将不同类型的流动人口区别对待，发现了很多新的问题。首先，来自城镇的流动人口在经济地位上的成就比流入地居民更高，但来自农村的流动人口的经济地位比较低，城乡人口差距比流动人口内部的差距更大。其次，结构性和地域因素也对流动人口的地位水平有显著影响，越发达的大城市，流动人口的职业地位与本地居民的差距越大；而在不太发达的中小城镇，本地居民和流动人口的地位差距更小。但是，杨菊华也指出，流动人口的融入和地位获得问题比较复杂，构建指数存在一定困难，需要更多资料和数据支撑和完善上述观点，并进一步利用模型分析、辨别导致两类流动人口在经济地位、社会融入等方面产生巨大差距的因素。

赵延东、王奋宇（2002）认为决定乡—城流动人口经济地位的主要因素是他们的人力资本与社会资本情况。赵延东等人发现职业培训对于乡—城流动人口经济地位获得的重要性几乎不亚于正规教育，但以往的研究只发现正规教育的作用是显著的（李培林、张冀、赵延东，2001：54～55）。赵延东等人还发现，对中国的乡—城流动人口来说，社会资本是决定他们在城市中的收入和经济地位的最重要因素之一。这是因为他们使用正式制度的成本无疑是相当高昂的。因此，他们最为理性的选择，仍然是求助于他们所熟悉的社会网络和社会资本这种传统的非正式制度。

李强（1999）的研究表明，农民工进入城市之后，社会地位的上升受到主观和客观两方面的阻碍。主观上，农民工的教育水平很低，限制了他们寻找更好的职业，因此职业地位上升比较困难。而且，农民工的技术能力也较低，和城市居民相比，应聘岗位时的竞争力不足，多数只能从事体力劳动，在低技术职业中工作。客观上，农民工不仅受户籍的阻隔，社会关系网覆盖面也很小，从制度和非制度的途径都很难拥有社会地位上升的可能性。李强认为，从职业流动的角度看，城市人口的初职地位和现职地位有紧密的关联性，即流动前后地位变化的幅度很小；农民工的初职地位与现职地位仅有很小的关联性，即流动前后地位差别较大，发生了明显的职业阶层变动。这说明农民工的职业地位流动是中断或者非连贯的，前后职业地位不太相关，地位继承的可能性比较低。与此相反的是，城市人口比农民工拥有更多的机会，也更容易获得社会资源，实现地位上升。相反，对于农民工而言，要想实现地位上升很难，上升的渠道也很少，更多的是通过经济上的获利而实现地位上升。

乡—城流动人口和本地人口的教育回报率也存在很大差距。与城市居民相比，乡—城流动人口在城市就业受到工资歧视，虽然城市企业中教育的回报率在不同人群中都明显提高，但农民工的教育回报率仍然处于较低的水平，并且他们的工资待遇在各个行业内部都受到不同程度的歧视（Knight et al., 1999；Maurer-Fazio et al., 2004）。马岩等人（2012）的研究表明，乡—城流动人口的职业培训回报率高于教育回报率，表明职业培训在乡—城流动人口的人力资本塑造中起着非常关键的作用。

田明和孙林（2013）通过研究表明，大量农民工的职业地位较低，庞大的劳动力供需规模导致他们流动的机会成本较低，分割的二元劳动力市场所形成的收入"天花板"效应，使他们无法按照正常的途径实现工作地位的上升和收入的提升，只能通过不断更换工作和工作地寻找机会；农民工劳动力市场不规范、信息获取不充分进一步拉长了农民工不断"试错"以寻找符合意愿的工作的时间等。因此，农民工频繁更换工作在很大程度上是被动的选择。

郭菲、张展新（2012）通过在北京、上海、天津和广州四大城市获取的调查数据，比较了农民工、外来市民、本地居民三个群体在城市劳动力市场中的地位。他们认为，户籍因素已经不是决定工资收入的主要因素，在控制了其他变量的情况下，农村户籍和城镇户籍的收入差距不再显著。这不是说户籍因素的作用完全消失了，而是通过工作单位的分割，户籍因素对个人收入起间接的作用，因为本地居民在国有企业的比例更高，而国有企业的工资也高于一般企业。此外，他们认为影响外来市民和农民工劳动力市场地位的因素有一定差别，外来市民和本地市民在劳动力市场地位不平等是地方保护主义和排外制度所致，而农民工和本地市民相比，在劳动力市场中的地位不平等是由于户籍的制度性歧视和排外政策的双重作用。简言之，外来市民是因为区域分割而成为受损者，而外来农民工处于城市劳动力市场的最底层，是城乡分割和区域分割的叠加因素所致。

因为农民工对中国的经济发展和社会影响越来越大，农村流动人口受到了越来越多的关注。上述文献多是描述人口流动趋势和农村人口向城市迁移在经济地位和职业地位方面的现状。Wong Keung 等人（2007）研究了迁移对生活在中国城市的农村流动人口的心理影响。他们借用边缘化的概念，指出在就业和工作条件、社会保障和医疗福利、子女教育、住房等方面，农民工都受到了歧视。从心理层面上看，乡—城流动人口在一定程度上精神健康状况不佳，这种心理健康状况可能与外来务工人员所遭受的工作压力有关。

第四节　对地位获得研究文献的评述

学者们提出了一些阻碍流动人口地位上升的制度性层面和非制度层面的原因，对流动人口社会地位、经济地位的描述和分析具有一定的解释力和说服力。但是，由于数据的不足和流动人口变动比较大，仍有必要对流动人口社会地位及其获得进行深度的研究。

第一，以往有关我国流动人口的一些研究，仅把流动人口作为独立群体进行研究，如考察流动人口在经济收入、社会保障、教育公平等方面的绝对情况，并没有对流动人口和非流动人口进行相对地位的比较，因而不能把握流动人口和非流动人口的相对差距。如果仅对流动人口在某方面的地位进行独立评判，就可能得出有偏差的结论；如果将其与非流动人口相比，可能会得到完全相反的结论。因此，笔者认为在研究流动人口时，必须对比非流动人口的情况，而且要同时与城镇非流动人口和农村非流动人口进行对比，只有这样，才能得到相对可信和可靠的流动人口的地位状况。更重要的是，通过比较不同人群的地位阶层，还可以判断流动人口融入当地社会的程度。

第二，对流动人口中城镇户籍人口的研究较为缺乏。以往关于流动人口的研究，多集中在从农村流动到城市的这部分人，也就是农民工和乡—城流动人口。实际上，具有城镇户籍的流动人口（简称"城—城流动人口"）也相当多。根据近些年的研究和数据，城—城流动人口大约占流动人口的20%（国家人口和计划生育委员会流动人口服务管理司，2012）。有一些研究者使用人口普查数据对流动人口进行研究，但是没有剔除其中的城—城流动人口，而将其当作乡—城流动人口的一部分，得出的有关户籍因素的一些结论也值得推敲。实际上，笔者开始关注这个问题之后，发现近两年也有一些研究者做了一些关于这部分人的研究，他们将城—城流动人口单独列出，进行了一些比较分析。但是由于城—城流动人口的数据比较少，所做的研究更多为描述研究，结论也需要商榷，样本的不足使得这些研究的结论无法适用到总体当中。由于城—城流动人口研究的缺失和不足，有关方面在制定有关流动人口的政策时，会过大地估计户籍的作用。还有，有关方面所制定的不区分户籍身份的流动人口政策，使得占优势地位的城—城流动人口成为受益者，而乡—城流动人口本该享受的优惠政策被剥夺，他们的处境更为不堪，遭受更不平等的对待，进而拉大了城乡人口之间的差距。

第三，以往对流动人口地位的研究，多集中于他们在劳动力市场中的地位，也就是对其职业地位、经济地位和所享受社会保障等进行研究。实际上，流动人口的地位还包括教育地位、政治地位、自我认同等方面。一个人的地位是综合而论的，职业地位和经济地位更多地反映了流动人口物质条件方面的情况，而教育、政治地位和自我认同更多地反映流动人口的人力资本等精神、文化和意识形态方面的地位状况。这是因为流动人口进入城市首先面临的是就业问题和生存问题，所以有关他们在劳动力市场中的地位的研究相对较多，关于他们其他方面的地位状况研究较少，不能全面地反映一个人的地位情况。特别是流动人口的自我认同等主观地位研究，可以反映流动人口对城市生活的定位，以及主观地位和其他客观地位的一致性问题。

第四，以往关于流动人口的地位研究，讨论更多的是流动人口的地位状况，而对流动人口地位获得的因素研究较少。由于那些研究仅描述流动人口的地位情况，没有分析流动人口的地位是如何获得的，以及流动人口和非流动人口的地位获得模式有什么不同，也就无法对流动人口地位上升的问题提出更有针对性的措施。即便有一些学者探讨了流动人口的地位获得途径，但更多集中在户籍制度的分割作用上，而忽略了其他因素的作用，如先赋因素和自致因素的影响，以及自致因素中个人努力的作用。此外，之前对流动人口地位获得的探讨，由于流动人口信息难以获得，缺乏数据的支持，所得结论也大多是由经验和局部地区的数据推断而来，不能严格地适用到全国，也就无法掌握我国流动人口地位获得的普遍情况。

第三章 ◂◂
研究问题、框架和方法

第一节　区分四类群体的比较研究

一　四类群体的划分和指涉

社会学的研究对象通常有社会成员和社会这两种类型，社会成员是指社会中的个体行为、个人特质、人际关系、社会互动等微观层面，社会则更多地指社会组织、社会现象、社会结构等宏观层面（陈祖耀，1998：28～30）。实际上，对于这两部分的研究通常是关联在一起的，一些社会现象和结构性变化，需要通过个体层面的信息反映和体现，对大量个体特性的把握能够推断出宏观层面的变化。本书旨在对流动人口的地位获得模式进行研究，研究的主要对象为我国的流动人口。流动人口是由诸多具有流动特征的社会个体构成的群体，研究他们的地位特征及变化，不仅能弄清社会群体的基本情况，也能弄清社会结构的变迁和发展趋势。

流动人口是相对于非流动人口而言的，为了考察流动人口的地位状况和地位获得模式，需要将非流动人口即本地人口作为参照组进行研究。流动人口作为本书的核心研究对象，其概念界定一直都有争议，且存在多种多样的解释和定义，厘清流动人口的概念对于本书所要研究的问题有重要作用，因此笔者将在梳理流动人口相关概念的基础上提出本书所使用的流动人口概念和分类。

　　研究者从不同的角度对流动人口给出了多样化的概念与界定，与流动人口相关的称谓共有二十几种，例如，迁移人口、外来人口、外来务工人员、暂住人员、农民工、人户分离人口、新市民等。相比较而言，"流动人口"这个概念更为正式和通用。当然，上述概念指代的对象并非完全一致，在具体使用时需要界定清楚。由此可见，我国的流动人口概念混杂，流动人口的统计口径也难以和国外匹配。我国所说的"流动人口"，在很多国家被称为"迁移的人口"，这对于流动人口的跨国比较研究来说，也是一大障碍。所以，流动人口的概念和定义需要明确界定，否则不仅国内研究出现口径不一致的现象，还会导致国际比较困难（周皓，2012：27~33）。

　　迁移和流动是非常相似的词，它们的英文表达都是"migration"，国际上的移民研究也统一使用该词。由于我国的特殊情况，迁移和流动有一定区别。迁移是指一个人居住和生活的空间位置移动，并且这样的移动伴随着户籍的变更，是一种相对稳定的迁居行为。相对于迁移而言，流动更强调一个人到城市之后没有办理户籍登记，而是根据个体或者家庭意愿自主变换居住地的行为（韦艳、张力，2013：56~65）。所以，户籍是流动人口的特征属性，也是区别流动人口和迁移人口的标志。

　　相对于国外移民研究而言，目前我国移民研究的对象多集中于户籍不在本地的流动人口，但流动概念本身也存在很多说法。通过总结各位学者的定义（张庆五，1988；王建民、胡琪，1996；李荣时，1996；魏津生，1999），可知流动具有以下特征或要素。①以户籍是否与人分离为主要标志，即流动是指人户分离的情况。户口是流动人口的社会属性，是区别流动人口和迁移人口的唯一标准。正是户籍的存在，导致了我国二元分割的城乡结构。②在空间位置上，流动跨越了一定的行政区域范围。这个要素是流动人口的本质属性，流动必然产生地理空间位置的变化，而且跨越一定的区域。③流动的时间要素。时间要素是流动人口的统计属性，需要设定时间标准来统计流动人口。也就是说，人口流动到新的地域，必须在当地定居一定时间，这样可以把探亲、度假、旅游、短时出差等临时性外出情况排除。综上，流动人口是指个体或者家庭成员在一定时间范围内进行了跨行政地域的流动，且没有获得流入地的正式户籍。本书中的流动人口是指那些在城镇居住时间超过一个月，但是没有本地户籍的人员。

　　界定了流动的概念，也就明确了流动人口指代的群体。从流动人口的类型来看，目前学术界对流动人口的研究多集中于乡—城流动人口，也就是农民工的研究。这是因为来自农村的流动人口被认为是更加弱势的群体，他们不仅没有本地户籍，还受到城乡户籍二元分割的影响。实际上，流动人口不仅包含从农村到城市的农民，也包含从一个城市到另一个城市的市民。也就是说，城市里的外来人口主要由两个不同的社会群体构成，一个是从城市到城市（城—城流动）的群体，另一个是从乡村到城市（乡—城流动）的群体，城—城流动人口更多地从事白领和脑力工作，乡—城流动人口在职业上更多从事体力和技术工作（李强，2000）。以往学者在对流动人口进行研究时，更多地关注以户籍为分类标准而产生的乡—城流动人口，但是这部分人不能完全代表流动人口，还要关注城—城流动人口，他们也属于城市外来人口，但他们是城镇户籍，这部分人与乡—城流动人口并不处在同一个阶层，所以需要将二者分别研究和考察（杨菊华，2010：8~32）。

为了观察户籍制度下的城乡二元结构对我国人口分化的影响，笔者将研究对象按照户籍类型和流动与否两个维度，分为四类（见图3-1），即农村本地人口、乡—城流动人口、城镇本地人口、城—城流动人口，并对这四个群体各自的地位状况进行阐述。在做出上述分类之后，本书着重对比农村户籍的流动人口和非流动人口、城镇户籍的流动人口和非流动人口的地位状况和地位获得方式。同时，观察乡—城流动人口与城镇本地人口的地位差距，以及流动人口内部的地位分化，即乡—城流动人口和城—城流动人口的差异。总而言之，本书的着眼点是对两种类型的流动人口进行区分研究，把本地人口作为参照群体，将流动人口与本地人口进行比较。

图3-1　研究对象的维度和分类

二 研究问题：四类群体的地位差异和地位获得模式

索罗金（Sorokin，1927：118-121）对社会流动作了最初的定义，并沿用至今。他认为社会流动是"从拥有个人或社会物品以及价值（由人类活动制造和改变的东西）的社会地位向其他的社会地位转变"。可见，流动是一种社会地位的转变，这样的转变包括水平流动和垂直流动两种方式，研究者更多关注的是垂直流动，也就是社会地位上升或者下降。对于流动人口，需要进一步思考的是，流动人口通过地理上的迁移，也就是空间上的流动，是否造成了社会地位的改变（升降），以及这种地位变化的原因又是什么。也就是说，笔者关注的问题在于，流动人口地位获得的原因是否和非流动人口一样，即采取一种循规蹈矩的地位获得方式。正如前文所指出的，流动人口的数量不断增加，但进入新的城市后面临制度屏障和政策排斥等，在地位获得中遇到了很多障碍。因此，流动人口和非流动人口在不同地位状况上的差异及地位获得模式是本书探讨的主题。

流动人口居住地的变迁，缘于他们对于更好的生活机会的追求，即流动的目的在很大程度上包含对地位改变的诉求，所以地理位置的变化通常会带来社会地位的改变。由于我国城乡差异较大，将流动人口和非流动人口直接进行对比，通常是对乡—城流动人口或全部流动人口与城镇本地人口进行对比，而忽视了乡—城流动人口相对于农村本地人口的变化。以往的研究多集中于对进城农民工的考察，很少对乡—城流动人口和城—城流动人口两个类别的流动人口分别研究，也没有对这两类流动人口以及他们的社会地位状况和非流动人口进行比较研究。实际上，流动人口的内部差异可能大于他们与非流动人口的差别。因此，本书将不同户籍的流动人口与非流动人口相比，以探讨两者之间地位有何差异，以及这样的差异来源于什么力量，是制度的因素、结构的因素，还是个人的原因。

此外，社会地位的衡量也存在多元化的标准。但是，经济收入和经济地位则更多地按照市场自由竞争的原则进行分配。流动人口进入城市主要是为了经济利益，其政治地位和经济地位可能出现不一致的情况。所以，本书的研究对象——流动人口正是通过空间和职业的流动以突破体制障碍的一个特殊群体，他们与非流动人口相比，各方面的地位是否存在不一致，地位不一致的原因是什么，这些都是笔者思考的问题。

总而言之，本书通过对流动人口和非流动人口社会地位及其获得的考察，并且把城—城流动人口和乡—城流动人口作为对照组，研究这两个群体之间地位获得的差异，以及这两个群体与相对应的非流动人口的地位获得差异。

第二节　区分四类群体的研究价值

一　理论上的精进和深挖

第一，对两类流动人口及非流动人口的地位进行比较研究。有关我国流动人口的研究，贡献多集中在流动人口的融入（市民化）、认同、流动成因、管理，以及流动人口所遭遇的问题和不公平待遇等方面（王春光，2001；李强，2003；朱力，2005；杨菊华，2009；崔岩，2012）。这些研究对流动人口的现状、发展和处境等问题形成了丰富的成果和讨论。但是随着我国新型城镇化战略的启动，人口向城市流动的趋势将一直持续下去，流动人口的增长速度也会十分迅猛。这部分人口的变化速率很快，在不同的时代条件下会呈现不同的特点、产生不同的问题，学界需要对这部分人的情况进行持续不断的研究。例如，新生代农民工已经逐渐成为流动人口的主体，他们在思想意识、劳动能力、知识水平和迁移意愿等方面都与老一代农民工不同，不少学者对此已经进行了研究（罗霞、王春光，2003；周明宝，2004；刘传江，2010；李培林、田丰，2011），但是对于流动人口的地位获得鲜有论述，因为流动人口的信息难以掌握，对地位获得模型的讨论多需要大数据的支持。李春玲（2006）从三重制度分割的角度讨论了流动人口的地位获得模式，但是由于流动人口的数据不充分，部分结果也不能得到显著的证实。本书利用清华大学中国经济社会数据研究中心2012—2013年全国抽样调查[①]的数据，分析两类流动人口与非流动人口地位获得模式的差异，以补充流动人口地位获得研究的不足。

第二，拓展以往地位获得机制的解释力。社会地位获得模型可以总结为人力资本模型、先赋—自致模型、结构分割模型和社会网络模型（边燕

---

① 这次调查对流动人口设计了专门的抽样方案，从而保证了流动人口的样本量，下文将会详细介绍此次调查的抽样方法。

杰等，2012：4~9）。人力资本模型主要是从经济学理性人的假设出发，认为个体在利益最大化的驱动下追求地位的提高，而个人社会地位的提高，主要决定于个人的资本存量，如学历、工作经验、职业资质等。但是，人力资本模型的假定高估了教育等因素对社会地位提高的作用，因为人力资本实际上是嵌入社会结构的，必须考虑社会背景和制度等因素对地位的影响，此外，仅用经济要素衡量社会地位的高低，也不够严谨。社会学家采用综合指标和家庭模式下的代际流动分析社会地位的先赋与自致关系，拓展了人力资本模型的研究范围。如果从个体和结构的二元观点剖析上述两个模型的着力点，可以发现它们都从个体能力入手，强调能力对社会地位获得的影响，较少涉及结构和制度的因素，结构分割模型和社会网络模型便是从结构和资源的角度入手，考察机会和社会网络对地位获得的作用。本书的意义之一在于依据流动人口的特性，结合"先赋—自致"模型和结构分割模型，既从个体努力和进取的角度入手，分析流动人口在不同层面地位上升的可能性；也从结构主义的视角出发，考察市场分割、城乡分割、社会资本等对流动人口地位获得的影响。在此基础上，笔者提出"地位争得"的概念，进一步拓展了"先赋—自致"模型和结构分割模型的解释力，突出了流动人口自致地位中的非正规地位获得机制和他们在地位获得中的主观成就动机。笔者根据流动人口的自身特性和所面临的社会环境，对两类流动人口和非流动人口的社会地位进行比较，甄别他们在教育、职业、收入、政治地位和主观地位等方面的地位争得结果和机制。

第三，考察不同类型的地位情况，提出流动人口地位不一致的观点。自布劳和邓肯以来，职业地位成为影响社会分层的重要指标。其潜在的假设在于，在现代社会，经济收入和财产的占有、政治地位的获得，以及声望的评价，都根植于职业体系。职业（不论是全职还是兼职）为人们提供了收入、权力和声望，所以，职业分层不仅构成职业结构的一个重要方面，而且是衡量社会分层的重要标志（Blau et al.，1967：13-22）。可以看出，这一理论将职业地位作为衡量社会地位和流动的主要指标，用以解释现代工业社会的结构封闭性或开放性，以及社会分层体系。然而，仅依靠职业地位衡量社会地位是不够的，邓肯通过测量人们的收入、教育和职业地位，并对这三种地位打分后综合得出一个分值，即 SES（Socioeconomic Score），以便综合各个方面的社会地位的情况。此后，有更多的学者，如甘泽布姆（Ganzeboom）、格拉夫（Graaf）、唐启明（Treiman）等人尝试建立一套可用于国际比较的社会地位指数，该指数被命名为 ISEI（International Socioeconomic Index of Occupational Status），译为"国际职业社会经济地位指数"。该指数综合了收入、教育和职业声望三个要素，在最近的研究中，很多国内外的学者都引用该指数对社会地位进行测量。由上可见，社会地位的测量被操作化为职业声望、收入、教育等综合指标，对于流动较为频繁的开放社会而言，的确能够反映西方工业化国家的社会结构和分层状况。但是，中国社会毕竟存在其特殊性，有许多制度屏障和结构壁垒，如户籍（Wu et al.，2004；李强，2005b；陆益龙，2008）、地区（边燕杰等，2006）和单位（路风，1989：71~72）等。这些制度安排构成一种筛选机制，阻碍体制外或者处于边缘状态的人获得更高的社会地位，从而形成一种既得利益群体的再生产机制（孙立平，2012：125~145）。这些制度性安排对社会地位产生了一种扭曲作用，可能导致地位不一致（Lenski，1954：405）。地位不一致是指人们在不同维度的地位序列中居于不同的，甚至是矛盾的等级（赵频、赵芬、刘欣，2005：27~30）。这对综合各种指标衡量社会地位的理论假设和做法提出了挑战，要求研究者分别考察不同社会地位的获得情况。流动人口同时受到户籍制度和社会观念的排斥，他们的社会地位在不同的维度上可能呈现不同的特点。如果利用综合社会地位测量指标对其社会地位进行衡量，只能获得一个总体的社会地位指数，无法判断他们在不同的社会地位维度的具体情况，也就看不到流动人口在某种维度地位的上升或下降。因此，有必要对流动人口在不同方面社会地位的变化进行考察，并与非流动人口进行比较，这样能够更精确地把握流动人口的地位在不同领域的情况，以弥补综合社会地位测量指标的不足。

二 精准把握流动人口的地位状况

对流动人口的管理和引导是维护社会稳定、实现长治久安的重要举措。我国诸多重要会议曾对流动人口和城镇化问题的解决提出指导意见和工作目标。2012年11月，党的十八大提出加强社会建设，形成"社会和谐人人有责、和谐社会人人共享"的生动局面，要求有序推进农业转移人口市民化，完善和创新流动人口和特殊人群管理服务（胡锦涛，2012）。2013年11月，党的十八届三中全会又对全面深化改革做了重大部署，提出总目标是完善和发展中国特色社会主义制度，推进国家治理体系和治理能力现代化。会议强调，要推进农业转移人口市民化，逐步把符合条件的农业转移人口转为城镇居民。此外，需要创新人口管理，加快户籍制度改革，全面放开建制镇和小城市落户限制，有序放开中等城市落户限制，合理确定大城市落户条件，严格控制特大城市人口规模。稳步推进城镇基本公共服务常住人口全覆盖，把进城落户农民完全纳入城镇住房和社会保障体系，将在农村参加的养老保险和医疗保险规范接入城镇社保体系（人民出版社，2013）。

从国家战略的角度考虑，流动人口是最不稳定的人群，因为流动人口属于迁徙人群。从社会融入和心理认同的角度讲，他们没有完全成为流入地的一分子，而处于一种边缘人的状态（唐斌，2002：36）。这是因为他们的流动性身份导致他们对流入地出现认同困境，难以融入当地社会。外来人没有当地户籍，不能享受所在地的社会保障、子女教育、医疗保障等公共服务。流动人口为流入地做出了巨大贡献，却没有得到相应的社会地位和保障。因此，需要对流动人口的社会地位进行详尽研究，以探求流动人口社会地位的具体状况和问题的症结所在，为今后制定提高流动人口地位、解决流动人口问题的政策提供实证依据。

实际上，作为流动人口的两大群体，城—城流动人口和乡—城流动人口这两部分人的经济和社会地位不尽相同。流入地将一些政策同时加到农民工和外来白领身上，效果并不理想：首先，农民工和白领的需求有很大不同；其次，这两个群体在竞争针对外来人口的社会资源时也存在很大的实力差异。因此，需要理解两大外来群体的不同要求，制定不同的户籍政策（李强、张海辉，2004：59~63）。本书所要研究的是城—城流动人口和乡—城流动人口的地位差异，并试图探索地位差异的产生机制，从源头上查找问题的症结所在，在继承前人研究的同时，拓展研究的深度，为针对流动人口的差别化政策制定提供更有说服力和解释力的研究成果，也为实现流动人口的地位上升、建立更加公平的社会流动机制做出贡献。

第三节　研究框架和思路

本书研究的核心是流动人口的社会地位及其获得方式，对于流动人口的地位研究，是在与非流动人口进行对比的情况下进行的。笔者根据户籍因素和流动与否，将研究对象分为四类，即农村本地人口、乡—城流动人口、城镇本地人口和城—城流动人口。根据前人的研究和笔者对流动人口管理政策的梳理，可知我国的流动人口受到户籍制度等多方面的制度和政策阻碍，难以在流入地获得较高的社会地位，面对政策排斥和本地居民的歧视，流动人口仍然愿意进入新的城市工作和生活，其成就动机和地位期待一定超过本地人口。调研发现，流动人口在流入地的工作努力程度和奋斗精神都超过本地人口。在制度挤压和个人努力的对抗中，流动人口的地位状况成为值得观察的社会事实。一个人的社会地位具有多重属性，在不同的地位上可能表现出不同的结果，为此，笔者对最重要的五种地位进行对比，即教育地位、职业地位、经济地位、政治地位和主观地位。结果显示，在同样的户籍条件下，流动人口在教育地位、经济地位和职业地位方面都高于本地人口，而政治地位和主观地位则低于本地人口。

由此可见，流动人口经过努力和奋斗，争得了一定的地位，教育、职业和收入方面地位都比本地人口更高，但是，在制度的保护和政策的排斥下，流动人口难以获得更高的政治地位，主观认同程度也比本地人口低。通过使用"先赋—自致"框架和地位差异度的方法，笔者对这些教育地位、职业地位和经济地位进行了分析，发现流动人口在这几种地位的获得上确实比本地人口包含更多的自致因素，也就是通过超常努力而争得了上述地位；但是在政治地位和主观地位上，存在非市场的、不公正的阻碍因素，导致流动人口即便付出更多努力，也无法取得和本地人口一样的地位，出现了地位争得失效的现象。在远离市场和存在更多制度障碍的政治地位上，本地人口更多地受到先赋因素的影响，致使流动人口难以参与到核心的社会竞争中；在主观地位上，流动人口的漂泊感、边缘人的心态，以及本地人的偏见和排斥等因素，都导致流动人口在主观上倾向于把自己定位到较低的阶层。

本书研究发现，在常规性自致地位之外，还存在地位争得的非常规获得方式。地位争得模式解释了一个社会中某个群体比其他群体的地位上升更快的事实，在传统的"先赋—自致"地位获得模型的基础上，本书提出地位争得模式，即通过个人更多的努力获得较高社会地位的奋斗型地位获得模式，我国流动人口的地位获得就属于这种地位获得模式。在理想的条件下，那些付出更多努力的人能够通过地位争得模式获得更高的社会地位，但是由于我国的制度壁垒在某些地位方面的控制更为严格，加之传统的家庭代际传承因素仍然对这些地位具有较强的影响，因而地位争得模式并非在所有领域都能发挥作用。为此，本书对我国当前制度背景下地位争得的有效范围及其原因进行剖析，并依照对地位争得模型分析的结果，在帮助流动人口提升地位方面提出对策建议，以期在未来的新型城镇化进程中打破不公平的制度壁垒，破解流动人口社会融入的难题，以保障流动人口的权益，给所有付出努力的人提供地位上升渠道，最终推动建成一个更加公平的社会。本书研究框架如图3-2所示。

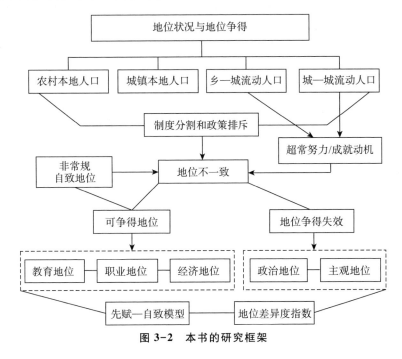

图3-2　本书的研究框架

第四节　研究方法与统计模型

本书对于四类群体地位情况的描述和分析建立在全国抽样调查数据基础之上。对于各个群体的地位状况和流动情况，本书利用分组的方式，通过频次分析和均值分析进行展示。对不同群体地位获得的影响因素的分析，根据因变量的不同测量层次，采取不同的统计模型进行，具体包括多元线性回归模型、逻辑斯特（Logistic）回归模型和路径分析模型。对数据的整理和对各个模型的分析分别使用 SPSS 19.0、Stata/SE 12.0 和 AMOS 18.0 等统计软件。

多元线性回归模型用于研究多个自变量与一个因变量的线性关系，要求模型中的变量均为定距变量（尤其是因变量），若自变量为非定距变量，则将其转换为虚拟变量后再纳入模型。多元线性回归的方程形式为：

$$Y = \beta_0 + \beta_1 x_1 + \beta_2 x_2 + \beta_3 x_3 + \cdots + \beta_n x_n + \varepsilon \tag{3-1}$$

其中，β_0 为方程的截距，β_1，β_2，β_3，$\cdots$，β_n 为模型的参数，也称净回归系数，ε 为误差项，x_1，x_2，x_3，$\cdots$，x_n 是 n 个可测量且可控制的自变量。参数 β_1 的含义为，在其他自变量不变的情况下，自变量 x_1 一个单位的变动引起因变量 Y 的平均变动单位，其他参数的含义都是如此，只不过代表不同自变量 x 的变动量。

本书中定距和定比层次的因变量，如收入，可以直接采用上述模型衡量各个自变量对收入的影响。其他如职业地位、主观地位等变量，经过编码和转换后，建立一个由高到低的序列，可将其近似看作定距层次的变量，也采用多元线性回归模型进行数据拟合。

多元线性回归模型只适用于对定距层次因变量的分析，但是很多时候研究者需要对定类因变量进行分析，如是否参加高考，是否为党员、干部等，在二分因变量的情况下，多元回归的假设被严重违背，可能产生误导性的结果。因此，学者们发展出了一种针对二分因变量的逻辑斯特模型，当然，逻辑斯特回归也可以扩展至处理多类别的定类因变量和定序变量。本书主要针对二分类因变量，采用二项逻辑斯特回归模型进行分析。二项逻辑斯特回归是用一组自变量预测个体可能属于二分因变量中某个类别的对数比率（log odds），公式表达为：

$$\log\left(\frac{P_i}{1-P_i}\right) = b + \sum_{k=1}^{K} b_k X_{ki} \tag{3-2}$$

其中，P_i 代表第 i 个个案在一定事件上成功的概率，X_{ki} 表示 k 个自变量，$k=1$，2，3，$\cdots$，n，b 为截距，b_k 是自变量的回归系数，代表各个因素在某一事件上的影响作用。该模型反映了因变量在给定自变量取值条件下属于类别 1 而非类别 2 的期望比率的自然对数。

本书中对四类群体教育地位的获得、党员和干部身份的获得，都涉及对二分类变量的预测和分析，将采用方程3-2进行数据和变量的分析。

路径分析属于结构方程的一种形式，它能够通过相关系数衡量变量间的相关程度或者通过路径系数确定变量之间的因果关系。更重要的是，路径分析不仅能够说明变量间的直接效应，还能说明变量间的间接效应。理论和实践表明，变量间的因果关系往往比较复杂，一个变量对于某些变量是原因变量，对另一些变量则可能是结果变量，此时对一个变量的预测仅用一组因变量和自变量并不能满足需要，一般回归分析难以解决这个问题。例如，一个人的职业地位获得受到其个人的受教育水平和父母职业的影响，但是如果用父母职业和本人教育直接预测其职业地位，就忽视了父母职业对本人教育的影响。也就是说，父母职业对本人职业的影响，一部分是通过本人教育传递的。路径分析通过建构路径图，可以计算出不同变量的直接作用和各种形式的间接作用，能够深化对模型中不同变量之间关系的认识。路径模型分为递归模型和非递归模型[①]，前者可以通过最小二乘回归估计路径系数，是研究者们常用的一种：

$$\eta = \beta\eta + \gamma\delta \tag{3-3}$$

其中，β 是 $m \times m$ 个内生变量间的结构系数矩阵，γ 是 $m \times n$ 个内生变量与外生变量及误差变量之间的结构系数矩阵，η 为随机向量，η 的分量对应内生变量，δ 为随机向量，δ 的分量对应外生观测变量和误差变量。

本书对四个群体职业地位获得的分析，就采用了路径分析的方法，以便考察不同变量对因变量影响的传递效应。

第五节 资料来源和说明

本书所使用的数据和资料来自清华大学中国经济社会数据研究中心组织的全国性、综合性的抽样调查，调查名称为"中国城镇化与劳动移民研究"。该调查的目的在于通过系统收集资料，了解快速发展变迁中的中国

---

① 因果关系中，全部为单向链条关系、无反馈作用的模型是递归模型。与递归模型相对应的模型是非递归模型，即路径分析中的变量存在双向链条，互相影响，或者有自反馈作用的模型。

社会的城镇化问题、劳动移民问题，总结城镇化发展对劳动移民的就业、生活、子女教育等多方面的影响，探讨更深层次的原因，推动相关问题的研究进程。项目于 2012 年 4 月正式启动，到 2013 年 12 月，共收集全国 28 个省级行政单位 147 个区（县）500 个村居的入户访谈资料。该调查在社区以上的层次使用 PPS 抽样方法，从省、市、区（县）、村居依次根据抽样单位的社会经济指标排序，然后根据概率与规模相匹配的抽样方法，随机抽取各阶段的样本。在抽样末端，对村居内抽取家庭户采取"实地绘图列举概率抽样法"进行。

此次调查的主要关注点是流动人口的状况，但是流动人口居住分散，零散分布于城市的各个角落，其信息难以捕捉，如果采取纯随机抽样的办法，最终获得的样本量可能太小，分析的可信度就无法保证。为了获得足够数量的流动人口样本，调查组设计了两大样本框，即样本 A 和样本 B。其中样本 A 为总体随机抽样，预期调查 9000 个样本，不区分流动人口和非流动人口；样本 B 则只针对流动人口进行调查，预期调查 3000 个样本，在调查过程中就排除了非流动人口。本次调查的问卷类型包括村居社区问卷、成人问卷、儿童模块问卷，其中儿童模块问卷又包括主要看护人问卷、3~15 周岁儿童认知能力测验问卷、10~15 周岁儿童青少年问卷。对于一个符合要求的受访家庭来说，成人问卷是必填的，访谈对象是 18~70 周岁的成年人；如果户内有儿童（0~15 周岁），儿童模块问卷需要根据儿童的年龄来选择填答相应部分。成人问卷是此次调查的主问卷，其内容模块包括基本的人口信息、个体生命历程信息、个体生存经验信息与生活态度信息。

笔者所使用的数据均来自成人问卷部分（具体问题见附录），成人问卷共搜集了 12540 个样本，其中农村本地人口的样本量为 5930 个，乡—城流动人口的样本量为 3213 个，城镇本地人口的样本量为 2223 个，城—城流动人口的样本量为 1174 个。流动人口占全部样本的 35%，城—城流动人口占全部流动人口的 27%。在进行模型分析时，部分数据存在缺失情况，所以每个部分的分析所使用的样本量并不包括全部样本，具体使用的样本数量会在分析过程中加以说明。此外，虽然扩大了流动人口样本，但是流动人口的样本量仍小于非流动人口的样本量，因此笔者在做分析时使用加权的办法，以平衡各个群体样本的代表性。

第四章

流动人口管理政策和地位获得存在的障碍

本章旨在对我国流动人口管理政策以及相关制度对流动人口社会流动和地位上升造成的阻碍进行分析。我国的人口迁移管理政策随着人口迁移的趋势变化经历了较为曲折的历程。户籍制度是城乡二元结构的基础性制度，阻碍了流动人口社会地位上升的渠道，由户籍制衍生出的一系列措施对他们形成一定的排斥，即便他们为流入地做出了巨大的贡献。这种排斥性的措施虽然有所改善，但从根本上讲，由于我国城乡发展不平衡，城市和城市之间也存在巨大差距，大城市和发达地区集聚了相当多的资源，流动人口放弃了既有的资源和社会关系，从原有的地域和社会结构中脱离出来，不得不承受流入地的重重压力和阻碍，其成就动机、奋斗精神和超常努力都超过了本地人口。

第一节　国外人口迁移管理的政策和特点

农村剩余劳动力外出以及城市间的人口流动是经济发展、市场开放的重要体现。从宏观上讲，人口的流动有助于促进经济增长以及不同地域间资源的交换，平衡城乡和地区之间的巨大差异。从微观上讲，人口流动有助于人们改善生活，通过进入更有发展前途的环境，实现个人地位的上升。地域上的流动是社会阶层循环的重要调节机制。

我国的流动人口正处于大幅度上升和迅速变化的阶段，而国外尤其是西方国家，并不普遍存在特别突出的城乡二元分割，它们的大规模人口迁移已经完成，人口迁移问题主要是跨国移民的管理，由于国际人口迁移也受到地区和文化的巨大差距的影响，并且对流入国家和地区的经济社会资源和社区文化会产生一定冲击，流入地的管理者对移民的管理政策，对我国目前的流动人口管理有一定借鉴意义。此外，历史上这些国家也经历过工业化、城市化的转型，一定程度上与我国当前的流动人口发展类似。因此，可以将这些国家早期的城市化发展作为参照背景，考察其流动人口管理政策方面的做法。

一 美国人口迁移的管理措施

美国是工业化和市场化都很发达的国家，地域广阔，对人口登记管理也很重视。1880 年之前，美国对来自西欧、北欧的移民几乎没有任何限制，主要原因是美国的经济在这一阶段正处于起步和发展时期，需要大量外来移民提供劳动力资源和技术，以促进工业化进程和内战后的复苏重建工作。20 世纪初期，由于亚裔移民的增加和排外思潮的加剧，美国在经济衰退时期颁布了《排华法案》等法律，包括南欧、东欧、亚洲国家的移民都受到了歧视，这样的限制一直持续到第二次世界大战。战争之后，美国对劳动力的需求再度增加，在延续移民管理和控制措施的同时，通过一系列有利于人口输入的法令，吸引了社会主义阵营中的大量人才。第二次世界大战之后，美国作为最发达的国家，成为移民的首选国家，人口流动非常活跃，人口流动率居世界前列。1965 年之后，美国对存在种族歧视的移民政策进行全面改革，大幅度增加各国的移民配额，这一举措吸引的大部分是技术移民，并持续到 20 世纪 90 年代。1990 年以来美国的年均流动率达到 16%（张文新，2002：66~71）。

与国际移民相比，美国国内的人口迁移相对稳定，政策管理也较为宽松。美国的宪法规定，美国公民享有迁移和居住的自由。美国政府制定了明确的人口生命登记制度和人口统计方法，对每个人的基础信息都会做完整详尽的记录（杜放、郑红梅，2006：157~159）。如果公民迁移或者流动到某地区，必须符合该城市的卫生和相关法律规定，比如有一定面积的住房、有稳定的收入等，否则将遭到人口管理部门的制裁。同时，美国政府会以房租补贴的形式为国内移民提供住房援助，关注低收入移民的住房问题，以解决他们无法承担高额房价的困难（张利萍，2008：15~20）。

二　欧洲国家人口迁移的管理措施

欧洲各个国家的文化、历史虽然各有特点，但也存在许多共性。欧洲内部的移民十分常见，政策限制较少。欧洲国家的人口流动管理主要通过立法实现，其中以德国最为典型。下面，笔者以德国为例，介绍其移民政策措施和特点。

德国与大多数欧洲国家一样，没有户籍制度，"人口迁移"等同于"人口流动"。此外，德国的户口登记和迁移手续十分简单，在当地有工作和住所就可以进行户口登记。也就是说，只要居民在当地找到一份工作，找到住宿地，就可以凭工作和住宿证明迁移户口。如果没有工作，则很难找到住所，也就无法落户。德国的法律很严格，如果发现居民申报户籍信息没有填写真实住址，就会将其列入黑名单，取消和限制其权益，并进行处罚。

德国在国内人口迁移上有很多值得借鉴的经验，如在城乡改造、安置流动人口方面，注重改善流动人口的生存条件，提升流动人口的职业素养，使流动人口能够积极融入城市生活，在提高准入门槛的同时，强调塑造"新公民"。

三　日本人口迁移的管理措施

日本是东亚国家，国土面积较为狭小，人口密度很大，对国外移民的限制比欧美国家严格。日本的移民政策主要针对专业技术人才，不太注重对重体力或低端劳动者的引进。然而，由于日本相对于亚洲其他国家更为发达，外来移民非法滞留问题一直没有得到解决，对日本政府的移民管理政策也提出了一定的挑战。

经过第二次世界大战之后的快速发展，日本的城市人口比例达到75%以上，城市化水平很高。从国内移民的角度来看，主要采用"住民票"制度对外来人口进行管理。本国公民只要在流入地居住一定年限，并有固定的职业，就可以申请"住民票"，手续较为简单。正因其简便性和费用低等特点，日本国民的流动性很高，没有产生像我国这样的"人户分离"情况（蓝海涛，2000：41~42）。

四　国外移民管理的特点和经验

从各国的人口迁移管理措施可以看到，随着市场经济的发展，迁移自由的精神和做法已经被各国普遍接受。美国是一个典型的移民社会，其自由迁移的生活方式培养了美国人强烈的个人意识和进取精神，为美国的发展提供了源源不断的动力，也铸就了"美国梦"的实现基础。迁移自由能够更好地实现人力资源的有序流动和合理配置，实现人尽其才的目的。迁移自由是市场经济发展的内在要求，各国都运用法律保障劳动力的自由流动。目前世界上已经有 70 多个国家实行"事后迁移"制度，这些国家的公民迁移不受人为因素的干扰（张庆五、张云，2002：21~23）。

由于社会体制和历史传统等与我国不尽相同，大多数国家不存在区分公民户籍身份的差异化管理措施。只要属于这个国家的公民，就能享受一样的公共服务和资源，国内移民通过简单的手续即可获得和当地居民相似的服务和社会保障，不会因户籍身份不同产生待遇差异。各国将资源一体化配置的措施通过法律确定下来，形成了明确、稳定的公民权利和社会契约。实际上，流动人口也为社会做出了很大的贡献，是否允许他们得到与付出相匹配的公共产品，是衡量一个社会是否公平公正的标准。给予流动人口一定的公共服务和奖励，能不断激发他们的创造性和积极性。为此，不少国家通过立法维护流动人口的合法权益，让他们享受到和本地人一样的权利，包括选举权、结社权等，这是考察移民融入的重要指标。

为了掌握人口信息，国外的人口登记制度在人口控制和管理功能之外，也承担了信息记录和统计的功能，涵盖了一个人的基本情况、经济状况、社会流动和有无犯罪等多方面信息，并与治安、教育、保障和公共服务等方面的管理部门共享信息，能够及时、准确地解决人口流动的问题。因而，国外的移民管理具有服务和咨询性质，其意图不是将移民和本地居民隔离，也没有针对不同群体的差别化政策。

第二节　我国流动人口发展和管理沿革

一　我国流动人口的变迁

1949 年以来，我国的流动人口历史大体可以分为 20 世纪 50 年代、20 世纪 60~80 年代、20 世纪 80 年代以来三个阶段。

20 世纪 50 年代，我国人口流动的特点是政府计划的人口流动与人口自由流动并存。新中国刚成立时，全国没有实行严格的户口登记和管理制度，由于农民大都分了土地，百废待兴，恢复和建设任务占据主要地位，仅有少数人流入城市，没有发生大规模的人口流动。1958年，"大跃进"开始，为了满足迅速发展的工业生产需要，全国有计划地安排了大量有知识和专长的农民进入城市"大办工业""大炼钢铁"；也有一批城市人口响应党的号召，从城市去农村支援农业生产。此时产生了一定规模的人口迁移，这些迁移是有计划性的。由于我国当时还没有建立户籍制度，农村人口进入城市、城市人口流入农村是自由的，人们可以根据个人意愿将户口落在当地，此时的人口流动可以称为迁移。1958年1月9日，全国人民代表大会常务委员会第九十一次会议通过了《中华人民共和国户口登记条例》。

20世纪60~80年代，我国人口流动呈现进行有计划的人口迁移和严格控制人口自由流动的特点，户口成了人口迁移和控制人口流动的有力手段。1961年我国国民经济开始实行"调整、巩固、充实、提高"方针，中央发出了缓解农村生产劳动力紧张、减少城镇人口的指示，城镇人口从1961年到1963年共减少了2600万人，形成了少见的从城镇向农村流动浪潮，从而扭转了农村人口向城镇流动、城镇人口过快增加的趋势（辜胜阻、刘传江，2000：179~185）。1964年1月，中共中央和国务院发出了《关于动员和组织城市知识青年参加农村社会主义建设的决定（草案）》，全国开展知识青年"上山下乡"运动，到1977年，全国累计有接近1800万名城镇知识青年被有计划地派往农村。1978年之后，这些知识青年开始回城，也有部分被下放的干部返回城市。

20世纪80年代以来的人口流动是在改革开放背景下展开的，这个时期的人口流动逐渐变得自由，但还存在对人口迁移的控制。随着市场的开放和经济的发展，农村剩余劳动力向城镇转移，加上区域间的城—城流动，流动人口的数量激增，我国的流动人口管理工作面临巨大的挑战。

二　我国流动人口管理方式的变迁

对应不同的流动人口发展阶段，我国的流动人口管理措施和理念也有所不同。1954年我国宪法规定了公民享有居住迁徙自由权，从宪法的高度对公民的流动自由权利给予了肯定。从落实的情况来看，公民确实实现了迁移的自由，流入新的居住地后可以顺利解决户口和工作问题。其后，农民大量流入城市寻找工作，相当一部分人留在城市，成为新市民。随着农村人口逐渐增多，城市的工作、教育等资源出现短缺，政府开始劝阻农民流动到城市，不过劝阻的对象是盲目迁移的农民，那些在城市有较好发展的流动人口则被接纳为城市人口。1958年户口登记措施的实施造成了城乡二元分割的现象。户籍以及与之相联系的粮食及副食供应制度、劳动就业制度、教育制度等，成为城乡资源互通的屏障，城乡之间的人口流动几乎中断。

改革开放之后，户籍制度开始松动，我国虽然给予了公民一定的流动权，但实际上是一种"准自由流动"，即人们可以根据自己的意愿流动到任何一个城市，但并不能享受流入地的社会福利、教育等资源，流动人口与本地居民在各方面的权利有较大差距。20世纪80年代以来，城市流动人口的管理虽然发生了变化，但流动人口快速发展使得相关的管理体制一直滞后于实际需求，不能有效地应对流动人口的大量增长和流动人口对在城市长期居住的向往。

20世纪80年代末期，我国出现了第一次"民工潮"，大规模农村外来人口涌入城市寻找就业机会。当时的城市体系承载能力十分有限，也缺乏充分的政策和制度准备，人口流动给城市的卫生、交通、环境、社会治安和劳动就业等多个方面带来了巨大冲击。对于改革开放后的第一波人口流动潮，北京、上海和广州等地采取了一系列防御性和限制性措施。例如，20世纪90年代实行的"流动就业登记"措施，对于控制人口流动起到了一定作用，但也侵害了他们的自主就业权，公安部也于1995年强化了暂住证管理办法，要求外地务工经商人员申请办理暂住证。王春光（2004）认为这个阶段出台的一系列流动人口管理政策，看似是为了管理城市秩序和维护社会稳定，但对于农民工来说，更多的是限制和剥夺其各种权利。其实质是针对外来人口"无序流动"的状况，为了避免流动人口享受城市有限资源而制定的排斥政策。

这种制度和措施的安排，在进入21世纪之后，逐渐走向其反面，与流动人口有组织、有目的的迁移过程越来越不相适应，难以应对流动人口的发展诉求。"孙志刚事件"① 就是这一制度弊端的集中爆发，此后对流动人口的管理措施更加重视人性化原则。此外，近些年来出现的"民工荒"现象也让城市管理者进一步认识到了流动人口对城市经济发展的重要作用。2002 年，中央政府提出了鼓励农村人口进城的十六字方针——"公平对待、合理引导、完善管理、搞好服务"，标志着针对流动人口的排斥性管理制度的瓦解。各地对流动人口的管理进行了积极探索，如上海和广州实行过流动人口的蓝印户口制度。但是迄今为止的一系列流动人口管理办法还是没有根本解决人口流动与城市体制不兼容的缺陷。流动人口在城市内遭到制度排斥，是一种"一城两制"的安排。政府对城市内的流动人口更多的是管理和控制。

三　中国流动人口管理的依据和内容

由于我国的流动人口数量庞大，城市建设在相当长一段时间内相对落后，公共基础设施和服务无法满足大量人口的需求，为了避免流动人口对城市发展产生冲击，国家和地方政府制定了很多政策和措施，对流动人口进行管理。目前我国对流动人口的管理依据主要有四类。一是国家法律及各部委发布的文件，如 1958 年 1 月 9 日由全国人大代表大会常务委员会通过的《中华人民共和国户口登记条例》，仍在发挥管理流动人口的作用，以及 1995 年 9 月 19 日颁布的《中央社会治安综合治理委员会关于加强流动人口管理工作的意见》，2009 年 4 月 29 日国务院通过的《流动人口计划生育工作条例》等。二是各省、自治区、直辖市人大常委会制定的地方性法规，如广东省、浙江省、辽宁省通过的流动人口管理条例。三是各省、自治区、直辖市人民政府制定的加强流动人口管理的规定，如北京市、天津市、重庆市、海南省等地方政府发布的人口管理规定。四是各级政府职

---

① 2003 年 3 月 17 日晚上，任职于广州某公司的湖北青年孙志刚在前往网吧的路上，因无暂住证，被警察送至广州市"三无"人员（即无身份证、无暂住证、无用工证明的外来人员）收容遣送中转站收容。次日，孙志刚被收容站送往一家收容人员救治站。在这里，孙志刚受到工作人员以及其他收容人员的殴打，于 3 月 20 日死于这家收容人员救治站。这一事件被称为"孙志刚事件"。孙志刚身亡，且其身份不是流浪汉而是大学生，因而产生极大影响。许多媒体详细报道了这一事件，并曝光了许多同一性质的案件，在社会上掀起了对收容遣送制度的大讨论。先后有多名学者向全国人大反映，要求就此对收容遣送制度进行违宪审查。

能部门制定的加强流动人口管理的规定，如长春市公安局 1996 年 3 月发布的《长春市公安局流动人口管理工作实施细则》。

各级政府和部门制定的规章制度旨在维护城市社会稳定，保护当地居民的既得权益不被侵占。这些管理工作的具体措施主要包括以下几个方面。第一，身份证明和日常表现证明。用人单位会要求流动人口提供公安机关核发的身份证明，并核实流动人口在流出地的表现。一些要求严格的单位，还会派专人到流动人口户籍所在地进行政治审查。第二，流动人口登记管理与暂住管理。这主要是指对流动人口进行旅店住宿和房屋租赁管理，尤其是在一些城市，流动人口租住房屋需要办理暂住证。2008 年以来一些地方对流动人口取消了暂住证管理制度，采取"居住证"制度，使流动人口享有比暂住证更多的权益。第三，户口迁移管理。公安机关根据户口登记条例和流入地政府的相关户口迁移政策，为符合户口迁移政策的流动人口批办户口迁移。一般情况是其在流入地购买商品房或有一定数额的投资，即可办理当地户口。但北京、上海等城市对户口的管理更为严格，对流动人口办理当地户口的要求也更高。第四，对流动劳动力进行就业服务和管理。相关服务包括提供就业信息和职业介绍、就业训练和社会保险，帮助其处理劳动争议等。此外，流动人口务工、经商，还需要在常住地办理"外出人员就业登记卡"，办卡时需要检查计划生育证明、近三年有无违法犯罪情况。在核发营业执照的时候，也需要核查暂住证等证件，并对其进行职业和遵纪守法教育。第五，实施救助和保护教育管理。如 2003 年 6 月 20 日国务院颁布的《城市生活无着的流浪乞讨人员救助管理办法》，废止了 1982 年 5 月 12 日颁布的《城市流浪乞讨人员收容遣送办法》。第六，实行婚姻和计划生育管理。对流动人口进行婚姻登记，发放和检查计划生育证明，提供避孕相关服务。第七，对流动人口聚居地和违法犯罪问题的管理。如促进农村剩余劳动力就地就近转移，对流动人口聚居地的社会治安进行整治，依法处理外来人员违法犯罪问题，打击流窜犯罪活动。

流动人口的管理存在事实上的户籍人口管理和属地化管理两种情况，尽管政府对流动人口实行了暂住证、人口登记等类属地化的管理方式，但是受到二元经济结构和二元户籍制度的影响，在操作上仍然局限于以户籍为主导的管理方式，社会保障、住房、就业、教育等优惠政策和福利均与户籍挂钩，流动人口被排除在外。

第三节　流动人口对城市的贡献

外来人口向城市的流动能够填补当地城镇化发展所需要的劳动力资源缺口，起到了节省劳动力成本、提高生产效率的作用。当前我国的就业状况、流动人口的职业特征和就业市场的分布等情况显示，流动人口为城市提供了低廉的劳动力，迅速完成了城市内部的劳动力和人力资源积累，推动了城市很多行业的发展，也促进了就业和消费，为城市繁荣和社会进步做出了很大贡献。从流出地外出打工的人群，往往是当地年轻、有活力和有干劲的劳动力资源，他们构成流动人口的主要部分。大量的打工者为企业的原始积累贡献了力量，也承担了城市中那些脏、累、差的工作。流动人口多集中于低薪或高危行业，如建筑、化工、市政环卫等领域。正是他们弥补了这些行业的空缺，承担了城市中最不起眼的工作。从城市发展进程看，特定经济条件下城市经济的增长与工业的进步和大量流动人口的流入密切相关（程杰，2018：54~69）。

流动人口是我国经济持续增长的重要动力，为城市发展创造了巨大财富，也促进了流入地的经济发展。从我国的流动人口分布和各个省份的经济状况可以看到，经济越发达、进城务工人口越密集的地方，外来人口对当地 GDP 的贡献率越高。李强（2010）采用了国家统计局 2000 年人口普查的数据，分析了全国流动的劳动力与经济发展的关系，通过 31 个省（自治区、直辖市）人均 GDP 与总体流动劳动力所占比例、农业流动劳动力所占比例、非农业流动劳动力所占比例的相关系数，证明了这几项指标与人均 GDP 均存在很强的正相关关系。其中非农业流动劳动力比例与该地区人均 GDP 的相关性最强，这说明农民工对各省（自治区、直辖市）人均 GDP 的社会贡献最大。任远、王桂新（2003）也对户籍人口和流动人口迁入对劳动力市场的作用和经济贡献进行了分析。结果表明，改革开放以来，上海市 GDP 的增长中，主要的贡献来自外来流动人口。而且随着时间的推进，外来人口对经济增长的贡献逐年上升，对一个城市的 GDP 增加发挥了越来越大的作用。由此可见，流动人口的奋斗对中国经济的发展起到了至关重要的作用。

从产业发展的角度看，流动人口对产业结构的调整和优化也起到了推动作用。随着剩余劳动力向非农产业流动，城市第三产业得以快速发展。2012 年从事第三产业的劳动力比重为 30% 以上，其中流动人口占大多数，北京、上海、天津等大城市从事第三产业的劳动力比重超过 50%。目前，我国第三产业的劳动力需求仍然是三个产业中最大的，未来仍需要大量的劳动力进入第三产业工作，其中流动人口是不可或缺的力量。人口流动促使了产业结构的改变，对国民经济的现代化发展起到了重要的作用。

大量流动人口的流入是维持城市竞争力的保障，能够提高流入城市的人力资本。城市的首要特征是拥有一定的人口规模和产业，外来人口为城市提供了有效的支撑。人力素质及其结构也是城市竞争力的重要体现，根据以往的研究和本次数据调查的结果，流动人口的受教育水平高于流出地的平均水平，是流出地的精英群体，他们对城市人口素质及其结构的改变具有很重要的影响。流动人口在城市占用了极低的社会成本，在用工成本、住房成本、教育成本、医疗成本和社会保障支出等方面都小于本地人口。流动人口普遍比较年轻，增强了城市的活力，缓解了城市老龄化带来的问题。

第四节　流动人口地位获得存在的障碍

流动人口数量巨大，对城市发展做出了巨大的贡献，但是各种制度仍然使其处于社会边缘，在城市内部形成了本地人和外来人的二元结构。在户籍制度基础上，城市本地人口和流动人口因身份差异所带来的地位差异日益明显。当前，在社会保障、福利和公共服务等方面，本地人口和外地人口遭到差别化对待，外来流动人口在流入城市受到了政策的排斥。这些制度和结构使得流动人口无法与本地居民一样获得同样的资源、享受同样的权利，而且这些权益是方方面面的，几乎覆盖了生产生活的所有方面，例如，教育、卫生、医疗、社会保障等，一些大城市甚至对住房、汽车等采取限购措施，将流动人口排除在外。更为深层的是流动人口缺乏权利表达的途径，对社会组织的参与度也较低，在公共决策过程中没有表达的机会，导致他们进一步受到制度的排斥，强化了边缘人的身份，在地位获得中面临更大的阻碍。

一　户籍制度障碍

中国的户籍制度具有特殊性，它既是一种公共品，又具有排他性。户籍制度是流动人口遭受社会排斥和地位获得阻碍的最基础、最根本的制度安排，所有其他的排斥政策都建立在户籍制度基础之上，即城市各项公共服务和社会福利制度安排都嵌套于户籍之中。户籍制度将农村和城市分为两个截然不同的部分，是城乡二元结构的制度基础。户籍制度也成了管理流动人口最重要的手段和工具。改革开放之后，人口流动越来越频繁，城乡发展也越来越不平衡，城乡差异日益扩大，户籍制度所造成的城乡壁垒也日益凸显。我国现行户籍制度中嵌入了太多的利益，加上在人口迁移方面的严格管理，使城乡之间、城市之间的户口出现了一定程度的价值化和等级化趋势（李强等，2013）。以户籍制度为主，加上一系列建立在户籍制度之上的制度，如教育制度、社会保障制度、医疗制度、就业制度等，都对流动人口施加了整体性的制度排斥，使流动人口在各个方面都受到制约。现有的城市公共服务是根据户籍计算、设置和供给的，相对于城市本地户籍人口，流动人口并不是市民，即使他们已经在城市居住了很长时间，由于没有当地户籍，也无法享受市民的所有权利。

户籍制度在排斥流动人口融入城市的同时，也阻碍了他们地位的向上流动。在社会地位获得的职业渠道、经济渠道、政治渠道、教育渠道、婚姻渠道等诸多渠道中，城市农民工的地位变迁都受到户籍制度的阻碍（李强，2002：16~19）。流动人口从农村进入城市后社会地位有了显著上升，但城市管理体制是根据户籍身份来分配资源的，流动人口被排斥在这些资源之外，处于边缘地位，极少有机会实现向上流动。由于一个人的户籍在出生时便确定了，因此可以认为户籍是一种先赋性的要素。户籍对一个人具有很大的约束力，人们很难突破户籍的限制，向上奋斗的积极性会被压抑。在户籍制度的限制下，人们的后天努力很难发挥其应有的作用，结果往往是流动人口付出了更多的辛苦，得到的回报却比本地人口更少。户籍制度被看作人为地在城乡之间构建了一道身份和待遇的壁垒，城镇户口成为一种稀缺资源。户口不仅增加了农民工在城市生存和发展的成本，也因为附着在户口上的利益使得流动人口融入城市的难度加大。

总之，城镇户籍对于全社会各个群体的意义并非人口登记这样简单，没有本地户籍意味着就业机会较少、劳动回报率较低、社会保险的参保率低、子女接受优质公立教育困难等。虽然流动人口进入流入地不需要经过批准，但是他们难以获得与市民同等的权利和本地市民的认可（王春光，2003：31~40）。

二　就业制度障碍

中国的劳动力市场分割表现在城乡分割、部门分割和制度分割三个层面上（李春玲，2006）。这些分割造成了流动人口在城市就业遭到多重阻碍和不平等对待。流动人口面临排斥性的就业市场，城市规定外来劳动力需要得到当地政府的批准，并得到务工许可证，才能够进入劳动力市场求职。面对大规模流动人口和不断增加的本地居民就业压力，城市大多采取一些限制外来人口就业的做法，如清退外来劳动力、让出就业岗位，为城镇下岗职工再就业创造条件；加强对企业的用工检查，规定只有非长年性工作岗位才能招用临时工，采用经济手段限制录用外来工，以及对行业、职业、工种等进行严格限制。在劳动力市场中，雇主处于强势、有利地位，流动人口处于相对弱势地位，劳资双方的关系非常不稳定、不平衡，流动人口签订劳动合同的比例也远低于本地人口，这使流动人口的经济活动具有很强的非正规性。这种情况下建立的劳动关系难以为流动人口提供必要的劳动保护，在工作中权益被侵害时也无法维权。流动人口在工资待遇、劳动条件等方面难以得到有效保障，拖欠工资的事件时有发生，超时工作也没有加班费。很多职业技能培训也不面向流动人口，导致他们的晋升机会很少。

因为我国的流动人口是作为补充或替代劳动力进入城市劳动力市场的，所以他们在城市中就业受到了一定的排斥。我国城市的就业政策规定一部分行业或职业不允许流动人口进入，这部分被保留的职业一般都是地位较高、条件较好、待遇较为优厚的，有资格进入这些职业的本地人获得了政策带来的巨大优势，一些有能力胜任这些工作的流动人口却被排斥在外。例如，北京从 1997 年开始限制外地人员从事特定行业、工种，仅有12 个行业的 200 个工种对外来人员开放。2000 年，北京还增加了限制外来人员的行业和工作，将限制行业从 5 个增加到 8 个。虽然这种明文限制于2003 年被取消，但是一些国有或政府单位仍只向本地人开放，流动人口没有本地户口，只能去企业打工，或者从事个体经营。这种建立在户籍制度上的就业政策，限制了流动人口的就业选择，城市的劳动力市场被人为地分割，导致本地居民在"正式市场"工作，绝大多数流动人口在"非正式市场"寻找工作机会。

因此，从行业开放的角度来看，城市对外来人口有选择、有条件地开放，流动人口在城市中所应该享有的就业权利被户籍和地方政策所限制。对流动人口，特别是对乡—城流动人口开放的行业集中在那些劳动强度很大、劳动条件差、福利待遇低，以及城市急需发展却又缺乏资金投入和管理经验的低端第三产业，如餐饮、维修、家政服务、废品回收、快递、保洁等，这些工作基本上都是本地人不愿意做的。流动人口从事这些行业的工作，无法获得正式工的身份，没有工作经验的积累，一切都是临时性的。城市就业政策对流动人口的歧视不仅体现在白领行业等主要劳动力市场排斥外来人口、保护本地市民上，也反映在同一行业中流动人口和本地居民的不平等待遇上。就业政策规定，在同一单位，如果出现流动人口和本地人口的岗位竞争，本地人口有优先权。例如国企下岗和单位减员的过程中，身份是本地市民的劳动力要优先安排，流动人口则在劳动力市场上处于政策劣势地位，而且这样的劣势尚无改变的迹象。一些正式单位在招考时要求是本地户籍，将流动人口屏蔽在外。

三　流动人口子女教育问题

流动人口子女教育受限也是一大问题。我国的义务教育实行地方管理，具有以户籍所在地为准的属地性质。流动人口子女的人户分离状况使他们无法享受流入地政府财政负担的教育经费，因此他们一度需要缴纳借读费或者赞助费才有资格入学。尽管各地推行了一些保护流动人口子女入学的举措，但是，流动人口子女的教育问题仍然存在很多现实困境。由于长期以来的地区偏见和教育不平等政策，公立学校认为外来学生的学习成绩不如本地学生。为了避免他们的成绩影响学校的整体水平、他们挤占学校教育资源，公立学校在招收流动人口子女时没什么积极性。流动人口子女入学需要烦琐的手续和证明，即便是进入了公立学校，学校内部也对借读生采取放任措施，借读生的考试成绩不计入教师考评项目，学生学得好不好和老师没有直接关系，因此一些教师对借读生的管理也相对懈怠。除了公立学校之外，还有针对流动人口的农民工子弟学校。但这些学校大多办学条件简陋、师资力量薄弱，教学质量和公立学校有很大差距，但不少流动人口不得不把孩子送到这里。因为这类学校收费低廉，孩子能够自由入学、退学，不需要任何手续，而且学校里都是外地来的学生，相互之间没有歧视和排斥。但是，打工子弟学校管理混乱，有的还未经审核、批准，办学规范程度和条件与教育部门的规定不符，遭到了政府相关部门的干预。政府认为这些学校干扰了正常的教学秩序，关闭了不少打工子弟学校。

除了上学时的差别，户籍制度还规定流动人口子女在升学考试尤其是考大学时必须返回户籍地，严格禁止高考移民、跨省高考。问题在于，我国各地的高中教育模式和教材并不统一，尤其是高考试题，有的省份是独立命题。那些在外省接受教育的学生，再回到户籍地参加高考，有很多不适应的地方，高考成绩很可能会受到影响。由于涉及地方利益和教育资源分配等盘根错节的复杂因素，异地高考问题长久以来难以得到有效解决。国家相关部门针对异地高考问题作出了强制性规定，要求各地在 2012 年 12 月 31 日前出台异地高考具体办法。即便拿出了这样的高压政策，异地高考问题仍然未得到令人满意的解决。在首个发布异地高考实施细则的黑龙江省，一些中学仍执行原有学籍政策，致使外地户籍的高中生无法注册学籍，也就无法在该省参加高考。异地高考矛盾最突出的北京、上海和广东等地公布了异地高考方案或过渡方案，但是分析各个热门省份的具体方案，可以发现，北京的过渡措施所设置的门槛很高，上海基本延续了以前的高考政策，广东的方案也与公众的期待有差距，异地高考方案也因此被指"有政策而无落实"。

四 社会保障制度障碍

目前大部分地方的社会保障制度采取属地管理原则。各地统筹层次不统一，各个统筹单位之间的政策也不一致，这给地区之间社会保险的转移和接续制造了障碍，特别是对养老保险这种缴费周期很长且为未来收益的项目而言，影响更为突出。流动人口的流动性特征非常明显，他们不仅在一个城市内换工作的频率较高，还经常跨城市、跨地域流动。当他们更换工作单位、变换工作地点之后，在原来城市参加的保险很难和当前所在地的保险制度相衔接。一方面，对于乡—城流动人口而言，农村社会保障制度和城市社会保障制度的衔接问题很难解决；另一方面，即便是城—城流动人口，本地与外地社会保险的衔接问题也很难解决。社会保险的接续问题是流动人口面临的难题之一，这直接导致很多流动人口很少参加社会保险，参保的比例明显低于本地人口，一些流动人口无奈地选择退保。

　　一些针对流动人口的政策设计参照了城镇居民的标准，使得流动人口更难享受到相应的福利。例如，各地的基本养老保险要求流动人口必须在一个地方累计缴费 15 年以上才能享受退休待遇，这个最低时间的要求带有十分明显的城镇色彩和计划经济色彩（郑秉文，2008：2~17）。因为对于工作不稳定性很大的流动人口来说，连续在城市从事一份工作并稳定地累计缴费 15 年是很困难的。在深圳这样具有大量流动人口的城市，1987 年开始允许非户籍人口参加养老保险，15 年后能够享受养老待遇的仅 100 多人（吴冰，2008）。

　　相对于本地人口较为全面的社会保障而言，针对流动人口的社会保障项目相对单一，仅涉及医疗、工伤、养老等项目。除了社会保险之外，对流动人口的社会救助也很有限，现行的城镇社会救助制度只覆盖城镇户籍人口，例如最低生活保障等。流动人口在社会保险、社会救助和住房保障方面都存在困境，而且这些福利捆绑在户籍上，近期都难以解决。因此，我国的社会保障制度在流动人口和本地人口之间也有很大差异，是一种具有偏向性的制度。针对流动人口的社会保障，也具有一定的缺陷。目前，我国的流动人口出现了一定程度的分化，除了乡—城流动人口和城—城流动人口之间的差异之外，还有流动时间和定居意愿等方面的差异。例如，一些流动人口已经在城市工作、居住了很多年，与用人单位形成了稳定的劳动关系，打算长期定居城市；一些人则没有打算定居城市，也没有形成稳定的劳动关系，属于临时性、弹性就业；更多的流动人口从事个体经营活动，属于自雇形式。面对内部分化很大的流动人口，城市的社会保障制度基本采取单一化的"一刀切"措施，缺乏针对不同类型流动人口的保障制度。

五　本地人口排斥和社会资本障碍

　　文化的排斥主要表现在城市本地居民对流动人口的身份歧视和观念的排外上。本地人倾向于认为自己是城市的主人，外来人口是"二等公民"，后者带来了城市住房紧张、交通拥挤等问题，侵占了本应属于本地人的资源。由于社会舆论和媒体的负面传播，流动人口通常被认为是高犯罪率人群，导致社会治安状况恶化，引发一系列城市问题。此外，流动人口的劳动力价格低廉，且吃苦耐劳，在劳动力市场上也存在与本地人竞争的关系。所有这些对流动人口的偏见不仅反映在本地人对他们的排斥和歧视上，也体现在政策对他们的防范和限制上。

从资本或资源的角度来看，流动人口难以融入城市的主要障碍是他们的人力资本和社会资本存量不高，与本地居民有较大差距。受过良好教育的人能较快掌握新知识和新技术，在社会竞争中处于优势地位，因此就业机会也更多。根据目前很多城市管理规定，受教育水平不仅是流动人口获得职业的重要资本，也是获得本地户籍的重要因素。如上海、北京等地都规定，博士后或具有高级专业技术职称的人员可申请办理本地常住户口。乡—城流动人口与城镇人口相比，受教育程度较低，也缺乏职业技能。随着产业结构升级和经济发展方式的转变，城市对劳动者的素质要求越来越高，对高技术劳动力的需求更为迫切，乡—城流动人口的人力资本结构越来越难适应这样的要求。他们更多是靠体力获得工作，缺乏技术含量，即便是有一定的技术，也没有相关的技能认定证明，阻碍了他们地位的上升。

社会资本是指个体从社会网络和其身处的社会制度中可能获得的资源，其蕴含于社会网络、社会组织和社会制度中，是能够为人们所利用的各类社会资源，也是流动人口获得社会经济地位和适应城市生活的重要资源。一方面，流动人口是城市的"新成员"，其社会资本一般远低于本地人口，且流动人口大多为老乡或者彼此熟识，社会资本网络的异质性较差。进入新的城市工作和生活后，流动人口进入了不一样的环境，但是他们的社会网络没有发生太大的变化，社会关系仍然是以血缘和地缘关系为核心。新的业缘关系虽然也在发展，但还未形成，很多流动人口为了争取更高的工资而表现出良好的工作态度，延长工作时间，与同事交流的时间也相对较少，不利于其积累关系资本。另一方面，本地人口对流动人口也存在主观排斥现象，导致流动人口与本地人口的交往不多，这也限制了流动人口社会资本网络的扩大。与本地人口拥有较多异质性社会资本不同，流动人口社会资本总量匮乏且同质性较高，在很大程度上阻碍了其地位的向上流动以及对城市的认同。

▶▶ 第五章
流动人口地位分析

社会地位的概念来自社会结构和社会分层的研究，地位获得（occupa-tional status attainment）是社会地位流动和社会分层研究的核心概念，其核心在于对特定社会资源的分配和占有。在现代工业社会中，根据韦伯对权力等级的定义，有三种资源被认为是权力的来源，即经济（财富）、政治和声望（韦伯，2010：114~118）。因此，社会资源是所有有价值的资源的总称，包括经济资源、政治资源、文化资源和社会资源等（李强，2010a：3）。由于社会资源的多样性，在一定的社会分层体系中，个体的社会地位或位置的变动，也需要从多个角度衡量，如权力、收入、职业、教育、声望等。

上文的分析表明流动人口为流入地做出了巨大的贡献，但受到户籍制度等相关政策的排斥，他们在流入地的生存和发展空间十分有限。但是随着我国市场经济的开放，加上不同地域之间的巨大差距，流动人口为了在新的城市中获得教育、经济、声望等资源，持续地涌入更大的城市，依靠极强的地位改变动机和奋斗精神，试图在流入地争取一定利益和地位。本章从教育地位、职业地位、经济地位、政治地位和主观地位等方面入手，对两类流动人口与农村本地人口和城镇本地人口的地位状况进行比较，分析流动人口在制度排斥和个人努力的双重作用下的地位获得情况。

第一节 流动人口的基本特征

在对流动人口的地位状况进行分析前，笔者首先对本地调查数据中的四类群体特别是流动人口的基本特征和流动状况进行描述分析。

表5-1对四个群体的基本情况进行了描述分析，读者可以由此了解流动人口的基本特征。本次调查的结果显示，两类流动人口的男性比例都比两类本地人口更高，说明外出工作的男性居多。在年龄分布上，总体上看流动人口的年龄比本地人口更小，不论是乡—城流动人口还是城—城流动人口，20世纪80~90年代出生的流动人口占全部流动人口的近一半，而本地人口80~90年代出生的比例仅为20%左右。结果显示，18~45岁的流动人口占全部流动人口的78%，可见流动人口的年龄段集中在青壮年。因为年轻人在外打工的比例远高于中老年人，所以农村本地人口比城镇本地人口的老龄化现象更为严重。就实际情况而言，流动人口通常是从内陆向沿海地区流动，东部沿海地区是人口流入的主要地区，中西部则是人口流出的主要地区。各类人群的地区分布结果也显示出了上述趋势。流动人口在东部的比例超过50%，尤其是乡—城流动人口，在东部的比例达61.9%，说明农村外出打工的人口更愿意选择东部地区。城—城流动人口选择中部地区的比例高于乡—城流动人口，这意味着城—城流动人口的流动动因和目的与乡—城流动人口有一定差异。乡—城流动人口外出打工的主要动因是土地收益低，在城市能赚到更多的钱；而城—城流动人口是为了积累经验和谋求更好的发展，才流动到另一个城市。

表5-1　四个群体的基本特征

单位：%

变量	农村本地人口	乡—城流动人口	城镇本地人口	城—城流动人口
性别（男性占比）	49.5	51.2	49.4	52.3
年龄组				
20世纪40年代出生	12.5	2.3	11.2	4.7
20世纪50年代出生	22.4	6.0	20.8	10.8
20世纪60年代出生	26.1	15.6	22.2	14.4
20世纪70年代出生	21.2	27.1	23.8	23.1
20世纪80年代出生	13.1	36.6	17.4	36.3
20世纪90年代出生	4.6	12.5	4.6	10.7

续表

变量	农村本地人口	乡—城流动人口	城镇本地人口	城—城流动人口
地区分布				
东部	38.9	61.9	37.2	50.5
中部	32.3	17.8	37.2	27.6
西部	28.8	20.3	25.5	21.9
民族				
汉族	89.1	91.9	94.2	94.9
少数民族	10.9	8.1	5.8	5.1
工作状况				
有工作	77.0	78.7	58.0	69.8
无工作	23.0	21.3	42.0	31.1
婚姻状况				
未婚	7.7	22.8	10.3	23.9
已婚	84.6	72.9	79.5	70.3
离异	1.6	1.5	4.5	3.2
丧偶	6.2	2.7	5.7	2.7
有自购/自建住房的比例	96.4	90.7	91.2	87.4
自购/自建住房地点				
农村	89.3	69.0	1.4	2.1
乡镇	4.5	6.4	13.5	11.8
县城	1.8	7.0	21.5	25.1
地级市	0.5	5.6	30.8	23.6
省会（首府）城市	0.2	2.2	15.9	14.2
直辖市	0.1	0.5	6.0	1.5
流动范围				
本区（县）	—	16.3	—	36.0
省内跨区（县）	—	35.2	—	33.7
跨省流动	—	48.5	—	30.3

从民族分布状况上看，流动人口和本地人口并无太大差异，城乡之间的差异更大，农村户籍人口的少数民族比例更高。在工作状况方面，乡—城流动人口中有工作的比例和农村本地人口相近，这是因为，务农也算在有工作的类别之中，故而农村户籍的流动人口与非流动人口拥有工作的比

例没有太大差别。从城镇户籍的人口中可以看出，流动人口的就业比例高于非流动人口，这一方面是因为流动人口更年轻，在职的人口比例就比较高；另一方面，更重要的原因在于，即使年龄分布相同，流动人口工作的比例也高于本地人口，下文将会对这个现象进行更加深入的分析。四个群体的婚姻状况显示出明显差异，流动人口的未婚比例高于本地人口，和工作状况一样，更加年轻是流动人口未婚比例更高的一个原因。但是，控制了年龄因素之后，流动人口的未婚比例仍然高于本地人口。以 20 世纪 80 年代出生的群体为例，这个年龄组处于适婚年龄，乡—城流动人口和城—城流动人口未婚的比例分别为 29.7% 和 39.6%，而同年龄段的农村本地人口和城镇本地人口未婚的比例分别为 15.2% 和 26.1%，可见流动人口未婚的比例比本地人口更高，他们的婚姻受到了流动身份的影响。

在住房拥有比例上，流动人口也低于本地人口，不过总体上看，各个群体拥有自购或自建住房的比例都比较高，均在85%以上。从住房所在地来看，乡—城流动人口的自购或自建住房大部分仍在农村，但是在乡镇及以上的比例都高于农村本地人口；城镇本地人口的住房在地级市及以上的比例高于城—城流动人口，后者的住房在流出地的比例更高，所以住房所在地的级别低于前者。从流动范围来看，乡—城流动人口多为跨省流动，本区（县）的流动比例较低，而城—城流动人口更多地为本区（县）范围内的流动，跨省流动比例相对较少。也就是说，乡—城流动人口流动的跨度更大，他们流动距离较城—城流动人口更远。

第二节　流动人口的教育地位

关于教育地位的描述，实际上是对教育公平结果的探讨，即人们在接受教育后，获得了哪个层次的教育文凭和学历。流动人口的教育公平问题受到广泛的关注，主要是因为他们的子女在随迁阶段受到政策排斥，产生了教育不平等的问题。因此，学术界有关流动人口教育问题的讨论，大多集中在流动人口子女受教育状况上。由于受到城镇户籍排斥和流动本身的影响，流动人口子女出现入学难、辍学率高、推迟就学、就学不连续等问题（张斌贤，2001；赵娟，2003；刘倩倩，2010；罗云，2011）。学者对成年流动人口受教育状况的讨论较少，李雅儒等人（2003）通过对北京流动人口的问卷调查，分析了 424 个流动成年人的受教育情况，发现成年流动人口上大学的比例较低（5.2%），超过 1/3 的流动人口认为教育对其生活有重要影响，而且绝大多数流动人口都有再接受教育的想法，表明他们具有强烈的教育需求。但是由于经济能力和时间因素，很多人放弃了提高受教育水平的机会。这项研究虽然指出了流动人口存在希望提高受教育水平但教育需求得不到满足的问题，但是由于没有参照群体，无法得出流动人口受教育水平的相对情况。与此同时，由于流动人口内部存在较大差异，即乡—城流动人口和城—城流动人口的分化，对于流动人口受教育状况的分析、认知也存在一定的偏颇。当然还有抽样和样本的问题，所得出的结论也不能适用于更大的范围。

一　四类人群的总体受教育水平

根据清华大学中国经济社会数据研究中心 2012—2013 年"中国城镇化与劳动移民研究"调查数据，笔者分析了四类人群的受教育水平。从图 5-1 可以看到，在农村本地人口、乡—城流动人口、城镇本地人口和城—城流动人口四类人群中，农村本地人口的受教育程度最低，未读过书的占 16.2%，读过大学（本科及以上）的仅为 0.9%，上过小学的比例最高，为 37.4%。乡—城流动人口的受教育水平高于农村本地人口，在初中到本科以上的几个层次中，比例都高于后者。乡—城流动人口中有 7.6% 的人未读过书，本科及以上学历的人占 2.3%，初中学历的比例最高，占 42.3%。相较于农业户籍人口，城镇本地人口的受教育水平更高，高中/职高及以上学历层次的比例都超过了农业户籍人口。城镇本地人口中仅有 2.2% 的人未读过书，本科及以上学历的比例达到了 14.4%。在中间三个层次的教育等级上，城镇人口的比例分布较为平均，初中到专科的比例都在 20% 以上。四个群体比较而言，城—城流动人口的受教育程度最高，仅有 1.3% 的人未读过书，22.7% 的人接受过大学本科及以上的教育。初中、中专/专科和本科及以上的比例都达到了 20% 以上。

数据结果表明，农业户籍人口的受教育程度远低于城镇户籍人口的受教育程度，流动人口的受教育程度比非流动人口的受教育程度更高。不同群体在教育地位上的对比结果与流动人口在教育政策中处于弱势地位的现象恰恰相反。按照常理，流动人口在获得受教育机会方面比非流动人口遭到了更多的排斥，其受教育水平应该低于本地人口。但结果表明，在同样户籍的条件下，流动人口的受教育水平比非流动人口高。一个可能的原因是流动人口在教育地位的获得中虽然受到了排斥，但是他们为了冲破教育不公平政策的限制，更加努力地完成学业，以便在与非流动人口的竞争中获得更好的成绩。对于这个假设是否成立，笔者会在第七章中进一步证实和分析。

虽然流动人口的受教育程度要高于非流动人口，但是与同处在城市的本地居民相比而言，乡—城流动人口的受教育水平与其还有很大差距。除了城乡教育质量和升学比例差距之外，城乡分割的教育制度也是重要原因，乡—城流动人口虽然进入城市生活、工作，但是较难获得在城市接受正规教育的资格，公办学校接纳流动人口入学的门槛非常高，手续也十分烦琐。除了手续问题之外，流动人口进入城市公立学校读书的费用也比本地居民高，赞助费通常要上万元，这是一笔很大的开支，所以乡—城流动人口及其子女很难获得接受城市正规教育的机会。这就导致乡—城流动人口子女的受教育水平难以提高，教育不公平的再生产问题在教育分割的背景下愈演愈烈，城市居民的子女受教育水平不断提高，但是乡—城流动人口和农村本地人口子女的受教育水平提升的速度赶不上前者。当然，这样的问题随着教育的普及化可能会有所缓解，下节将对这个问题进行分析。

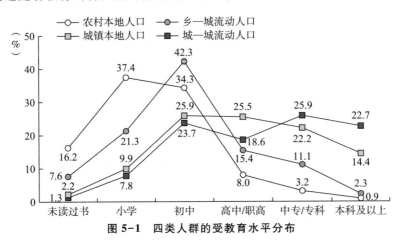

图 5-1　四类人群的受教育水平分布

二　不同年代人口的受教育水平分布

对于受教育程度的研究，通常采取划分历史年代或者出生时间的方式，展现不同时期教育获得的结果。笔者依据样本的年龄分布和时代特征，划分了四个时期。

第一个时期是"文化大革命"时期（1966~1976年）。这个时期，很多教育机构特别是大学处于关闭状态，教育获得的情况不容乐观。有学者指出，"文化大革命"对处于不同教育阶段的人群产生了不同的影响。"文化大革命"前期，高中教育受到了较为严重的冲击和影响，但是其他等级的教育获得模式没有受到明显影响。但在"文化大革命"后期，各层次的教育获得都产生了较大的变化（刘精明，1999：19~36）。表5-2显示，在"文化大革命"期间，农业户籍人口获得高等教育的比例几乎为零，但城镇本地人口和城—城流动人口获得高等教育的比例分别为9.4%和6.8%，说明"文化大革命"期间的高等教育获得呈现显著的城乡差异，由于当时对流动人口的限制比较严格，所以流动人口的教育在这个阶段也并未显示优势。

1977~1988年为第二个时期。教育的发展在这个阶段处于波动时期，随着1977年恢复高考，各个群体获得高等教育的比例比以往有一定增长。城—城流动人口获得高等教育的比例超越了城镇本地人口，达25.2%，城镇本地人口获得高等教育的比例为22.4%。农村人口获得高等教育比例稍高于"文化大革命"期间，但是仍然处于低位，流动和非流动的农村人口获得高等教育的比例都不到1%。

1989~1998年高等教育扩招之前，是第三个时期。这一时期，城乡高等教育的差距继续扩大，城镇居民获得高等教育的比例上升至35%以上，而农村人口仍不到5%。乡—城流动人口获得高等教育的比例（3.0%）超过农村本地人口（1.1%），城—城流动人口获得高等教育的比例（35.8%）略低于城镇本地人口（37.6%）。

第四个时期是在高等教育扩招之后（1999~2012年），各个群体的高等教育获得水平均有大幅提升，乡—城流动人口获得高等教育的比例为16.1%，高于农村本地人口（12.6%）。城—城流动人口获得高等教育的比例（63.9%）也比城镇本地人口（53.8%）高，说明流动人口的受教育水平更高。结果还表明，高等教育扩招以来，农业户籍人口的教育水平提高速度很快，虽然在比例上与城镇人口的差距越拉越大，但受高等教育人口的增长速度高于城镇人口，如果教育分配的趋势沿着现在的方向继续下去，未来城乡高等教育的差距将逐渐缩小。

表 5-2 不同时期各个群体获得高等教育的比例

单位：%

时间	农村本地人口	乡—城流动人口	城镇本地人口	城—城流动人口	总体
1966~1976 年	0.1	0.0	9.4	6.8	2.4
1977~1988 年	0.6	0.3	22.4	25.2	5.8
1989~1998 年	1.1	3.0	37.6	35.8	11.6
1999~2012 年	12.6	16.1	53.8	63.9	26.9
合计	2.2	7.9	27.8	39.5	10.5

通过对比各个时期不同群体获得高等教育的比例，可以发现，在 1989 年以前，乡—城流动人口获得高等教育的人不如农村本地人口多，流动人口的教育地位和农村本地人口相比，还处于劣势。但是在 1989 年之后，流动人口开始进入城市，经过 20 多年的发展，他们总体的高等教育获得比例超过了农村本地人口。城镇户籍人口受教育也是如此的趋势，只是教育地位的逆转是在高等教育扩招之后发生的。在 1999 年以前，与城—城流动人口相比，城镇本地人口的高等教育获得水平总体更占优势一些。1999~2012 年，流动人口获得高等教育的水平已经显著超过本地市民。流动人口和非流动人口的教育地位变迁的历史表明，流动人口在改革开放和市场转型之前处于劣势，当政策允许人们自由流动之后，一部分具有极强奋斗心的人进入城市，他们在教育地位上和非流动人口拉开了差距。即便流动人口及其子女拥有的教育资源不如本地人口，教育政策更偏向本地人口，但是流动人口仍然实现了教育地位的快速提升。

三 四类人群高等教育机会获得情况

以上是从结果公平与否的角度分析各个群体在各层次学历的比例以及高等教育获得的情况。实际上，一个社会最理想的状态，或者说一个社会能够给其成员提供最合理、最优化的环境，并不是提供结果的公平，而是机会的公平。当然，结果公平也是一个重要的指标，因为中国教育资源分配的城乡差距很大，几乎所有的教育资源都向大城市和东部发达地区集中，20 世纪 80 年代高校中农村学生的比例约为 30%，现在却下降到了 17.7%，而农村人口占我国总人口的一半以上，也就是说大部分农村人口被排斥在大学之外。"我国高等教育公平问题的研究"课题组对北京大学、清华大学等重点大学的研究表明：清华大学 2000 年农村学生的比例为 17.6%，比 1990 年减少 4.1 个百分点；北京大学 1999 年农村学生的比例为 16.3%，比 1991 年减少 2.5 个百分点（崔帆，2010：32~34）。

就高等教育入学的机会而言，通过对四类人群参加过高考的比例进行分析，可以发现，农村本地人口获得高等教育的概率最低（见图 5-2）。农村本地人口中仅有 6.8% 的非流动人口参加过高考，而城—城流动人口参加高考的比例为 43.3%，是前者的 6 倍多。城镇本地人口参加高考的比例为 33.7%，为乡—城流动人口（15.4%）的两倍多。数据结果表明，与获得高等教育人口的分布类似，具有接受高等教育机会的优势群体首先为城—城流动人口，其次为城镇本地人口，再次为乡—城流动人口，农村本地人口的机会最少。在不考虑城乡因素的情况下，流动人口受高等教育的机会高于非流动人口。这也是很多流动人口到城市打工生活的主要原因，即大城市的教育资源更为丰富，受教育机会也更多。

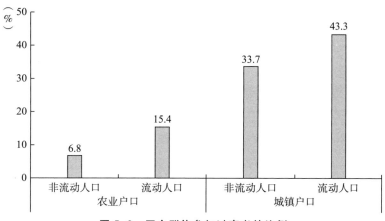

图 5-2 四个群体参加过高考的比例

第三节 流动人口的职业地位

自布劳和邓肯以来，职业地位成为社会分层的重要指标之一。其潜在的假设在于，在现代社会，经济收入和财产的占有、政治地位的获得，以及声望的评价，都根植于职业体系。职业（不论是全职还是兼职）为人们提供了收入、权力和声望，所以，职业分层不仅是职业结构的一个重要方面，而且是衡量社会分层的重要标志之一（Blau et al.，1967）。这一理论将职业地位作为衡量社会地位和流动的主要指标进行测量和描述，以解释现代工业社会的结构封闭性、开放性，以及社会分层体系。

一 流动人口的基本工作状况

流动人口主要集中在次级劳动力市场，存在工作不稳定、工作条件差、培训和晋升机会少等问题。表5-3是对四类人群工作情况的统计，反映了不同群体的工作状况和待遇差异。

表5-3 四类群体工作情况统计

单位：%

变量		农村本地人口	城镇本地人口	乡—城流动人口	城—城流动人口
目前工作持续时间	不到1年	11.7	7.0	19.3	11.2
	1~5年	38.5	27.3	52.0	51.2
	6~10年	20.2	26.3	17.4	16.7
	10年以上	29.6	39.5	11.3	20.9
目前的工作场所	户外	35.3	18.3	29.6	17.1
	车间	22.6	12.3	27.9	9.5
	营业场所	22.1	25.7	30.2	29.0
	办公室	8.2	40.2	7.4	39.6
	家里	11.8	3.5	4.8	4.8
劳动技能等级或职业技术等级	有	7.3	26.8	5.9	22.3
	没有	92.7	73.2	94.1	77.7
单位类型	政府/事业单位	10.9	29.5	4.9	20.4
	企业	17.6	41.6	29.8	38.6
	个体	71.6	28.9	65.3	41.0
是否签订劳动合同	签过	21.1	48.4	34.4	51.9
	没签过	78.9	51.6	65.6	48.1
工作单位提供保障情况	养老	11.6	49.9	15.9	45.5
	失业	2.3	33.6	10.8	31.3
	工伤	4.0	30.2	15.4	31.3
	生育	0.9	17.0	5.3	17.2
	医疗	2.2	26.9	10.1	24.7
	公积金	1.3	28.7	5.1	25.9

流动人口换工作比非流动人口更加频繁，他们在工作岗位上的稳定性较差。从表5-3可以看到，流动人口的工作持续时间比非流动人口短，乡—城流动人口目前工作持续10年以上的比例仅为11.3%，远低于其他几个群体，乡—城流动人口目前工作持续5年及以下的比例高于其他三个群体。相比较而言，城镇本地人口的工作最具稳定性，其次是农村本地人口，再次是城—城流动人口，乡—城流动人口工作的持续性最差，这说明流动人口换工作的频率高于非流动人口。

工作场所也反映了流动人口处于相对不利的状况。由于农村本地人口的职业更多为农民，所以户外工作的比例更高，乡—城流动人口务农的比例大大降低，但是在户外工作的比例仍然接近农村本地人口。从工作环境较差的车间工作比例和工作环境较好的办公室工作比例来看，农村本地人口在车间工作的比例低于乡—城流动人口，而在办公室工作的比例高于乡—城流动人口，这说明农村本地人口在室内场所工作的条件要优于乡—城流动人口。农村户籍人口流动到城市工作，他们的工作环境并没有得到改善。就户籍因素而言，城镇户籍人口的工作场所条件远好于农村户籍人口，他们在户外和车间工作的比例更低，在办公室工作的比例更高。城—城流动人口和城镇本地人口在各个工作场所的比例都很接近，前者稍好于后者，但是程度并不明显。

从劳动技能等级和职业技术等级的情况来看，城镇户籍人口具有上述等级评价的比例远高于农村户籍人口，是后者的3~4倍。由于劳动和职业技能的优势，城镇户籍人口在职业地位和岗位晋升上的竞争力也高于农村户籍人口。流动人口在专业技能上可能不逊于本地人口，但是他们的流动性质使得劳动技能等级、职业技术等级的认定比例不高，户籍的排外因素阻碍了他们劳动技能和职业技术等级的获得。

就业单位的类型能够反映就业的稳定性和职业地位的高低，乡—城流动人口进入次级劳动力市场的比例更高，所以他们在政府和事业单位工作的比例在四个群体中最低，仅为4.9%，从事个体经营的比例为65.3%。四个群体中，城镇本地人口在政府和事业单位工作的比例最高，在企业工作的比例也是四个群体中最高的，从事个体经营的比例最低。城—城流动人口的就业单位类型分布和城镇本地人口类似，但他们在政府和事业单位工作的比例较低，从事个体经营的比例更高。农村本地人口从事个体经营的比例在四个群体中最高，为71.6%。可见，城镇本地人口在正式单位工作的比例最高，其他群体更多地集中在不太稳定且没有保障的个体经营行业。

从签订劳动合同的比例来看，城乡差距较大，城镇户籍人口签订劳动合同的比例在50%左右，而农村本地人口和乡—城流动人口签订劳动合同的比例分别为21.1%和34.4%。由于没有签订劳动合同，在遇到劳动纠纷时，劳动者维权的难度也会增加，加之农民工的维权意识较差，从事的工作多为临时性的，所以他们在劳动力市场中利益受剥夺的可能性更大，农民工欠薪事件也时有发生，屡禁不止。

"五险一金"是工作单位对劳动者提供的基本保障，五险包括养老保险、医疗保险、失业保险、工伤保险和生育保险，"一金"指的是住房公积金。从表5-3可见，城镇户籍人口的工作单位提供五险一金的比例远远高于农村户籍人口，乡—城流动人口享受"五险一金"的比例高于农村本地人口。

总的来看，四个群体的工作条件有很大差距。城镇本地人口在主要劳动力市场的比例最高。相应地，他们的工作更为稳定，工作条件更好，保障更加完善，有良好的晋升机制；而乡—城流动人口和农村本地人口在次级劳动力市场的比例更高，他们的工作不稳定、工作条件差、劳动时间长、技能等级低、缺乏晋升机制。城乡户籍差异仍然是影响人们在劳动力市场中地位的重要因素。

二　职业地位分层的学术传统

职业地位是衡量一个人地位的重要因素，自马克思提出阶级理论以来，职业地位就成为划分不同社会阶层（阶级）的重要标准。根据马克思的观点，不同群体对生产资料的占有关系构成了阶级定义的内涵。马克思主义理论中的两大社会阶级——无产阶级和资产阶级的区别在于是否占有生产资料和是否被雇佣这两点。在资本主义社会，少数资产阶级控制生产资料，剥削和压迫占绝大多数的无产阶级（工人和普通劳动者），榨取他们在劳动过程中生产出来的剩余价值（马克思、恩格斯，1995）。马克思把职业中的雇佣关系视作剥削和被剥削的阶级关系，即一种压迫关系，将职业地位中的不对等因素抽离出来，构建了一个两大阶级（职业群体）经济利益和政治对抗的二元对立关系。虽然马克思的二元阶级论提出了很深刻的社会矛盾运行机制，但是随着资本主义国家劳资关系的缓和，阶级矛盾已经不像马克思所处的时代那样尖锐和不可调和，社会的发展和进步促发了职业地位的多元化。普兰查斯（Nicos Poulantzas）作为最坚定的马克思阶级理论的支持者，也承认单纯的二元对立关系不足以解释社会劳动分工带来的新变化。他认为，在无产阶级和资产阶级之间涌现出了"新兴小资产阶级"利益集团，还有逐渐缩小的农民阶层以及日渐兴起的白领阶层。而且，他认为，随着社会利益群体的多元化和发展的不平衡，用阶级表示职业地位的分化已经不太充分，需要引进集团和阶层的概念。集团代表不同政治立场的群体，阶层则是意识形态分化的群体。这样，普兰查斯扩展了马克思的两大阶级理论，在经济标准之外，又加入了政治和意识形态要素。他认为社会存在三个阶级——资产阶级、小资产阶级和无产阶级。从经济的角度，可以分为"生产劳动者"和"非生产劳动者"；从政治的角度，可以分为"监督管理者"和"非监督管理者"；从意识形态的角度，可分为"体力劳动者"和"非体力劳动者"（Poulantzas，1982）。普兰查斯的分类实际上是采取了更多元的标准，但划分的目标对象仍然是职业群体。赖特是新马克思主义阶级理论的重要代表，他拒绝接受普兰查斯的集团和阶层概念，根据物质生产资料、劳动力资产、组织资产和技术资产四个维度，将职业群体分为12个等级：资本家、小雇主、小资产阶级、专家经理、专家监督者、专家、技术经理、技术监督者、技术工人、非技术经理、非技术监督者、非技术工人（赖特，2004）。欧美资本主义国家的职业结构和社会变迁研究深深依赖于赖特的这种分类，说明其在西方具有很强的适用性。

　　与马克思的阶级和冲突观点相左的是功能主义学派。功能主义学派从履行社会功能的角度分析了职业地位分层的现象。功能主义学派的代表者沃纳（Warner）使用身份的概念研究分层，他以美国新英格兰地区为例，创造性地提出了六个等级的职业地位模式。其中，上层群体分为上上层和下上层：上上层一般为大商人、金融企业家、高级职业者，有较高的社会声望；下上层包括新兴产业主，如制鞋业、纺织业、银器业的企业主。中层职业群体分为上中层和下中层。上中层有中等企业家、商业家、专业技术人员等，这部分人有一定职业声望，但是收入不如上上层。上述三个职业群体可称为精英群体，与下面三个等级构成的大众职业群体有明显区分。下中层是大众职业层级的上层，主要包括职员、白领、小型零售商、技术工人和神职人员。下层分为上下层和下下层，上下层包括半技术和无技术的体力劳动者，下下层是那些无固定收入、失业的人员（戴维·格伦斯基，2005）。沃纳的职业地位分层是典型的等级分层，其标准也是多元的，不仅包括经济收入，还包括声望、居住社区、生活方式、消费等因素，类似于韦伯的分层标准。和马克思的阶级对立观点不同，沃纳的职业分层也不强调对立和冲突，体现了功能主义的特色。

在职业地位的分层标准上，与马克思学派和功能主义学派相呼应的是韦伯及其继承者。韦伯划分职业阶层的标准是获取货物或者劳动效益的资格和支配权，即根据市场利用机会确定某人的职业地位。拥有特权和市场机会的职业群体包括商人、企业主、受过高等教育的自由职业者（教师、律师、医生和作家等）以及熟练掌握某项技能的人员。没有特权和市场机会的职业阶层包括熟练工人、学徒工和无技术工人。韦伯认为这两个职业阶层之间还有一个中间阶层，即自产自销的农民、手工业者和官员（韦伯，2010：420~425）。在韦伯之后，戈德索普（Goldthorpe）十分重视职业的分层作用，将职业地位和社会利益关系结合起来，提出了七大职业分层：①高层专业人员、行政管理人员和政府官员、经理和大业主；②较低层专业人员、行政管理人员、非体力雇员的监管人员；③机构中的办事人员；④小业主和手艺人、农场主、小股东；⑤低技术人员、体力劳动的监工；⑥技术体力工人；⑦半技术体力工人、农民和雇工。他的职业分类参考了市场环境和工作环境两个指标，而且可以将各类别合并，比如他在实证研究中使用过五个职业类别划分方法，即白领（①、②）、小资产阶级、农业劳动者（④、⑦）、技术工人和非技术工人；还有三类职业划分方法，①、②为白领阶层，③、④、⑤是中间阶层，⑥、⑦是工人阶层或蓝领（李强，2008：216~229）。

以上是西方学者对职业地位群体的划分，但是我国的国情和西方不同，社会制度也有很大差别，所以完全照搬西方的职业地位划分行不通。但是通过借鉴和吸收国外学者的分类标准，我国学者也在探索适合本土情况的职业分层机制。其中，陆学艺等人（2002）的分层标准比较有代表性，他们运用马克思学派、韦伯学派以及功能主义学派有关分层的观点，按照组织资源、政治资本、经济资源和文化资本，把我国的职业地位分为五个等级和十个阶层。五个等级为上层、中上层、中中层、中下层和底层；十个阶层为国家和社会管理者、经理人员、私营企业主、专业技术人员、办事人员、个体工商户、商业服务人员、产业工人、农业劳动者及城乡无业、失业与半失业者。

三　不同群体的职业地位比较

流动人口的职业通常比本地人口更加不稳定，而地位较高的职业通常都比较稳定，如管理者、技术人员等。要研究流动人口的职业地位状况，必须将他们和农村本地人口、城镇本地人口放在一个职业地位序列中，通过比较各个群体的职业地位的分布，才能对流动人口的职业地位高低做出判断。笔者借鉴陆学艺等人的研究，将职业分为十个等级，从高到低依次为中高层管理者、基层管理者、私营企业主、专业技术人员、办事人员、个体经商人员、技术工人、服务人员、体力工人和农民。

在十个职业等级中，中高层管理者是指在中央和地方党政机关、大型企事业单位和社会团体等部门工作的干部、经理等管理人员，是职业等级中最具有权力的职位。这部分人掌握着重要的组织资源，在职业分层中具有很明显的优势地位。中高层管理者阶层处于职业流动链条的顶端，通常是其他职业群体流动的最终目标。基层管理者是基层政府、街道办事处和企事业单位中的管理人员，他们接受上级的命令，直接管理一定数量的办事人员和服务人员。私营企业主是体制外拥有生产资料并雇用一定人员的投资和管理者。专业技术人员主要指政府、事业单位、科研机构和企业中从事科研的人员，这部分人为脑力劳动者，具有较高的受教育程度，因具有丰富的文化资本和技能特长而获得较高的收入和职业声望。办事人员是指那些具有稳定职务的非体力劳动者，他们是职业地位流动中的重要环节负责人员，是政府和企业管理的储备人员，其职业地位也是农民和工人可以获得的，即从办事人员开始，农村人口进入中层以上的比例开始增加。个体经商人员是指规模较小的创业者和小商铺业主，他们或多或少会直接参与经营活动。技术工人是指具备一定技能和专长的工人，多为轻体力劳动者，如维修工人、电工等。服务人员主要指第三产业的从业人员，他们受教育程度不高，工作稳定性差，福利待遇也不高。体力工人是指从事

二、三产业的劳动者，这部分人基本从事纯体力劳动，如当搬运工、勤杂工等。农民是指长时间从事农业生产的人，包括种自家的地和作为农场工人帮别人种地。上述职业分类方式参考了前人研究的结果，但并不与之完全相同，从结果来看，能够大略反映我国目前职业等级的基本状况。

图 5-3 反映了农村本地人口的职业分布状况。农村本地人口的职业结构由于受农村耕作土地的约束，有 2/3 的人为农民。由于从事农业的人口较多，整体的职业结构呈现"倒丁字形"（李强，2005b：70～73），大多数职业为农民的人处于职业结构的下层，处于中层和上层的比例很低。除了农民之外，技术工人、体力工人和个体经商人员的比例较高，分别为 8.4%、7.6 和 7.2%，这三个职业群体构成了农村本地人口职业结构的第二梯队。服务人员、办事人员的比例分别为 3.4%、3.0%，是农村职业结构的第三梯队。农村本地人口中比例最低的职业为专业技术人员、私营企业主、基层管理者和中高层管理者，四者加起来不到 5%。由此可见，农村本地人口职业位于中层以上的比例很低，大多数人从事农业劳动。

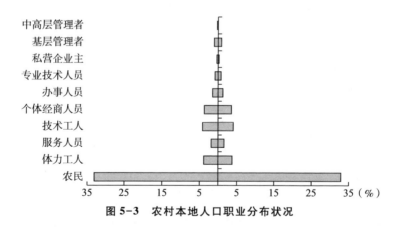

图 5-3　农村本地人口职业分布状况

图 5-4 显示了乡—城流动人口的职业分布情况。乡—城流动人口大部分集中在中层偏下的等级，其中技术工人的比例最高（26.3%），说明乡—城流动人口即传统意义上的进城务工人员具有一定技能和特长的比例较高。相对于没有技术的人，他们在进城之后能够找到收入更高的工作，而没有技能和专长也使得更多的人只能留在农村，限制了他们外出打工的可能性。此外，乡—城流动人口更多地分布于中下层的个体经商人员、体力工人和服务人员这几类职业，比例分别为 17.7%、15.4% 和 13.5%，其中个体经商人员

的比例在乡—城流动人口的职业结构中排第二，高于其他几个群体。这说明乡—城流动人口自主经营的意识比较强，倾向于做小摊贩和小商户。中层以下的职业，即个体经商人员、体力工人、服务人员职业的共同点是对劳动者的文化水平要求不高，由于乡—城流动人口的教育地位与城市人口相差较多，所以他们更多地进入非正规部门就业或者自己创业。乡—城流动人口在办事人员和专业技术人员层级中的比例较低，也反映了其总体职业地位不高的问题，两者的比例分别为 6.5% 和 3.9%。进一步的发现是，乡—城流动人口进入上层职业地位的比例非常小，中高层管理者、基层管理者和私营企业主这三个职业的比例总和不到 5%。虽然乡—城流动人口逐渐摆脱了农民的职业身份，但是进入城市之后，由于受到多方面因素的制约，和城镇户籍人口相比，乡—城流动人口的职业地位分层是一种上层稀缺、中上层较少、中下层较多的分布形态，与理想的"橄榄形"结构还有一定差距。可见，流动人口的职业地位还处于比较低的水平，晋升的空间很大，但是阻力也很大。他们的职业地位向上流动的渠道被制度、教育和其他因素所切断，这与他们仍然不属于城市的外乡人身份密切相关。

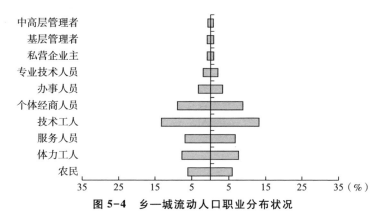

图 5-4 乡—城流动人口职业分布状况

通过图 5-5 和图 5-6 可以看到，城—城流动人口的职业分布和城镇本地人口十分类似，呈中间大、两头小的形状。两个群体中，技术工人、个体经商人员、办事人员、专业技术人员四个职业的比例最高，都在 15% 左右，白领阶层占了最大的比重。两个群体比例较小的是居于上下两端的中高层管理者、基层管理者、私营企业主、体力工人和农民，但是城—城流动人口在中高层管理者、基层管理者和私营企业主中的比例稍高于城镇本地人口，而在下层的体力工人和农民这两个职业的比例稍低于城镇本地人口，这说明城—城流动人口总体的职业地位高于城镇本地人口。和农村户籍人口相比，这两个群体的职业结构更加合理化，和"橄榄形"的职业结构非常相似，已经形成比较理想的职业分布形态，但农村户籍人口的职业结构分布不均衡，城乡分割仍然是职业分化的主要原因。

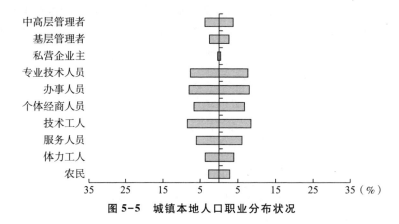

图5-5　城镇本地人口职业分布状况

值得关注的是，在所有群体中，私营企业主的比例都很低。实际上，私营企业主也属于中高层管理人员，他们拥有丰富的经济资源，是体制外的上层职业群体，拥有的政治和权力资源比体制内的管理者更少。相比较而言，流动人口中私营企业主的比例高于非流动人口，说明流动人口通过体制外途径实现地位上升的概率更大，更多的是靠自身的努力，而非体制的庇护。

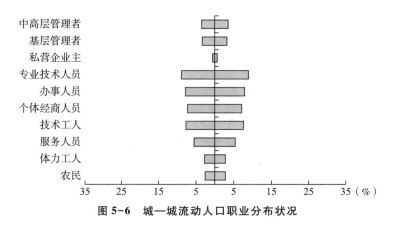

图5-6　城—城流动人口职业分布状况

综观四个群体的职业地位，城—城流动人口和城镇本地人口的职业地位最高，已经呈现"橄榄形"的职业结构。而"橄榄形"结构被认为最合理，在这样的社会中，中间阶层占据大多数，有利于社会的稳定。乡—城流动人口的职业地位相比农村本地人口有较大的提升，大多数人摆脱了农民的身份，变成了工人。但是与城—城流动人口和城镇本地人口相比，他们的职业地位和结构还不太合理，需要继续完成不断向上流动的过程，职业地位才能和城镇户籍人口相类似。

第四节 流动人口的经济地位

不论从理论上还是从实践层面上，对流动人口的经济地位进行研究都是很有必要的，因为流动人口外出的最主要动因就是经济利益，经济地位是大多打工族是否成功的衡量标准，经济地位的高低对流动人口的定居也会产生重要影响。为此，在研究流动人口的各项地位时，必须对其经济地位予以关注。社会学家对经济地位的研究侧重于研究收入分配的公平问题。对于这个问题的定量测量，主要是依据调查数据来计算不同人群的收入情况，以判断收入分配是否公平，进而发现社会分配机制的导向和影响收入的主要因素。最著名的测量收入分配是否公平的指标，当数意大利经济学家基尼（Gini）提出的基尼系数。基尼系数的取值范围是 0~1，当收入在所有人中完全平均分配时，基尼系数等于 0；当全部收入集中于某一个人手中或者仅为某一群体占有时，基尼系数等于 1。基尼系数越大，一个社会的收入分配就越不平等。此外，还有一些其他判别收入差异的指标和方法，如收入五等分法、十等分法、库兹涅茨比率、不平等指数等（李强，2010a：24~27）。

中国的市场化改革作为转型中的重要突破口，在改革开放之后产生了巨大的效应，成为提高收入水平和经济活力的主要推动力。在开放的市场中，流动人口进入市场获取收入时，他们和本地居民相比是否有显著差异，成为衡量市场开放程度和社会公平正义程度的重要指标。实际上，劳动力市场中收入有高低是很正常的，所以收入有高低并不一定是市场有缺陷、对待劳动者不公平的表现。按照功能理论的观点，由于某些职位对从业者的能力要求比较高，为了吸引符合要求的人承担这份工作，必须提供更好的资源和待遇。所以，劳动者的能力、受教育水平和智力等因素可以对其职业岗位和收入水平产生重要影响，这是市场竞争的正常结果。但是，如果单凭劳动力归属于某个群体而产生收入差异，则说明市场中存在歧视和不平等，或者收入的调节并不是由市场发挥作用，而是受一些制度性因素影响。

在针对中国的劳动力市场进行研究时，新结构主义和新制度主义能够比较有力地解释市场和分配的实际情况。他们指出，在不同的经济部门和企业中就业，意味着被分配到了不同类型的就业体系中，不同劳动力市场的存在决定了劳动者的工资待遇、福利水平、就业稳定性、晋升空间等多方面的差异。而一些自致因素也被这样的部门划分所消解，如受教育水平、能力、智力、工作态度等相同的人，在不同类型的劳动部门中所获得的报酬也有差异。流动人口在劳动力市场中处于弱势地位，这样的结构分割所造成的收入差异是十分明显的。从职业获得的角度看，城乡分割的劳动力市场是产生收入差异的重要原因，具有本地户口的城市劳动者因此获得更好的待遇，流动人口在劳动力市场会遭到一定程度的歧视（Meng et al.，2001）。

一　流动人口的收入上升显著

国家统计局的统计数据显示，城乡居民收入比在 2012 年有小幅回落，但也达到了 3.10∶1，城镇和农村居民的收入水平仍保持 3 倍以上的差距。[①] 随着经济的发展，在市场的作用以及国家的调控下，城乡收入差距正在缩小。虽然城乡收入差距仍比较大，但是流动人口作为外出务工/经商人员，最主要的目的是获得更高的收入。从图 5-7 可以看到，对于流动人口第一次外出务工/经商的原因，49.7%的人选择了外出赚钱。认为家乡没有发展机会而外出的比例为 35.7%，见世面、积累经验的比例为 25.4%。其实，前三个原因都是城市有更多、更好的发展和就业机会，能够在经济方面获得高的效益，而农村的发展空间较小，基础设施等不如城市，所以大部分人外出打工是为了追求更好的发展、获得更好的生活。此外，同乡介绍、不喜欢务农、为子女提供教育等也是外出的原因，分别占 14.7%、13.8%和 10.0%。

---

① 国家统计局发布的数据显示，2012 年我国城镇居民人均可支配收入为 24565 元，农村居民纯收入为 7917 元。

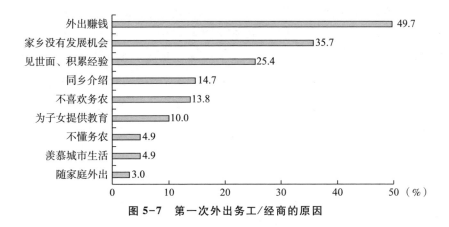

图 5-7　第一次外出务工/经商的原因

　　从中国社会科学院社会学研究所"当代中国社会结构变迁研究"课题组 2001 年的全国抽样调查结果来看，不包含务农人口的情况下，非流动人口群体的月收入是 1282 元，流动人口的月收入是 1305 元（李春玲，2006）。再看 5 年之后，2006 年进行的"社会和谐稳定问题全国抽样调查"结果显示，农民工的月收入为 921 元，城市工人的月收入为 1346 元，两者差距比较明显（李培林、李炜，2007：8～10）。中国社会科学院社会学研究所于 2008 年开展的中国社会状况综合调查（Chinese Social Survey，简称 CSS）结果显示，城市工人的月收入为 1422 元，而农民工的收入为 1197 元，两者的差距并不是很大（田丰，2010：87～105）。2010～2012 年由国家人口计生委组织的对流动人口进行的动态监测结果显示，2012 年流动人口的月收入均值为 2797 元，远低于城镇单位就业人员的收入。《中国统计年鉴（2012）》显示，2011 年我国城镇单位就业人员的平均月收入为 3483 元。虽然上述调查口径不同，一些时期的数据甚至出现农民工收入倒退的情况，但总体而言，流动人口的收入一直在提高，而且和城镇居民相比，虽然有一定差距，但差距并不是特别大。

　　笔者利用清华大学中国经济社会数据研究中心 2012—2013 年调查数据，分析了 4996 个有月收入记录的个案。由于农业和非农工作的收入差距较大，在统计月收入指标时，为了便于分析比较各个群体在非农就业时的收入差异，所选的个案从事的都是非农工作，包括 1745 个农村本地人、1368 个城镇本地人、1379 个乡—城流动人员和 504 个城—城流动人员。从结果来看，乡—城流动人口的月平均收入为 3377 元，城镇本地人口的月平均收入为 4086 元。城—城流动人口的月平均收入最高，为 5168 元，而农村本地人口的月平均收入最低，但也达到了 3342 元，与乡—城流动人口几乎没有差距。从月平均收入情况来看，流动给城镇户籍的人带来了更大的收益，平均月收入显著高于其他几个群体，但对农村户籍的人来说，流动似乎没有为他们带来更高的收入。这与常理相悖，可能是因为平均值受极值影响比较大，下面笔者继续用组中值和分组数据对比几个群体的收入，以获得更为真实的收入状况对比。

一般情况下，月收入数据通常在组中值两侧呈对称分布，所以，组中值更能反映真实的收入状况。从组中值的数据看，农村本地人口的收入明显低于其他三个群体，月收入的组中值为 2061 元，其他三个群体比较接近，月收入的组中值基本在 3000 元左右。组中值数据反映乡—城流动人口与农村本地人口有一定收入差距，说明农民外出打工能够显著提高收入，带来了经济地位的上升。乡—城流动人口的月收入和城镇本地居民的月收入相差无几，说明流动人口在经济地位上已经达到和城镇本地居民相当的水平。当然月收入的平均数和组中值都有一定的偏差，从分组数据中可以看到更为清晰的收入差别。

根据数据的基本形态和收入的常规分布，笔者将收入分为 0～999 元、1000～1999 元、2000～2999 元、3000～3999 元、4000～5999 元、6000～9999 元和 10000 元及以上七组（见表 5-4）。其中前两组可以归为低收入组，即月收入为 0～1999 元，与 2013 年全国各地最低月工资标准（830～1620 元）相比，基本在低工资的区间。中间三组的月收入为 2000～5999 元，组间隔都是 1000 元，集中了大部分的人，可以归为中等收入组。最后两组的月收入在 6000 元及以上，只有不到 10% 的人能归入这两组，这两组可以归为高收入组。由于分组数据呈现了每个群体在不同收入组的收入差别，因此对收入分组数据的分析更有说服力。

表 5-4　四类群体收入分组数据

单位：%

收入分组	农村本地人口	乡—城流动人口	城镇本地人口	城—城流动人口	总体
0～999 元	14.1	4.4	6.9	2.6	8.3
1000～1999 元	28.3	20.4	23.2	14.5	23.3

续表

收入分组	农村本地人口	乡—城流动人口	城镇本地人口	城—城流动人口	总体
2000~2999 元	17.4	22.9	18.6	17.1	19.2
3000~3999 元	23.0	28.9	27.1	24.2	25.9
4000~5999 元	10.4	16.5	15.3	21.6	14.6
6000~9999 元	2.9	4.6	4.5	10.9	4.6
10000 元及以上	3.8	2.2	4.5	9.1	4.1
总计	100.0	100.0	100.0	100.0	100.0

二　四个群体月平均收入比较

首先，将乡—城流动人口和农村本地人口的收入情况对比。乡—城流动人口进入城镇，一个重要原因就是提高收入，与在农村本地从事非农工作的人口相比，他们的收入提高幅度有多大、在各个收入分组中的差异是笔者所关注的问题。图 5-8 显示，在低收入组中，乡—城流动人口的比例和农村本地人口相比，明显低很多。农村本地人口在 0~999 元和 1000~1999 元的低收入组中的比例分别为 14.1% 和 28.3%，总和为 42.4%，而乡—城流动人口在低收入组的比例分别为 4.4% 和 20.4%，总和为 24.8%。两个群体在低收入组的比例相差 17.6 个百分点，这说明流动人口外出工作能够显著提高收入，在低收入组中的比例大大降低。再看在中等收入的三个分组中，乡—城流动人口的比例都高于农村本地人口，两个群体在中等收入组的比例的总和分别为 68.3% 和 50.8%，前者比后者高 17.5 个百分点。在高收入组中，情况出现了分化，在 6000~9999 元的收入组中，乡—城流动人口的比例（4.6%）高于农村本地人口（2.9%），但是在 10000 元及以上的收入组中，乡—城流动人口的比例（2.2%）低于农村本地人口（3.8%）。这说明农村本地人口能够获得高收入的比例更高一些，但除高收入组的比例稍微占优势之外，其他收入组的比较，都是乡—城流动人口更有优势。所以，从整体看，在农村本地工作的收入比外出打工更低，流动能够提高农业户籍人口的经济地位。

其次，比较乡—城流动人口和城镇本地人口的收入水平。乡—城流动人口进入城镇之后，工作收入比农村本地人口有大幅度提升，但是和城镇

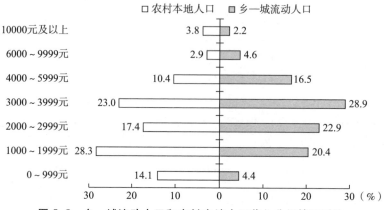

图 5-8　乡一城流动人口和农村本地人口收入分组情况对比

本地人口相比，他们的教育地位和职业地位有很大差距。以往的研究也表明，乡一城流动人口的收入低于城镇本地人口。随着流动人口的增多和我国经济社会的发展，乡一城流动人口和城镇本地人口的收入差距是否发生了改变，两者的收入差距在扩大还是缩小，有待于最新的数据予以证明。图 5-9 显示，在低收入组别中，即 0～999 元和 1000～1999 元这两个收入等级中，乡一城流动人口的比例均低于城镇本地人口，说明乡一城流动人口的收入并不比城镇本地人口低，起码从低收入组看，城镇本地居民低收入的比例更高。再看中等收入组，即 2000～2999 元、3000～3999 元和 4000～5999 元这三个收入等级，乡一城流动人口在这三个收入组的比例分别为22.9%、28.9% 和 16.5%，城镇本地人口在这三个收入组的比例分别为18.6%、27.1% 和 15.3%。由此可见，乡一城流动人口在中等收入区间的比重比城镇本地人口更大。最后看高收入组，即 6000～9999 元和 10000 元及以上这两个收入分组，两个群体在这两个分组的情况并不完全一致，乡一城流动人口在 6000～9999 元组的比例为 4.6%，和城镇本地人口比例（4.5%）很接近，而在 10000 元及以上的收入组中，乡一城流动人口的比例（2.2%）要显著低于城镇本地人口（4.5%）。综合两组的情况，在高收入组中，城镇本地人口的比例大于乡一城流动人口。但从总体来看，乡一城流动人口的收入和城镇本地人口基本持平，而且前者的收入分布更为平均，比城镇本地人口更为合理。

最后，对比城镇本地人口和城一城流动人口的收入分组情况。在都拥

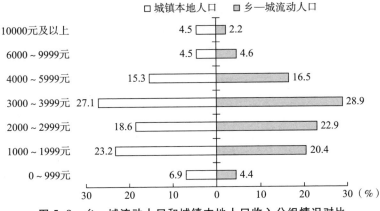

图 5-9　乡—城流动人口和城镇本地人口收入分组情况对比

有城镇户籍的情况下，对比这两个群体的收入，可以观察流动是否能为人们带来更高的收入。图 5-10 显示，从低收入组即 0～999 元和 1000～1999 元这两个分组来看，城镇本地人口在这两个分组的比例均大大超过城—城流动人口，说明城镇本地人口的低收入群体更多。从 2000～2999 元、3000～3999 元和 4000～5999 元这三个收入组来看，城镇本地人口在两个较低的收入分组的比例高于城—城流动人口，收入在 4000～5999 元分组的比例低于城—城流动人口，中等收入的分布情况表明城镇本地人口的收入不如城—城流动人口。从高收入组即 6000～9999 元和 10000 元及以上这两个收入分组来看，城镇本地人口的比例也大大低于城—城流动人口。总体而言，城镇本地人口的收入在 3999 元及以下的比例比城—城流动人口更高，收入在

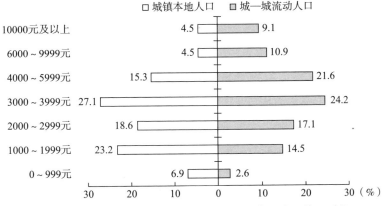

图 5-10　城镇本地人口和城—城流动人口收入分组情况对比

4000 元及以上的比例低于城—城流动人口。流动人口的收入优势在城镇户籍中也得到了体现，即流动能为人们带来更高的收入。

通过上述各个群体的收入分组比较，有以下几点发现。首先，对比不同户籍的流动人口和本地人口，流动人口的收入显著高于本地人口，说明流动人口的努力奋斗在经济地位上取得了巨大的成功，达到了最主要的流动目的。其次，与以往的研究相比，乡—城流动人口的经济地位上升很快，甚至一度被低估了。与城镇本地人口相比，乡—城流动人口的月收入较为平均化，更多的人集中在中等收入上，处于低收入和高收入组别的比例都较低。而城镇本地人口内部的收入差距更大，集中在低收入组和高收入组的人口比例比乡—城流动人口更高。实际上，乡—城流动人口的收入，基本上和城镇本地人口的收入持平，收入的中位值更加真实地反映了两个群体的收入情况。由此可见，虽然乡—城流动人口在教育地位和职业地位上都不如城镇本地人口，但流动的动机和工作上的超常努力为他们带来了更高的收入。仅从经济地位上看，乡—城流动人口已经大大缩小了与城镇本地人口的差距。

第五节　流动人口的政治地位

政治地位是一个人社会地位的重要体现。衡量政治地位的方式有很多。事实上，经济地位和政治地位在本质上是不同的，一些研究也证明上述两种地位的关系并非那么一致。一个人拥有较高的政治地位并不能保证他获得较高的经济地位（Szelényi et al. , 1995：632-638）。例如，在一些现代的资本主义国家，也存在一部分缺乏政治野心或者民主参政意识的富人群体，他们并不热衷于用财富换取一定的政治地位。因此，这些富人的政治地位比那些在政府工作的官员更低，而后者虽然有政治权力，但经济收入和富人群体相差很大。社会经济地位具有综合性和内在的矛盾性，因此，政治地位与职业地位、经济地位的关系还有待商榷，职业地位高或者经济地位高并不意味着政治地位就一定高。

一　不同群体管理人数分析

笔者通过对四个群体的管理人数进行分析，来对比流动人口和非流动人口在政治地位上的高低。通过对问卷中"您有多少个直接的下属？"的统计，发现流动人口虽然在职业地位上高于非流动人口，但是他们在工作中的管理权上仍然不如本地人口。

从图5-11可知，乡—城流动人口管理下属的人数比农村本地人口更少。他们进入城市工作，职业地位和收入都有很大程度的提升，但在管理下属的人数方面仍不如农村本地人口。由此可见，乡—城流动人口进入城市自己经营或者打工的情况比较多，导致其管理下属的平均人数不如农村本地人口。对比城—城流动人口和城镇本地人口，情况更是如此，城镇本地人口管理下属的人数达到了17.8人，远高于城—城流动人口（12.1人）。从职业地位的分布情况来看，两类城镇人口的职业地位十分相似，但是从管理人数来看，城镇本地人口的优势仍然比较大。这说明他们占据重要的工作岗位，这些岗位的管理权力更大。对比两者的经济地位，说明流动人口和非流动人口之间存在经济地位和政治地位相悖的情况。

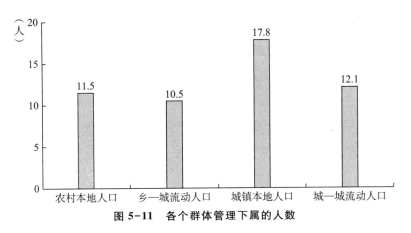

图5-11　各个群体管理下属的人数

上述问题是对管理人数的分析，仅衡量了有管理权的人的职业地位。那些没有管理权的人，他们更多的是处于服从或者被管理的状态。为此，笔者对问卷中针对被管理者的问题——"工作中您可以较为自由地向主管表达自己的建议或不同意见吗？"进行分析，结果见图5-12。数据显示，与农村本地人口相比，城镇本地人口的被管理者能够更加自由地向主管表达建议或不同意见；乡—城流动人口可以自由地向主管表达建议或不同意见的比例为73.1%，低于农村本地人口（75.9%），城—城流动人口可以自由地向主管表达建议或不同意见的比例也低于城镇本地人口。因此，流动人口中的被管理者的表达权弱于非流动人口。不论是在管理岗位还是非管理岗位，流动人口的政治地位都低于非流动人口，城镇户籍人口的政治地位高于农村户籍人口，这与经济地位和职业地位的分布恰恰相反，出现了地位不一致的情况。

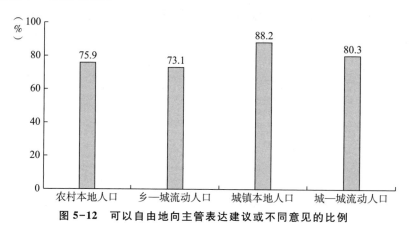

图 5-12　可以自由地向主管表达建议或不同意见的比例

二　不同群体在干部身份上的差异

拥有干部身份的人是政治地位较高的群体，虽然流动人口的职业地位高于非流动人口，但是从图 5-13 可以看到，不论是农村户籍还是城镇户籍，流动人口拥有干部身份的比例都低于非流动人口。城镇户籍人口中干部的比例也大大高于农村户籍人口，户籍因素是影响干部身份的主要因

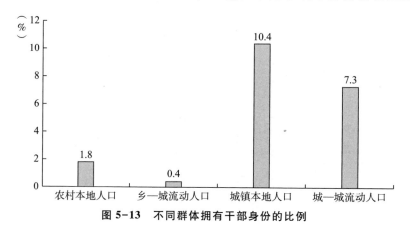

图 5-13　不同群体拥有干部身份的比例

素，流动导致人们难以获得干部身份。因此，从干部身份的状况来看，流动人口在政治地位上比非流动人口低。

三　不同群体拥有党员身份的比例差异

除了工作中的管理人数和干部身份，党员身份也是政治地位的重要体现。做问卷调查时直接询问被访者的政治面貌，选项有"共产党员"、"民主党派"、"共青团员"和"群众"四项，由于后三项的比例很低，且在政治身份的划分中作用并不突出，根据实际情况和以往的研究，笔者将后三项合并为"非党员"类别，以便于与党员相比较。此外，问卷中也询问了受访者目前在党内担任职务的情况，分为"未担任职务"、"支部委员"、"支部书记"、"党委委员"和"党委书记"五项，其中后四项均为担任党内职务，由于每一项的比例都不高，尤其是后两项仅有1%左右的党员选择，所以将后四项合并为"担任党内职务"，以便于和未担任任何党内职务的类别相比较。

表5-5呈现了不同群体是否拥有党员身份的比例和是否担任党内职务的比例。结果显示，在全部被访者中，党员的比例为7.4%。对比不同群体的党员比例，可以发现有明显差距。其中，乡—城流动人口党员的比例最低，为3.1%；城镇本地人口的党员比例最高，为16.8%，两者相差较大。不同户籍的人是否拥有党员身份的比例相差较大，城镇户籍人口的党员比例高于农村户籍人口。对比相同户籍条件下的流动人口与非流动人口，可以发现流动人口的党员比例低于非流动人口。乡—城流动人口的入党比例低，这可能和他们在正式单位工作的比例较低有关，流动人口在党政机关、事业单位等单位工作的比例较低，导致他们对于获得党员身份并不那么热衷。但是，由于相当一部分人入党是在参加工作之前，所以用单位归属解释入党机会就显得比较无力。因此笔者推断，或许是一些经历对是否能入党产生了重要影响，比如家庭背景、教育经历等。

再看各个群体担任党内职务的情况。从总体看，有20.2%的党员担任党内职务，流动人口担任党内职务的比例比本地人口低。先看流动人口，乡—城流动人口中担任党内职务的比例是各个群体中最低的，仅有11.1%，城—城流动人口中担任党内职务的比例为22.2%。就本地人口而言，农村本地人口中担任党内职务的比例为17.0%，城镇本地人口中担任党内职务的比例为 30.6%。因此，从担任党内职务的比例而言，流动人口的政治地位也低于本地人口，乡—城流动人口是四个群体中政治地位最低的一个群体。

表 5-5　不同群体党员比例和担任党内职务的情况

单位：%

	农村本地人口	乡—城流动人口	城镇本地人口	城—城流动人口	总体
党员	4.7	3.1	16.8	13.8	7.4
担任党内职务	17.0	11.1	30.6	22.2	20.2
未担任党内职务	83.0	88.9	69.3	77.8	79.8
非党员	95.3	96.9	83.2	86.2	92.6

从表 5-6 可以看出，城—城流动人口入党的比例呈增加趋势，比起改革开放和 2000 年之前，流动人口中入党的人越来越多，说明流动人口通过入党提升政治地位的要求更为强烈。本地人口在改革开放之后到 2000 年间入党的比例相对较高，说明在改革开放之后他们的政治意识迅速提升，提升政治地位的要求比较强烈。但是进入 21 世纪，农村本地人口入党的比例降低，说明政治地位提升的重要性对于他们来说比改革开放之前下降了，因为市场经济扩散到农村，农村人口更加注重经济水平的提高。

表 5-6　不同时间各个群体入党的比例分布

单位：%

时间	农村本地人口	乡—城流动人口	城镇本地人口	城—城流动人口	总体
1960~1978 年	34.0	21.1	25.0	18.1	25.6
1979~2000 年	38.7	45.8	32.1	25.7	40.0
2001~2013 年	27.3	33.1	42.9	56.2	34.4
总计	100.0	100.0	100.0	100.0	100.0

从上文的分析可知，流动人口在政治地位上的劣势地位与教育地位、职业地位和经济地位上的优势地位形成了鲜明的对比，因其流动属性，流

动人口的努力并不能打破本地人在政治地位上的优势。

第六节　流动人口的主观地位

一　主观地位认同

主观感受是个体对客观社会现象的认知，它反映了一个人的心理状况、价值取向、满意度等。社会学家很早就开始关注主观社会地位①的问题，并对其进行了深入的研究。主观社会地位被定义为"一个人认为他在一定地位序列中所处的位置"（Davis，1956），也就是指一个人对于他在某个社会经济结构中的位置的认知。国内学者认为主观社会认知能够反映个体对社会经济结构的直接感受，还有个体对于社会互动、社会问题等多方面的认知，是一个综合性很强的指标，不仅包括对质量的评判，也是对数量的衡量结果（李强，1986：83~94）。由此可见，主观社会地位是社会成员对自身的经济和社会地位的评判，而人们的社会行动也是在主观认知的引导下进行的。事实上，不论是主观态度还是客观测量结果，它们都具备反映现实状况的功能。但客观测量结果对人们的心理反映得不太准确，难以衡量不同类型群体的内心感受。学界最初对主观地位的研究就源于对客观测量结果的担忧，即质疑研究者是否能够精确无误地测量一个社会的经济地位结构（Gough，1948）。虽然学历、收入、职业等外在的地位指标可以衡量一个人的地位状况，却不能体现某些社会问题的存在，比如，收入增加或许不能说明人们的生活水平提高了，因为物价的上涨和其他因素会导致人们生活的压力增大；物质方面的满足程度显著提升也不一定意味着人们对生活品质的认可提高，因为食品安全、消费品质量堪忧等问题都会影响人们的主观评价。

目前，我国的经济和社会结构都处在剧烈的变动期，多方面的改革仍在继续，不同阶层群体的界限尚未明朗，人们的诉求也呈现多元化倾向。一部分人的收入已经达到了较高的水平，对权利的诉求更为强烈，另一部分人则呼吁推行更加公平的收入分配机制，希望缩小收入差距。

---

① 为行文简便起见，本书中"主观社会地位"表述为"主观地位"，"客观社会地位"表述为"客观地位"，下文不再赘述。

在这样的情况下，社会成员对自身和社会环境的判断也不一样，即便是有同样经济地位的人，他们之间的思维、认知和利益诉求也难以达成一致。因此，需要通过一些主观指标衡量人们的社会观念和地位状况。主观评价以个体的意识和判断为标准，直观地体现了人们的想法和心理状况，也能直接反映人们对社会和周围环境的要求。主观地位能体现客观地位无法体现的情况，即那些具有相同客观地位的人，可能有不同的主观地位评价，而一些客观地位不同的人，则可能有相同的主观地位评价。这当中包含了社会意识和社会行为的矛盾，为此，对于主观地位认知的研究也必不可少，它能够补充和完善客观地位的不足之处，有重要的理论和现实意义。

二　流动人口的主观地位

由于数据搜集有难度，流动人口的主观地位状况一直没有得到很好的研究和重视。随着大量流动人口涌入城市，流动人口的犯罪问题渐渐凸显，人们普遍认为他们属于社会弱势群体，对流动人口的评价往往带有一定的偏见和排斥（章礼明，2001；王大中，2005；李强，2010b）。因此，就外界对流动人口的认知和评价而言，流动人口的社会地位往往因其居无定所或流民身份而低于本地人口。总体而言，目前我国的流动人口对于自我社会地位的认同状况仍然是学术研究的薄弱之处，缺乏对流动人口主观地位进行认识和评价的研究。

笔者根据清华大学中国经济社会数据研究中心2012—2013年"中国城镇化与劳动移民研究"调查问卷的相关问题，对四类群体的主观地位进行了比较。问卷中有关被访者主观地位的问题设计，要求被访者在从1到10的社会等级中选择一个符合自己地位状况的层级，其中1代表社会最底层，10代表社会最顶层。这组问题不仅询问了被访者目前的主观地位状况，也让被访者评价其十年前所处的地位状况，通过被访者十年间主观地位的变化，发现不同群体和整个社会的阶层分化或整合的情况。

图5-14统计了四个群体主观地位状况的均值水平。总体来看，无论是十年前还是目前，城镇本地人口的主观地位最高，其次是城—城流动人口，再次是乡—城流动人口，农村本地人口的主观地位最低。城镇户籍人口的主观地位要显著高于农村户籍人口，户籍成为主观地位差异产生的一

个主要原因。流动人口和非流动人口的差异在城市和乡村也不同，在城镇户籍中，本地人口的主观地位高于流动人口；在农村，流动人口的主观地位稍高一些。对比十年前和目前的主观地位，城镇本地人口的变化最小，其他三个群体在十年间主观地位的提升幅度都高于城镇本地人口，但是由于城镇本地人口十年前的优势比较大，目前仍然是主观地位最高的群体。上述结果表明，流动提高了人们的主观地位，但提升的程度有限。就乡—城流动人口来说，到城市生活后他们的生活环境和职业状况都优于以往，经济地位和教育地位都高于农村本地人口，但他们的主观地位仅稍高于农村本地人口。也就是说，乡—城流动人口进入城市之后，他们遭遇的歧视以及与城镇人口对比之后出现的相对地位剥夺感，导致他们和以前在农村的生活相比并没有地位提升的感觉。城—城流动人口与城镇本地人口主观地位差距的缩小，说明流动能够提高主观地位，只是这样的提高需要放在制度环境下讨论，不能脱离城乡二元结构的背景。

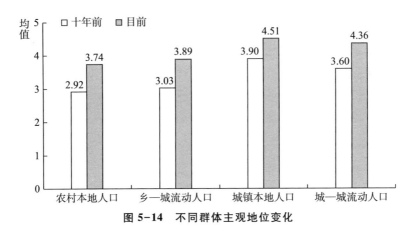

图 5-14 不同群体主观地位变化

均值比较仅能够体现各个群体主观地位的总体情况。为了更加细致地比较四个群体在不同主观地位层级的分布情况，笔者根据被访者对自己社会地位的评价，将主观地位分为上层、中层和下层三个等级，计算了乡—城流动人口、城—城流动人口、农村本地人口和城镇本地人口在三个主观地位等级上的分布状况。表 5-7 显示了四个群体十年前和目前的主观地位分布情况。

表 5-7　不同群体主观地位分层变化

单位：%

	上层		中层		下层	
	十年前	目前	十年前	目前	十年前	目前
农村本地人口	1.0	1.7	25.6	49.3	73.3	49.0
乡—城流动人口	1.1	1.2	29.3	55.1	69.6	43.7
城镇本地人口	2.9	4.3	51.7	65.8	45.4	29.8
城—城流动人口	2.4	2.6	43.1	65.1	54.5	32.3

　　首先看上层，城镇本地人口中认为自己目前是上层的比例为 4.3%，十年前的比例为 2.9%；农村本地人口中认为自己是上层的比例十年前是四个群体中最低的，仅为 1.0%，目前认为自己是上层的比例为 1.7%。对比之下，乡—城流动人口认为自己是上层的比例在十年间几乎没有变化，分别为 1.1% 和 1.2%；城—城流动人口中认为自己是上层的比例明显高于农村户籍人口，但是十年间也几乎没有变化，仅从十年前的 2.4% 上升到了目前的 2.6%。城—城流动人口与城镇本地人口对十年前的地位自评为上层的比例相近，但是城—城流动人口对目前地位自评为上层的比例与十年前相比几乎没有提升，自评目前为上层的比例比城镇本地人口低 1.7 个百分点。由此可见，流动人口十年间的主观地位几乎没有变化，而本地人口的主观地位显著提升，流动人口较少认为自己是社会上层的主要原因似乎是他们处于流动状态，即没有本地户籍，经常往返于家乡和工作地之间，缺乏稳定的生活状态和对居住地的认同。

　　其次，主观地位在中层的分布也显示了巨大的城乡差异，城镇户籍人口认为自己处于中层的比例高于农村户籍人口。在之前的研究中，人们对自我的社会地位评价为中层的比例较高。陆学艺等（2002：248~255）在 2002 年的《当代中国社会阶层研究报告》中指出，部分地区认为自己是中层的比例高达 50% 以上。有学者认为这是中国人偏好中庸思想的结果，不论是地位高的还是地位相对低的，都愿意把自己归为中间阶层。后续也有研究显示，上海居民把自己定位为中间阶层和下层的比例相当，更多的人倾向把自己定位为中下层（翁定军、何丽，2007：40~46）。而在国外，如中产阶层比较发达的美国，中间阶层十分庞大，比例高达 80% 以上（李强，2005a：28~42）。中间阶层比重大的国家，其社会结构呈中间大、两头小形态，被称为"橄榄形"。中间阶层对社会稳定起重要作用，是社会矛盾和冲突的缓和地带，所以中产阶层比重大小是衡量社会进步与否的重要指标（李强，2001：17~20）。本次调查的结果显示，与十年前相比，认为自己是中层的人的比例大大提升，尤其是农村本地人口和乡—城流动人口，认为自己十年前是中层的比例仅为25.6%和29.3%，认为自己目前是中层的比例分别上升到49.3%和55.1%。城镇本地人口认为自己十年前是中层的比例为51.7%，认为自己目前是中层的比例提升至65.8%。城—城流动人口认为自己十年前是中层的比例明显低于城镇本地人口，为43.1%，但经过十年的发展，认为自己目前是中层的比例与城镇人口基本持平，为65.1%。总体而言，十年前和目前对比，社会中层的主观地位认同在各个群体中都显著提升，越来越多的人认为自己的社会地位比十年前上升了，城乡户籍人口对中层地位认同的差距逐渐缩小。

我国底层群体人数过多的问题一直困扰着国家政策制定者和学者，民生问题主要针对的群体就是这部分处于底层的群体。从表5-7可见，四个群体中，农村本地人口认为自己是下层的比例最高，认为自己十年前为下层的比例为73.3%，目前仍是下层的比例减少到49.0%。乡—城流动人口认为自己是下层的比例低于农村本地人口，从十年前的69.6%减少到目前的43.7%。城镇本地人口认为自己十年前为下层的比例为45.4%，远低于其他群体，目前仍认为自己是下层的比例为29.8%。城—城流动人口认为自己十年前是下层的比例为54.5%，认为自己目前是下层的比例为32.3%。相比于十年前，城—城流动人口认为自己是下层的比例与城镇本地人口的差距正在缩小。

总而言之，中国人的主观地位评价在流动人口和非流动人口以及不同户籍之间都有一定差异。根据前几章的分析，虽然城镇本地人口的教育、收入、职业等其他几个地位都比城—城流动人口稍低，但是由于城镇本地人口的户籍在当地，对自己生活的稳定感和归属感使得他们的主观地位评价高于城—城流动人口。而乡—城流动人口在城市生活、工作，流动导致的居住地变化、周围环境的提升，以及教育、收入、职业等地位都高于农村本地人口，使得他们的主观地位评价稍高于仍然居住在农村的人口。但是，乡—城流动人口的户籍身份并没有改变，城乡户籍制度的二元分割导致他们的政治地位不如城镇户籍人口，生活在城市中仍然存在很强的漂泊感，制度上的屏障使得他们在心理层面难以融入城市社会。所以，总体而言，乡—城流动人口对自己的主观地位评价并不比农村本地人口高太多。

▶▶ 第六章

地位获得机制与类型

第一节　对传统地位获得因素的扩展

一　地位获得与社会变迁

在早期社会中，继承是一种主要的地位配置机制，人们向父辈学习，然后流动到父母所占据的位置，并取而代之。一个人即使不是直接继承父母的职位，至少也会获取与父母类似的地位等级。在这样的情况下，每一代人都能够相对容易地复制其父母获得权力、声望和财富的途径。可以说，传统社会基本上是通过家庭的代际传承实现其社会功能的。到了现代社会，自致逐渐成为地位获得的重要途径。自致型的社会允许人们学习他们父母不知道或者不能通过父母学习到的知识和技能。当自致因素变得普遍时，一个社会的地位配置将逐渐脱离家庭背景因素。尤其是在社会发生剧烈变动时，自致因素变得不可或缺。因为在社会变革和急速发展时，会产生一些父母没法教导给子代的新角色或新职业，例如机械制造者、汽车加工人员、计算机代码编写员等，上一代也不知道这些全新的职业需要运用什么知识。

从学术传统上看，当功能主义的分层理论扩展至经济发展和社会变迁领域时，研究者开始关注工业化对社会分层的影响。工业化的功能在于将制造产品所耗费的脑力和体力工作交由机器处理。工业化社会有许多复杂和动态的工作岗位，这些岗位要求长时间的准备和训练。此时，继承性的地位传递不能产生足够多具有专业技能的人到新出现的职位和岗位之中。因此，工业化或者说经济发展往往能推动和增加自致作用的效应发挥，人们更倾向于依据能力和经验进入相应的职位和工作，最有能力的人往往会承担最为复杂和最具挑战性的角色。

因而，在自致型社会中，社会流动率比先赋型社会更高。工业组织、教育体系、职业结构等，都是经济现代化的产物（Parkin，1971；Inkeles et al.，1974）。不论过去还是现在，或者该社会工业化与否，作为劳动分工固有的特征和结果，不同职业声望的高低在所有复杂的社会中都不一样（Treiman，1977）。工业化从内在到外在均改变了地位获得的过程。从内在来看，工业化改变了社会中职业地位更高的人员获得职业的方式。这是因为工业化社会所具有的职业结构和劳动需求不符合旧的先赋性规则，之前是按照特殊的方法分配教育资源，而现在是按照社会化的方式，只有被社会承认的人才能进入更高的地位体系。从外在来讲，它提供了更多的职位、更富有变化的机制，需要其成员具有高水平的管理和操作技能。工业化社会出现了许多高层次的职业地位，这种持续的结构性变化创造了大量的向上流动（Heath，1981）。

二 "先赋—自致"模型的思路

对于地位获得机制的研究，从学术传统上看，国内外学者从不同角度进行了分析，形成了多年来一直延续的代际流动和代内流动的分析路径。这两者的区分在于地位获得中先赋（origins）因素和自致（destinations）因素的作用不同。先赋因素是指社会成员在社会流动中所借用的先天优势和因素，最主要的先赋因素包括家庭背景，如父母的职业、教育、家庭资产等，当然也包括性别和种族等要素，地位和资源通过代际传承实现。自致因素则指社会成员在地位获得中通过自身的努力和能力等要素，研究者通常用个人的学历和职业阶层来体现个人努力的结果（李煜，2009：60～65）。其后的一些研究者也使用绩能主义原则表达自致因素，较多地指涉个人先天的才能、后天的努力以及相应的成就在地位获得中的作用。

如果一个社会中多数成员的地位是依靠其家庭背景等先赋因素获得的，即代际资本或资源的传递导致了一定程度的地位再生产，那么这个社会的阶层之间往往存在森严的壁垒，社会流动和地位获得在相对不公平的体系中进行，因此往往是一个封闭的社会结构。如果一个人的地位更多依靠自致因素而获得，也就是说在地位晋升和机会分配时，一个人的能力或资质成为选拔的标准，而不是其家庭背景或人情关系等因素，意味着这个社会阶层流动的原则是绩能主义。早期的地位获得研究大都没有脱离"先赋—自致"框架，后期的研究则在此基础上加入了制度和结构的考量，以及从社会资本和关系网络的角度对地位获得进行完善和补充，以期获得更加完善的解释。因此，从根本上来说，地位获得研究仍然建立在先赋因素和自致因素的基础之上，但逐渐引入了制度和资本等概念。

在现代社会，地位获得中的先赋因素逐渐被自致因素所取代，标志着我们正在走向一个更加公平的社会。改革开放后，在市场化改革引领下，我国的社会体制渐渐走向主要依靠自致因素获取一定地位的模式，虽然先赋因素对地位获得也有一定影响力，但是其形式和重要性都发生了变化，绩能主义原则逐渐成为地位或成就获得的主要标准。此外，还有学者从社会资本（关系网络）和"经济—社会"结构的角度解释地位获得的过程，也有一些重要发现（边燕杰、张文宏，2001；赵延东、王奋宇，2002；陆学艺，2004；张文宏，2005；王卫东，2006；吴愈晓，2011）。

三　常规性自致因素辨析

为了更加明确地提出本书的自致因素概念，笔者将传统研究框架中的自致因素称为"常规性自致因素"，也可以称为"一般性的自致地位获得"，即人们在自己的生活节奏、生活习惯和现有结构下通过常规渠道和公认的准则获得一定的地位。这种自致因素并不考虑某些人通过其他特殊手段或者超常规的方式获取一定社会地位的情况。通过研究相关文献，笔者认为这种常规性的自致因素有两方面的缺陷。

第一，常规性自致因素包含了智力等天赋因素，并非完全强调个人努力在地位获得中的作用。传统的"先赋—自致"框架也可以被视为再生产（reproduction）和绩能主义（meritocracy）之间的理论竞争。所谓阶层再生产，就是原本占优势的阶层和群体，将其优势地位和资源通过一定的方式传续给下一代，使地位具有代际承继性（罗纳-塔斯，1996）。绩能主义则是Young 在其 *The Rise of Meritocracy* 一书中首先提出的，绩能是指一个人的智力因素和个人努力相结合的产物（Young，1958）。平等主义者经常使用这个概念指涉政府或者教育的精英体系，并且将学历作为代表这些绩能特征的变量，随后的学者对这个概念进行了补充和完善，但绩能仍然包含先天的智力因素或者天赋的资质。绩能选择（merit selection）的假设认为，现代化的工业社会在职业地位获得方面应遵循用人唯才的原则。根据绩能的定义，其不仅包含个人努力和成就动机，也包含智商和天资等与生俱来的特质。不少坚持绩能主义的学者对智商（intelligence quotient）与个人学业成就、工作和收入的关系进行了研究，以期证明个人绩能因素在地位获得中的重要作用（Herrnstein，1973；Lemann，1999；Freese，2006）。因此，在以往的研究中，个人自致因素不仅涵盖个人后天的努力因素，也包含与生俱来的天赋和智力因素。在当今以自致因素为主要地位获得模式的社会中，笼统地用绩能因素衡量一个人地位获取的原因，不能有效区分一个人在社会地位获得中的自我努力因素或天赋因素。如果将"先赋—自致"框架引入对流动人口和非流动人口地位获得模式分析，绩能便内在地综合了天资（智商）和后天努力（成就动机）两个方面的作用，从而导致无法区分某个社会群体在地位上升过程中是依靠个人努力，还是依靠家庭背景、智商等与生俱来的因素。也就是说，原有的分析框架仅对家庭背景层面的特征和个体层面的特质做了区分，而没有对与生俱来的承继因素和后天努力的争取因素进行区分。

第二，以往的大多数研究中，自致因素仅指涉了人们常规性的努力、能力和智力等因素对地位获得的影响，例如人们通过对教育的投资、工作经验的积累、受雇于正规单位等一般社会流动渠道实现地位获得，忽略了一些特殊的、非常规的自致因素在地位获得中的作用。实际上，人们并非完全循规蹈矩地通过自致因素获得一定的地位，有些人是跨越式的流动，例如通过关系网络、运气、冒险精神、越轨行为等非常规因素实现地位的迅速上升。除了这些偶然性的因素，常规自致因素实际上也存在程度不同的差异，对那些付出更多努力的奋斗群体而言，他们具备了超常规的自致因素，因为只有这样才能获得比别人更高的地位。然而，传统的地位研究并没有涉及这方面的内容，以往的常规性自致因素是对一般社会成员的地位获得进行解释，其对应的概念是先赋因素。对先赋因素和自致因素考察的主要目的是判断一个社会的阶层流动是否开放，一个社会中的成员如果能够依靠个人自致因素竞争更高的地位，则这个社会被认为是公平的；反之，则说明这个社会存在很大的地位障碍。西方学者使用这一组概念，力图证明工业化国家是更为公平的社会，人们靠自己的常规性自致获得一定的地位，而前工业化社会的地位大多来自家庭的承袭。因此，常规性自致因素对社会一般成员的地位解释依靠的是与先赋性因素进行对比，但是对于那些地位上升很快的群体难以做出很适当的解释，也不能解释同一个社会中出现地位不一致的现象。因为常规性自致因素对一个社会中的各项地位的解释具有普遍适用性，并不考虑某一种地位获得的特殊逻辑。

事实上，非流动人口即本地居民在社会流动中占据更为有利的地位，但是流动人口仍然挣脱制度的障碍和束缚，进入新的城市工作和生活，这说明他们更具成就动机和奋斗心态，摆脱原有社会关系和地域关系，付出大量的辛苦和精力，就是为了在新的环境中争得一定的位置。从"先赋—自致"框架或"再生产和绩能主义"的视角出发，对流动人口和非流动人口的地位获得过程进行讨论，则会将智商、能力等个人先天的资质和个人努力、成就动机等后天因素混为一谈。如果将流动人口和非流动人口的智力因素或者先天资质是否有差别这个问题搁置，就可以对两个群体在地位获得中后天的努力因素和成就动机进行讨论。

四　地位争得——非常规地位获得模式

用传统的"先赋—自致"框架对流动人口和非流动人口的地位获得机制进行分析，虽然能够指出这两个群体的地位获得更多地是依靠先赋因素还是自致因素，但是鉴于现代社会中自致因素已经在大多数社会成为地位获得的主导因素，需要在此基础上更明确地指出，同样是依靠自致因素，流动人口在受制约的条件下，某些地位仍然能高于本地人口，一定存在常规性自致因素之外的其他因素，笔者称之为非常规性自致因素。因此，可以把流动人口看作流入城市中的奋斗型群体。作为一个特殊人群，流动人口在20世纪80年代以后逐渐形成一定规模并保持了快速增长。通过地域间的流动，他们改变了自身的发展环境，在资源更为丰富、机会更多的城市工作和奋斗，努力提升自身地位。

为了区别于以往地位获得的"先赋—自致"框架中的常规性自致地

位，凸显流动人口在地位获得中的非常规性自致因素——奋斗精神和超常努力，本书提出"地位争得"概念，以解释流动人口特殊的地位获得机制。所谓地位争得，就是一些社会成员在原有的家庭背景和现有的制度条件之下，通过自身的努力和奋斗，达到社会地位上升的目的。和"地位争得"概念相对应的是"地位承继"，即一个人的地位在很大程度上依靠家庭背景的影响力。笔者提出这一概念的潜在假设在于，流动人口和非流动人口在智力因素和与生俱来的能力等方面不存在差距，但是流动人口进入新的环境，其可利用的资源与本地人口相比有很大差距，如果流动人口在这样的境遇下能够获得与非流动人口一样甚至更高的地位，则说明流动人口的地位获得模式是地位争得的结果。非流动人口在本地区生活和发展，具有先天优势和制度庇护，他们的地位获得更可能利用家庭背景资源或者熟人关系，这部分人的社会地位更多地是地位承继的结果。总而言之，"地位争得"的概念有助于更加清晰地解释流动人口地位获得的内在原因，也有助于把握流动人口和非流动人口地位获得的差别。

非常规的地位获得的研究是针对如下问题：为什么有的人地位上升得快地位变化大一些？在非常规自致地位中，有一种地位争得模式，或者可以称为奋斗型地位获得模式。从人类行为上看，有一部分人通过奋斗和努力获得更高的地位。本书中，地位争得和常规性自致地位是被区分看待的。地位争得的意义在于，通常来说，人们都是循规蹈矩地按照传统的地位获得方式实现地位获得，实际上有些人是跨越式的流动，个人努力因素在里面起了很大作用。从中国转型这个大的背景来看，这样的奋斗型自致地位，对中国的经济发展起了很大作用。

流动人口到陌生的城市工作，就是为了获得更好的生活和更高的地位，因此，他们所付出的个人努力通常超过非流动人口。非流动人口由于生活地点相对稳定，容易产生惰性心理。在这样一种动机和努力的影响下，本书所使用的数据证明，流动人口在教育地位、职业地位和经济地位上都高于本地人口。这说明流动人口通过非常规的自致因素，克服了多种障碍和排斥，在与本地人口的地位竞争中占据了一定优势。简言之，流动人口地位优势来自他们在地位获得中付出了更多努力，即在强烈的成就动机的驱动下，一部分人为了改变自身的状况，提高生活水平，养成了吃苦耐劳的精神，缔造了"地位争得"这种非常规地位获得模式。

为了证实笔者上述的假设，即流动人口的非常规地位获得方式——地位争得是一种强烈的成就动机和超常努力的结果，下文将使用相关数据，对该论点进行分析和论证。

第二节　流动人口地位争得的表现

一　工作时间

工作时间或劳动时间是指根据劳动量的大小以及工作单位的安排，在遵循相关法律规定的条件下，劳动者投入在工作岗位上的时间。工作时间是衡量劳动者的劳动贡献和支付劳动报酬的标准和尺度。因此，工作时间能够反映一个人的工作勤奋程度和付出的多少。如果一个人在工作上投入了更多的时间，说明这个人愿意为了获得工作上的成就或更高的工资而付出比别人更多的努力。根据国际上公认的标准和我国的劳动法，每个劳动者一天工作的时间不超过 8 小时，每周平均工作时间不超过 44 小时。当然，为了生产和经营的需要，劳动者有时会加班或延时劳动。上述标准针对的主要对象是在正规劳动单位的劳动者。我国还有很多劳动者属于非正式就业或自主经营的情况，工作时间根据自身情况或工作量进行安排，尤其是流动人口的就业不太稳定，非正规就业的情况较为常见，所以他们的工作时间常常高于上述规定的标准工作时间。据调查，2012 年我国流动人口雇员平均每周工作 6 天，每天工作 9.1 小时，超过了每天 8 小时的规定，不过与之前相比，流动人口中雇员的工作时间有下降的趋势（国家卫生和计划生育委员会流动人口司，2013：56~57）。

笔者根据清华大学中国经济社会数据研究中心 2012—2013 年"中国城镇化与劳动移民研究"调查数据，计算了不同户籍流动人口和非流动人口的工作时间。图 6-1 显示，在四个群体中，乡—城流动人口每周的平均工作时间最长，为 58.2 小时。调查内容为所有适龄劳动力的工作时间，不仅包括雇员的劳动时间，还包括务农人员的劳动时间，对比来看，农村户籍人口的劳动时间远高于城镇户籍人口。对比流动人口和非流动人口，可以发现，不论是农村户籍还是城镇户籍，流动人口的工作时间都高于非流动人口。从劳动力成本上考虑，相对于本地人口，流动人口的劳动力成本更为低廉，他们工作收益的回报率也低于本地人。在这种情况下，流动人口为了获得更高的报酬，不得不加长劳动时间。

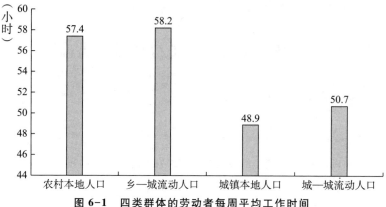

图 6-1　四类群体的劳动者每周平均工作时间

　　表 6-1 反映了四类群体接触繁重体力劳动的频率。结果显示，流动人口的工作比非流动人口更为繁重和辛苦，流动人口在工作中吃苦耐劳的精神也高于本地人口。农村本地人口中从事农业劳动的比例比较高，所以接触重体力活的机会稍高于乡—城流动人口。城镇本地人口接触重体力劳动的频率远低于流动人口。从劳动时间上看，流动人口在劳动中付出的努力比本地人口多，这反映在前者的高强度劳动和勤奋程度上。流动人口在职业地位和收入上的提升，很大程度上是因为他们付出了更多的劳动。对比来看，农村户籍人口仍然处于工作时间长、劳动强度高、职业地位低的状况。乡—城流动人口虽然比城镇本地人口和城—城流动人口更努力，但他们的收入和职业在城市中仍处于劣势地位。

表 6-1　四类群体在工作中遇到繁重体力劳动的频率

单位：%

频率	农村本地人口	乡—城流动人口	城镇本地人口	城—城流动人口
总是	11.6	9.1	3.4	1.5
经常	16.9	17.8	6.5	12.0
有时	22.6	26.3	19.4	17.6
很少	32.5	33.0	39.9	42.7
从不	16.5	13.9	30.8	26.3

二　求职方式

微观的劳动力求职过程的多元化反映了求职者在寻找工作中借用的力量和途径。根据学者的讨论，获得职业的方式一般有三类，包括政府安排、市场渠道、关系介绍（边燕杰、张文宏，2001）。政府安排是指劳动力的分配是由政府劳动和人事部门进行选拔、安排、调动的。这是一种国家凭借行政计划对劳动力资源进行配置的方式，延续了计划经济时期的求职特征。市场渠道是指劳动者对发布在招聘平台上的招聘信息进行自由选择，并与招聘单位直接联系，以获取某个职位，如参加招聘会、网上投简历、个人直接去企业应聘等。关系介绍渠道也称网络渠道或者熟人渠道，是指劳动者在求职时利用社会网络和熟人关系提供的信息，或者经人推荐，以获得某个工作。由于劳动力市场中的信息不对称问题，有时企业有用人需求却招不到合适的人，而求职者无法完全通过市场渠道找到最适合的工作，熟人介绍的求职渠道就成为一种重要的补充渠道。根据格兰诺维特的研究，在他所调查的 300 名白领劳动者当中，有 57% 的人通过社会关系网络，也就是人脉关系提供的就业信息获得了目前的职业（Granovetter，1974）。

从职业获得中个人努力程度的角度看，政府安排工作是最为便捷和稳当的工作获得方式，个人通过政府安排而进入某一岗位，他在求职中付出的努力也最少。市场渠道求职则分为两种情况，即招聘会和职业介绍机构的推荐，通过这两种方式寻找工作时，个人借用了一定的平台，是在有某种机构和组织辅助的情况下找工作。但在寻找工作过程中还需要和他人竞争，所付出的努力应该高于政府安排的工作寻找方式。最后一种是靠自己主动寻找和亲戚朋友帮忙寻找工作，除了应聘之外，还多了寻找工作的过程或者在找工作过程中动用社会资本的行动。在此过程中，个人努力因素比前两种求职方式发挥了更重要的作用。因为个人寻找工作或亲戚朋友帮助的方式较少地利用政府和市场的作用，意味着个人在寻找工作时花费了更多的心思，付出了更多的努力。

表 6-2 列出了四类群体的三种求职方式，即政府/单位安排、市场途径、个人寻找/亲朋介绍。这三种求职方式表明在求职过程中一个人所付出的努力和辛苦的程度有差别。结果显示，两类流动人口通过政府/单位

安排工作的比例都低于本地人口。也就是说，在同样的户籍条件下，本地人口更多地靠国家分配、组织调动、政府安排等方式得到一份工作，反映了制度、政策以及单位对本地人的庇护作用。本地人在通过这些途径得到工作时，相对于流动人口来说，通过的是一种更加"顺理成章"的方式，由于组织和政策的帮助，本地人口在找工作中付出的努力比流动人口自己寻找工作所付出的努力更少。在求职过程中，乡—城流动人口和城—城流动人口比两类本地人口更加依赖市场途径。不论是通过人才招聘会还是职业介绍机构，在市场中寻找工作显然要比通过政府和组织安排更为艰辛，因为市场比体制内所面临的压力更大，更不稳定。通过市场平台求职时，求职者有更多的企业可以选择，企业也面临众多的求职者，双方都要经过大量的信息筛选和辨别。这意味着流动人口通过市场途径选择职业时，需要花费更多的时间进行筛选或者遭遇被招聘单位拒绝的情况，其付出的辛苦是体制内安排工作不能相提并论的。流动人口通过个人主动上门应聘和亲戚朋友介绍等方式求职的比例也高于本地人口，说明流动人口在主动寻找工作方面比本地人口更为积极，所动用的关系资源也高于本地人口。

表 6-2　四类群体的求职方式

单位：%

求职方式	农村本地人口	乡—城流动人口	城镇本地人口	城—城流动人口
政府/单位安排				
国家分配/组织调动	2.9	0.7	26.5	16.2
政府安排	2.3	0.5	5.3	2.0
培训部门安排上岗	0.4	0.3	0.8	0.6
市场途径				
招聘会/人才交流会	1.6	3.5	4.6	5.5
职业介绍机构	0.4	1.1	0.4	0.9
个人寻找/亲朋介绍				
自己上门应聘	28.5	31.6	24.3	31.7
创业/自主经营	27.5	23.3	15.2	16.8
亲戚朋友介绍	31.6	36.6	17.5	22.3
其他方式	5.2	2.4	5.4	4.1

综上所述，不同群体的求职方式的差异在于，流动人口比本地人口更加

依赖市场、熟人关系等方式，而本地人口更加依赖政府和组织安排等方式。不同的求职方式意味着在寻找工作过程中所付出的努力程度和动用的资源多寡不同，在获得工作时流动人口比本地人口更为努力，付出了更多的辛苦。

三　对子女居住地的期待

如果一个人对子代的居住地有更高的要求，说明这个人有较强的向上流动的动机。从表6-3可以看到，不论是农村户籍还是城镇户籍的本地人口，期待子女留在本县市的比例均高于流动人口。从希望子女在本省其他地方居住的比例来看，农村本地人口高于乡—城流动人口，但城—城流动人口高于城镇本地人口。综合上述两个问题可见，农村本地人口更加希望子女在本省工作和生活，城镇本地人口也是如此。而流动人口更希望子女在外省居住，对子代的要求比本地人口更高。由于城市的条件相对较好，城镇本地人口愿意子女留在本地无可厚非。这还说明流动人口积极进取的态度和精神高于本地人口，是向外发展的，他们谋求更大上升空间的意图更为明显。从期待女子居住到外省的比例分布看，也证明了这个观点。农村本地人口和城镇本地人口希望子女在外省的比例只有9.9%和11.8%，乡—城流动人口和城—城流动人口则为23.3%和16.0%。从人们期待子女到国外发展的结果看，不论是农村户籍还是城镇户籍，流动人口都比本地人口更期待子女到国外居住。

表6-3　四类群体对子女居住地的期待

单位：%

居住地	农村本地人口	乡—城流动人口	城镇本地人口	城—城流动人口
本县/市	35.5	20.7	38.0	23.5
本省其他县/市	39.2	35.9	30.5	36.9
外省	9.9	23.3	11.8	16.0
国外	2.0	3.8	5.2	7.9
其他	13.2	16.3	14.5	15.6

人们对子女居住地的期待的调查结果显示，本地人口更希望子女留在本省内，选择省外和国外的比例都低于流动人口。不仅城镇本地人口表现出了这样的倾向，农村本地人口希望子女外出的比例也低于乡—城流动人

口。这一方面说明流动人口通过改变自身的居住环境，体会到了发展空间和地域对一个人的重要性，因此希望子女能有更广阔的发展空间；另一方面说明流动人口在城市中虽然遇到了很多制度障碍，但对子女的期待反映了他们在面对制度的阻碍和排斥时并没有放弃和退缩，更多的是继续努力向上的心态和对未来更宏大的设想。而本地人口则认为在本地生活有很多便利性，各方面的政策和条件也对本地人更倾斜，因此在对子女居住地的期待上表现出了较为保守的态度，这也反映了本地人口奋斗精神不足，向外发展和拼搏进取的动力不如流动人口。

第三节　流动人口多维地位的可争得性

一　多维地位的不一致问题

上一章从不同的地位维度对各个群体的地位状况进行了分析，发现流动人口与非流动人口的社会地位存在一定的差异，即出现了地位不一致的情况。地位不一致也被称作地位相悖，指根据不同的指标对不同社会个体或群体的地位进行测量，测量的结果却不同。虽然早期一些理论家讨论过地位不一致的现象，但是最早将地位不一致的理论和实证研究结合起来的人是伦斯基（Lenski，1954：405-408）。他提出了一个有关多维地位分析的重要问题：一个垂直结构中的多个位置是如何关联起来的？这就引发了多维地位分析的一致与不一致问题。在本书中，地位不一致主要是指流动人口和非流动人口在多维地位上产生差异的状况，即两个群体在不同的地位维度上出现了高低不同的现象。例如，流动人口在教育地位上高于非流动人口，但是流动人口在主观地位上低于非流动人口。表6-4以户籍为划分标准，对四个群体在教育地位、职业地位、经济地位、政治地位和主观地位的相对地位状况进行了归纳。

结果显示，不论是农村户籍人口还是城镇户籍人口，流动人口的教育地位、职业地位和经济地位普遍高于非流动人口。在政治地位上，农村本地人口虽然低于乡—城流动人口，但两者的差距很小；城—城流动人口的政治地位低于城镇本地人口。主观地位上，则出现了流动人口普遍低于非流动人口的情况，即流动人口更倾向于将自己定位于较低的社会地位等级中。关于流动人口与非流动人口之间出现地位不一致的原因，可以从理论角度、我国社会转型角度进行解释。

表 6-4　流动人口与非流动人口在不同地位上的对比

地位类别	农村户籍		城镇户籍	
	农村本地人口	乡—城流动人口	城镇本地人口	城—城流动人口
教育地位	低	高	低	高
职业地位	低	高	低	高
经济地位	低	高	低	高
政治地位	低	高	高	低
主观地位	高	低	高	低

二　地位不一致的理论分析

前人主要从两个方面对流动人口的地位不一致进行分析。一方面是宏观的角度，将社会分层中的地位不一致看作某个社会结构的特征所导致的结果，或者是社会集体性对个体行为所产生的制约（涂尔干，2000）。韦伯（2010：420~428）有关阶层、身份地位和权力等概念之间的关系的论述体现了这种方法论，他认为上述三个概念在某种程度上是彼此独立的。他从剧烈的社会变迁（法国大革命）的角度分析了多维地位之间缺乏关联性的原因和后果。另一方面是微观的角度，这些研究更倾向于把地位不一致的现象看作个体特征的结果，即将地位不一致的结果归因于主观判断，并把其中某些不一致的现象看作个别现象（Stehr，1968：95-96）。例如，伦斯基（Lenski，1954）指出，当一个人在一种分层体系中处于较高的地位，在另一个维度分层体系中处于较低的地位时，他会无视那些较低的地位，而基于较高的地位调整他对自身地位的主观定位。但是，另外一些人会根据某些社会境遇调整其主观地位意识，基于不一致的地位中那个较低的地位等级定位自己的地位状况（Lenski，1966；Segal，1969）。实际上，这两种对于地位不一致的解释思路可以放在一个框架下讨论。图 6-2 将宏观和微观的路径相结合，形成了一个可以整合多种思路的简易模型（Stehr，1968）。

如图 6-2 所示，地位不一致的状况是由社会环境的变动导致的，但社会环境作为宏观变量，并不是直接产生的，其对个人地位不一致的影响来

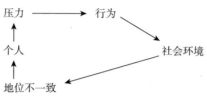

图 6-2   地位不一致机制的简化模型

自个人对某些压力和遭遇的反应。这些反应导致了某种个体或群体的行为模式，从而营造了一个能够影响地位不一致的社会环境，而地位不一致的状况也会影响个人，给其带来一定的压力。

　　对于我国的流动人口来说，他们进入新的城市工作，是一种外来人的身份，社会环境和制度设计对他们存在一定程度的排斥和阻碍。这些社会排斥让流动人口处在城市生活的边缘地位，户籍制、地方保护主义不仅从制度上对流动人口造成了隔离和阻碍，也从心理上和社会交往上使他们产生了疏离感。尤其是对于乡—城流动人口，本地人对他们的偏见产生了一种"污名化"现象，即某个群体将人格的低劣强加给其他群体并使其难以摆脱低人一等的感受。乡—城流动人口一旦进入城市，其参照群体也变为城市人口，他们中的很大一部分人很难再回到农村生活，但是城市的巨大压力和对他们的排斥，都营造了一种环境压力，使得乡—城流动人口对自身地位的评价较低。实际上，农民进入城市之后，与当地的城市生活本身就存在不耦合、不适应、认同不足、交往疏离等问题。为此，他们不得不在城市完成多层次的社会适应和融入，如经济融入、社会融入和心理融入。这三个方面的融入如果受到了阻碍，将对流动人口产生很大的心理障碍和打击。从乡—城流动人口和城镇本地人口的地位对比可知，乡—城流动人口的融入不仅体现在经济收入上，而且在社会层面和心理层面都未完成适应过程，过客的心理使乡—城流动人口仍然把自己定位为"外来人"（朱力，2002：30~35）。因此，乡—城流动人只完成了职业身份、生活地点和资源获取方式的改变，但尚未实现价值观念和社区认同与城市市民一致的目标，从而影响其社会认同和地位评价。事实上，大部分乡—城流动人口是农村人口中的精英分子，他们的教育地位、职业地位和经济地位都高于农村本地人口，但是在主观地位上与后者相比没有多大优势。这就是社会环境对乡—城流动人口所造成的压力。这种环境压力影响了他们对自身地位的评价，也增加了他们自身的压力和精神紧张程度，使其在面对周围环境时难以建立一种与其经济社会地位相符的地位认同感。

不仅乡—城流动人口存在环境压力和融入障碍，城—城流动人口也在政治地位和主观地位上逊于本地人口。即便城—城流动人口的职业地位和收入高于城镇本地人口，但是在掌握关键资源以及管理权方面都低于城镇本地人口，导致他们处于一种"有职位，无职权"的地位状况。户籍因素对于城—城流动人口的排斥程度较低，但没有本地户口，生活仍会受影响，相关的购房、子女教育、福利保障等都与户籍关系紧密。本书的研究证明，按照"本地—外来"的分割政策，每个城市的财政体制都更倾向于对本地市民的保障，就算是其他城市的居民，也不能和本地居民的保障水平完全一致。我国城乡二元分割和"本地—外来"分割都是排斥流动人口获得与市民相同待遇和身份的制度障碍。这些障碍从外在的社会环境到内在的心理压力，都对流动人口的地位和身份评价产生了重要影响，从而产生了地位不一致的现象。

三　地位不一致与社会转型

流动人口的地位不一致状况也和我国处于剧烈的转型期以及社会融入的阶段性有密切关系。在市场转型之前的计划经济时期，我国各个阶层和群体的身份建立在单位、城乡户籍上，地位和身份具有高度的一致性，通过掌握一个人的单位归属，或者是不是干部身份，便能够对其所在社会结构的位置和掌握的资源多寡做判断，即某一方面的地位往往代表了其他维度的地位状况。有学者研究指出，导致各种社会地位不一致的原因是社会变迁的速度。在转型时期，经济社会状况处于高速剧烈的变动中，多个领域同时发生重构，如社会阶层转换频率加快、新兴职业阶层出现、城乡要素交换频繁、政治权威受到挑战和冲击，多重领域的共振将导致不同维度的地位之间的相关关系减弱（冯钢，2004：169~172）。

当前，中国经济面临投资与出口后劲不足等问题，而内需不足的问题在短时间内又无法快速解决。国家认为扩大内需的潜力在于城镇化，并在近些年多次提到大力推进新型城镇化。城镇化涉及经济、社会、制度、法律、土地、城市建设等多方面的问题，其核心是人的城镇化，是一场全面深化的变革。流动人口是城镇化过程中最为关键的群体，城乡融合和城城互通对他们的影响也最为直接。随着市场化进程的推进，人口流动也越来越频繁。到 2012 年，我国每 6 个人中就有 1 个是流动人口，新生代流动人口已经成为流动人口的主体，流动人口正在经历代际更替。新的流动人口进入城市，意味着其对城市生活的融入也需要在城镇化快速发展和市场化改革的双重变革背景下展开。在这样的背景下，对于流动人口的地位不一致发生的机制，可以从社会和文化变迁的视角予以阐释。

根据社会和文化变迁理论，在社会变迁中，社会各部分变化的速度不同，因而会产生社会整合之类的问题。"文化堕距"就是这个理论高度概念化的结果，它由美国社会学家 W. F. 奥格本（Ogburn，1922：8）在《社会变迁》一书中首先提出："当社会上出现一些新发明和创新事物，依赖于它的某一部分文化会首先改变，而其他部分的文化的改变经常会滞后，这种滞后就是文化堕距。"奥格本指出，在社会变迁的过程中，物质文化与科学技术的变化速度往往很快，领先于制度和观念等部分的变化，后者变化的速度较慢。对于为什么制度和观念的变化较慢，他给出的解释是，占据社会主导地位的群体为了维持自身的地位和优势，在社会变革期间会尽量保持制度的惯性，人为地阻碍制度变迁。而观念的变化依赖于技术和制度的变革，其作为一种心理和态度，很难在短时间内改变（Huff，1973）。

四　可争得地位和非争得地位

调研发现，流动人口的教育地位、职业地位和经济地位都显著高于非流动人口，但是政治地位和主观地位没有太大优势，甚至不如非流动人口。这说明在我国当前的社会制度和环境下，流动人口在不同地位上的可争得性有差别，即一些地位是可争得的，一些地位是不可争得的。在教育、职业和收入等方面，他们可以通过超常的努力争得这些地位，但是在主观认同方面的地位是不可争得的，即地位争得失效。

笔者将在下文从可争得地位——教育地位、职业地位和经济地位的获得因素分析和非争得地位——政治地位和主观地位两方面分别进行分析，以证明流动人口一部分地位高于本地人口的原因在于，除了流动人口更加依靠常规的自致性因素之外，他们还进一步通过非常规自致途径争得了一定地位，同时试图发掘影响和阻碍流动人口在某些地位上出现地位争得失效的因素。

▶▶ 第七章

可争得地位分析

第一节　教育地位的获得

一　教育地位获得的理论解释

教育是社会成员实现地位上升的重要方式。功能理论认为，社会的发展增加了履行相应社会功能的需求，这对普通劳动者的劳动技术和能力提出了更高的要求。因此，需要对那些履行功能的人进行更多的教育和培训，让他们学会相应岗位的知识和技术，故而社会为应对市场化和工业化的要求，推进教育专业化和扩大教育规模成了必然选择。所以，教育的受众面越来越广，整个社会的教育水平也随之逐渐提高。由于新的知识和技术所涉及的范围很广，具有相当的深度，内容也在不断更新，一个人已经无法从家庭和长辈那里学到相关知识，而需要经过个人的努力和正规的学校培训。这就意味着随着现代工业社会的发展和进步，对人才的选拔更加注重绩效原则。那些有更高天赋和能力、努力程度较高的人在教育获得中的优势变大了。

劳动力市场结构的变革改变了以往教育承袭自私塾的传统方式，进而强化了正规学校教育的必要性。从绩效主义的角度出发，教育获得的机制、选取符合条件的人应当以技能水平和文凭为准则，家庭背景和子承父业的传统方式应该被上述原则所取代，也就是应在自致和先赋的框架下，讨论两者的转换和替代情况。按照现代化理论的解释，如果教育获得的原则由先赋变为自致，也就是教育分层或者教育不平等是个人之间能力和知识的公平竞争结果，那这样的不平等也是合理的，可以接受的。这也意味着教育的扩大能够给更多的人教育机会，通过教育地位的上升来弥合由其他原因导致的社会不平等。

工业化、社会化的功能理论范式虽然分析了正规教育产生和扩张的合理性，然而很多对教育获得机制不平等的研究对这种分析范式提出了挑战。冲突主义指出功能理论的分析范式忽略了教育在不同社会阶层和地域之间的差别。例如，精英家庭的子女比贫困家庭的子女受教育水平更高，精英群体通过原有的经济资本、文化教育、社会地位等优势，经由文化资本的再生产，维持了其在教育和其他地位上的优势，即他们用教育上的优势保持其在财产、权力和声望等方面的资源可得性。这种文化资本的再生产，其机制往往是精英利用对政策的控制和对教育资源的分配，使他们的子女能走上更高的教育等级。例如我国在 2003 年开启的高校自主选拔录取改革，简称"自主招生"。自主招生就是指部分高校在统一高考的基础上，通过自主选拔考试，分配一定比例的招生名额给那些具有一定学科特长和创新潜质的学生。自主招生制度的初衷是改变高考"一考定终身"的弊端，选拔具有特长的学生。但目前自主招生备受争议，因为自主招生使高等教育入学机会变得不公平。从之前自主招生录取的情况看，很多学生是因为特殊才能被录取的。因此一些具有经济实力的家长花巨资送孩子参加各种辅导班，刻意培养孩子的特殊才能，贫富差距已经对高考招生制度公平性产生了很大的影响。

另外，通过自主招生进入大学的农村考生人数远低于城市考生。2010年北京大学颁布的自主招生新政"校长推荐制"学校名单中，没有一所高中位于农村地区。农村考生在自主招生制度下，常常是处于劣势的一方。国家教育本应该向农村地区倾斜，自主招生制度所带来的政策方面的不公平却越来越多，这只会加大教育的城乡差距。因此，教育的改革和扩张虽然能够让社会地位较低的人群拥有更多的教育机会，但是相对于社会上的优势群体而言，弱势群体的教育机会仍然处于较低的水平，教育改革的受益者更多的是具有较好家庭背景的人。因此，教育不平等的局面并没有改善，这就形成了最大限度地维持不平等（Maximally Maintained Inequality，简称 MMI）假设（Raftery et al.，1993）。这个假设认为，在现代社会中，教育分层模式在不同阶层分布有很强的稳定性，教育扩张主要是为了满足较高阶层的需求，只有这部分人接受教育的需求达到饱和状态，进一步的教育扩张才能增加社会地位较低的人的入学概率。

综合上述两种观点，功能理论讨论的是教育如何满足现代社会发展出来的技术和社会活动的功能，而文化资本的再生产理论把关注点放在教育机会不平等的社会再生产机制上，认为教育并非像社会管理者所宣称的那样是为了提高全民教育水平和缩小社会差距。实际上，教育制度维持了一种不公平的社会地位承袭。皮埃尔·布尔迪厄[①]认为，一定等级的教育机会对统治阶级的倾斜，导致教育成为不同社会身份和地位的文化制度屏障。此外，学校教育所教导的知识和文化也是根据精英文化的风格设定的，即将一种统治阶层的知识和文化体系传授给不同阶层的学生。对于精英家庭的学生而言，学习这些知识就是为了继承家庭教育和身份；而对于普通家庭的学生，只有付出极大的努力才能获得一定的升学机会。弱势群体为了缩小与上层的地位差距，获得更高的经济地位和社会地位，只得接受精英文化和统治阶层的文化教育和思维训练，这正符合统治者利用文化资本将教育变为社会等级和地位再生产的制度（布尔迪约、帕斯隆，2002，25~29）。

二 教育的差别化政策

前人的研究结果表明，教育会对个人收入和社会地位产生显著影响，因为教育可以提高个人的技能，激发一个人与生俱来的潜能，并使之变为一种生产力（Sorokin，1927；White，1982）。从社会分层的角度看，教育是推动人们向上流动的主要机制，通过对教育获得因素的探索，可以洞察社会流动和分化的运作结构。通常，那些具有高学历的人会获得高收入。因此，为了降低贫困和解决收入不平等问题，很多国家都在不断加大对教育的投入并致力于提高全体公民的教育水平。

我国于 1999 年开始推行高等教育扩招的措施，当年招生人数增加

---

① 皮埃尔·布尔迪厄（Pierre Bourdieu，1930—2002 年），法国著名人类学、社会学和教育学家，国内亦有学者将其翻译为布迪厄、布尔迪约等。

51.32 万人，招生总数达 159.68 万人，增长速度高达 47.4%。2000 年，扩招仍保持 38.16% 的高速增长，2001 年为 21.61%，2002 年为 19.46%。经过几年的大幅度扩招，到 2003 年，中国普通高校本专科生在校人数超过 1000 万人。2009~2013 年，我国每年参加高考的人数均超过 900 万人，录取比例也从五年前的 63% 升至目前的 75% 以上（杨东平，2013）。扩招虽然对提高教育水平和国民素质具有正面的作用，但是其导致的教育质量下降和基础设施缺乏等问题也值得深思。扩招不能即刻消除教育不平等的现象，优质教育资源被谁占有才是教育地位获得的重要影响因素和评价标准，城乡教育资源的不平等可能使更多的城市居民受到高等教育，而农村人口由于教育资源分配的稀缺，不能在竞争中获得和城市居民一样的教育机会。因此，2013 年党的十八届三中全会决定，实行校长和教师交流轮岗制度，将其作为统筹城乡义务教育资源均衡配置的举措，对教育机会的分配进行调整。无论国家通过提高入学率的扩招改革，还是对教育资源的分配规则进行调整，都是为了改变教育地位不平等现状。

为了改变城乡教育资源分配的不公平，一些人流动到大城市接受教育，但这并不意味着他们能够获得和本地人口同样的教育权利。由于户籍的限制，流动人口受教育权利在流入地处于尴尬境地。根据高考政策的规定，流动人口即便在流入地的中学借读多年，如果没有当地的户籍，不能参加所在地的高考，只能返回原户籍地参加高考。问题在于，我国各地的高中教育方式和教材并不统一，尤其是高考试题，也大多由各省独立命题。那些在外省接受教育的学生再回到原户籍地参加高考，有很多不适应的地方，学生高考成绩很可能会受到影响。

除了异地高考问题，流动人口在流入地所接受的教育的质量也和本地人口有很大差距。例如，一些专门为流动人口设置的农民工学校和打工子弟学校，校园环境和教学质量较差，无法和本地公立学校的优质教学资源相比。流动人口的流动性也决定了其在受教育过程中可能出现教育中断或转学等情况，这些都增加了他们获得较高教育地位的难度。

三 教育地位获得的因素分析

（一）影响我国流动人口教育地位的因素

教育地位获得研究是社会分层和流动研究的重要议题，因为教育对一个人的经济收入、职业地位、政治身份都有重要影响。对于教育获得的研究，主要探讨的议题是家庭背景因素对子代的教育产生何种作用及其机制问题，以及这些因素在不同历史阶段对教育的影响又是如何演变的。因为教育有一定的代际传承特点，一个人的教育水平受到家庭出身的影响，父母的教育和社会地位对子女的教育产生或多或少的作用，即一个家庭的社会地位更高，那么这个家庭的孩子就更可能获得好的教育条件。对于这个问题，最早是布劳、邓肯的地位获得模型有所涉及。他们的研究建立了家庭背景要素对个体成就和地位的理论模型，其假设是家庭的代际资本传承在一个人的教育成就方面具有重要作用。实际上，布劳、邓肯的研究是从微观的文化资本传承视角出发，忽略了个体努力、社会结构和制度因素对教育获得的作用。随着社会的进步和发展，教育逐渐对人们的社会地位起到越来越重要的推动作用，一个人的教育水平并不完全是家庭文化资本的再生产结果，个人的家庭因素无法完全决定其教育水平。以往的研究证明，家庭因素对个人教育水平的影响仅占两三成，还有更大的非代际传承因素影响着个人教育水平，例如一个人的能力、智力、努力程度、地区因素，甚至制度安排都会对其教育水平产生影响。

此外，由于每一个社会的结构和制度安排不同，教育的代际传承不可避免地会受到来自社会结构的影响，即一个社会的特定制度条件和社会结构因素对代际传递有着至关重要的影响。因此，对教育获得的因素进行考察，不仅要考虑家庭背景等因素，也要考虑因社会结构而产生的分化所导致的差异。由于户籍制度的分割，城乡不同群体的教育获得机制不同；因为经济发展和社会流动的增加，对流动群体和本地居民的教育获得差异，多是从社会变迁和制度屏障的角度进行考察。当然，在处理宏观机制时，也可以结合家庭等微观因素，综合不同层次的影响因素，从而辨别教育获得的多重原因及其作用大小。与此同时，随着社会的变迁、地域的变更和教育制度的改革等社会背景因素的变化，一个人的家庭背景、父母社会地位等因素对子代教育也会产生不一样的作用。这都是教育获得研究中学者们不断研究和深入探讨的问题。

中国的教育制度受到历史事件影响和政策干预，改革开放之前，教育发展一直处于缓慢发展甚至中断的状况。比如"文化大革命"期间，高等教育受到重创，文化和教育成为影响个人地位的负向因素，学生在学校的地位甚至高过老师和校长。因此，在改革开放之前，我国的教育资源并不是人人都看重的地位上升的重要影响因素，教育分配的水平也更为均质化，家庭背景和教育获得之间的关系不是很紧密（Deng et al.，1997）。由于当时经济水平不高，国家对教育的投入和重视程度还未达到相当的高度，全国的高等教育入学率也比较低。在改革开放之后，我国的教育趋向于精英教育和选拔，对农村学生的筛选更为严格，高等教育仍保持较低的录取率，但读大学的人数比改革前有显著的增长。直到1999年扩招之后，高等教育报考人数和录取率逐年攀升，到了2011年，有3/4以上的考生可以获得高等教育机会，可以说高等教育由精英化阶段迈入了大众化阶段（见图7-1）。基础教育和中等教育的普及化，以及近十多年高等教育的大众化、乡—城流动人口的大迁徙和教育选择的多样化，使得MMI假设在中国受到了极大的挑战。

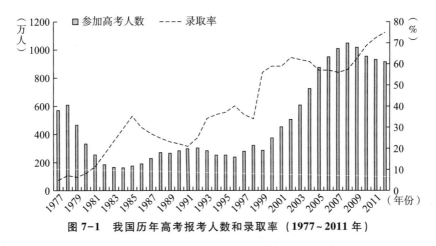

图7-1 我国历年高考报考人数和录取率（1977~2011年）

中国目前的九年义务教育普及率在1975年就已经超过了90%（刘英杰，1993），所以基础教育的入学率已经几乎不存在不平等的情况。2010年，中国高等教育的毛入学率比例为26.5%（周满生，2012：17~20），这和发达国家还有一定差距。[①] 所以高等教育的入学公平问题一直是学者们

---

① 中央教育科学研究所（2011年更名为中国教育科学研究院）2008年的报告显示，纳入统计的53个国家高等教育的毛入学率平均为54.5%，我国排在第49位。我国在校大学生人数虽然居世界第一，但是每百万居民中在校大学生人数仍然不高，在53个国家中仅排名第47位。

讨论的焦点（李春玲，2003；文东茅，2005；刘精明，2006；李煜，2006；谭敏、谢作栩，2011）。总体而言，学者们的研究证明家庭背景对个人教育有显著影响，但是不同历史时期的影响力有差别。笔者延续了以往教育获得研究的脉络，将家庭背景作为考察不同人群教育获得的主要因素之一，同时由于四类人群的划分涉及城乡和流动的因素，所以家庭背景因素、城乡的制度分割以及流动所带来的教育地位的上升，是模型所要考虑的重点要素。

对于时间点的选择，由于我国的高等教育于1999年开始大幅度扩招，高等教育的入学率随后大幅度提升，笔者根据我国高等教育扩招的时间点，将研究时段分为扩招前和扩招后，集中讨论两个主要问题。第一，在扩招前后，户籍和家庭背景因素对高等教育获得的影响有何差别，流动因素在这两个阶段是否能够引起显著的教育差别。因为上文提到，在高等教育的获得方面，流动人口相对于非流动人口处于优势地位，但是流动因素是否具有显著作用，需要进一步的模型分析。第二，家庭背景因素是影响教育获得的重要因素，但是对于不同群体来说，家庭背景因素是否会有不同的作用，笔者将通过考察扩招前后家庭背景因素在流动人口和非流动人口之间的差异，比较不同群体之间的家庭背景因素在高等教育获得方面的作用。

（二）模型选择和变量描述

以1999年扩招为时间节点，笔者将所有被访者分为1960~1998年和1999~2012年两个阶段，计算每个阶段的高等教育获得情况。通过这样的研究设计，我们可以检验扩招对高等教育的机会分配是趋向于以家庭背景为主导，还是能够降低来自不同家庭背景的人的教育不公平程度。此外，这样的做法也可以验证在扩招之后MMI假设是否成立，即在我国高校扩招后，教育分配的不平等性是趋向于缩小还是继续扩大。

对于教育不平等问题的定量研究，学界通常采取多元线性模型和逻辑斯特模型两种办法，前者是将教育年限作为定距变量进行分析，后者是将教育获得作为二分定类变量处理，即是否获得某一层次的升学机会。后者的优越性相对于前者来说，在于可以消除不同时期教育资源总量的多寡所导致的边际分布误差，而逻辑斯特模型可以分析不同阶段教育机会分布的差异。因此笔者将采用逻辑斯特模型分析扩招前后高等教育获得的情况。

因变量：模型的因变量为是否受过高等教育，接受过为 1，没有接受过为 0。其中高等教育包括全日制和非全日制的大学专科学历、本科学历以及更高层次的研究生教育。

自变量：为了保持模型中其他自变量的解释力，将性别和地区作为控制变量，在控制性别和地区不变的条件下，分析其他自变量对高等教育获得的影响。自变量分为三类。一是城乡户籍，这是一个二分类的变量，即是否为城镇户籍，如果为否，就是农村户籍，将其转换为虚拟变量，农村户籍为参照组。二是家庭背景因素，包括父母的党员身份、父母教育和父母职业这三个变量。其中父母的党员身份为二分定类变量，纳入模型时处理为虚拟变量，非党员为参照组。父母教育作为自变量，在模型 1~6 中处理为父母教育年限，为定距变量，因为模型 1~6 主要考察不同户籍、流动因素和家庭背景因素的高等教育获得差异，父母教育年限即可说明问题。在模型 7~8 中，不同群体获得高等教育的家庭背景因素成为比较的主要项目，所以将父母教育处理为定类变量，分为未上学、小学、初中和高中及以上四类，参照组为未上学，以便考察不同教育等级在教育再生产中的作用，而不是将教育作为年限的定距变量进行衡量。父母职业分为管理、工人和农民三类①，其中农民为参照组。三是流动因素，流动因素作为自变量只出现在模型 1~6 之中，模型 7 和模型 8 已经将流动人口和本地人口结合户籍进行分组比较，所以不再纳入自变量。事实上，在模型 1~6 中，流动并不被当作影响教育获得的自变量，流动事件一般发生在教育获得之后，因此观察流动人口与非流动人口是否在高等教育水平的获得上有显著差异，是将其纳入模型的缘由。模型中流动也为二分变量，笔者将其转换为虚拟变量，非流动人口作为参照组。因为分为两个时段进行模型分析，所以变量的情况也需要分别呈现，各个变量的描述性统计见表7-1。

---

① 管理是指政府、企业的中高级管理人员和技术人员，包括干部、企业主、管理人员和技术人员等。工人主要指手工业者、服务业雇员、传统工人、打工等形式的人员，通常无管理权限，接受上级领导，多为体力劳动者。农民即从事农业劳动的人，包括给自己种地和受雇于他人而从事农业劳动的人。

表 7-1　教育获得模型的相关变量描述

单位：%

不同时段	农村本地人口		乡—城流动人口		城镇本地人口		城—城流动人口	
	1960~1998 年	1999~2012 年	1960~1998 年	1999~2012 年	1960~1998 年	1999~2012 年	1960~1998 年	1999~2012 年
高等教育获得比例	0.5	12.6	1.5	16.1	22.1	53.8	23.4	63.9
性别（男性占比）	48.4	43.9	50.6	53.2	47.3	47.9	49.4	53.2
地区								
东部	38.3	42.8	58.5	66.3	36.0	42.6	45.7	57.9
中部	32.5	30.9	19.7	15.2	38.3	32.3	32.6	19.7
西部	29.2	26.3	21.7	18.5	25.7	25.1	21.7	22.3
父亲党员	7.3	5.7	6.0	4.7	19.4	16.4	16.3	18.5
母亲党员	1.0	0.5	1.0	0.6	3.9	5.1	3.0	3.9
父亲教育（定距）	2.60	6.57	3.44	7.15	5.47	9.23	5.38	9.47
母亲教育（定距）	1.25	5.12	1.98	5.52	3.73	8.10	3.70	8.33
父亲教育								
未上学	59.2	17.7	47.7	10.7	30.7	6.2	29.8	3.9
小学	32.2	39.4	39.9	42.4	38.3	22.2	40.8	22.1
初中	5.8	31.7	8.1	34.3	15.7	31.9	15.9	35.2
高中及以上	2.8	11.2	4.3	12.5	15.2	39.6	13.5	38.8
母亲教育								
未上学	79.1	3.04	68.8	24.7	49.4	12.2	48.1	7.8

续表

不同时段	农村本地人口		乡—城流动人口		城镇本地人口		城—城流动人口	
	1960~1998年	1999~2012年	1960~1998年	1999~2012年	1960~1998年	1999~2012年	1960~1998年	1999~2012年
小学	18.1	42.5	25.8	45.7	31.2	27.5	33.5	31.0
初中	2.1	21.9	3.7	23.5	10.6	30.8	11.5	34.3
高中及以上	0.6	5.2	1.8	6.1	8.8	29.5	6.9	26.8
父亲职业								
管理	3.5	3.4	4.2	4.9	18.0	18.8	17.0	18.8
工人	6.0	25.4	7.9	24.0	43.9	60.3	36.1	51.4
农民	90.5	71.3	87.9	71.1	38.1	20.9	46.8	29.7
母亲职业								
管理	0.6	1.8	1.0	2.3	7.9	10.7	7.7	12.9
工人	1.7	14.1	3.2	17.0	35.8	59.5	32.2	49.2
农民	97.6	84.2	95.8	80.8	56.3	29.8	60.1	37.9
样本数	6281	1031	1100	843	2050	455	470	310

从表 7-1 可以看到，与扩招前相比，扩招之后乡—城流动人口的男性比例更高，占 53.2%；而本地人口不论扩招前后，都是女性多于男性，而且农村女性比例在扩招后上升了 4.5 个百分点。在地区分布方面，在扩招前后，各类群体都是趋向于向东部地区转移，东部地区的人口比例上升，但是流动人口在东部分布的比例上升幅度更大。中部和西部的人口比例总体上看大都有所下降，不过中部地区人口比例下降的程度更大一些。父母党员的分布情况，总体而言，父亲是党员的比例高于母亲是党员的比例；城镇户籍父母是党员的比例也显著高于农村户籍。在扩招前后两个阶段，只有城—城流动人口父亲是党员的比例上升，其他群体均为下降；城镇户籍人口母亲为党员的比例在扩招后上升，农村户籍人口父母为党员的比例均在扩招后下降。从父母的教育水平看，父亲的教育水平普遍高于扩招前，城镇户籍人口父母的教育水平高于农村户籍人口，乡—城流动人口父母的教育水平稍高于农村本地人口，而城镇本地人口和城—城流动人口父母的教育几乎没有差别。扩招后各群体父母的受教育程度都显著高于扩招前，平均受教育年限提高了 3~5 年，各群体之间扩招前后父母教育水平提高的幅度基本一致。父母职业情况在扩招后出现不同变化，扩招之后，各个群体父亲在管理层的比例与扩招之前几乎没有变化，只是城—城流动人口的父亲在管理层的比例增加了 1.8 个百分点。各个群体母亲在管理层的比例比扩招前都提高了一些。扩招前后，父母职业阶层的变化主要体现为工人（白领）阶层比例的提高和农业劳动者比例下降。总体而言，城镇户籍人口父母的职业阶层远高于农村户籍人口，在拥有同样户籍的情况下，流动人口父母的职业阶层稍高于非流动人口。

（三）模型结果

表 7-2 说明在控制了性别和地区变量之后，扩招前后高等教育获得中各个因素的影响。

模型 1 和模型 5 分析了户籍因素对高等教育获得的影响。在两个模型中，户籍对高等教育都具有显著影响，并具有较强的解释力。模型 1 显示扩招前城镇户籍人口获得高等教育的机会是农村户籍人口的 44.7 倍（$e^{3.801} = 44.746$），模型的伪决定系数 R^2 为 0.348，说明模型中户籍、性别和地区等自变量对高等教育获得具有一定解释力。模型 5 的结果表明，在扩招之后，户籍因素对高等教育的影响显著降低，城镇户籍人口获得高等教育的机会是农村人口的 8.4 倍（$e^{2.126} = 8.381$），伪决定系数 R^2 也降为 0.253。通过对比模型 1 和模型 5，可以发现，扩招之后，城乡户籍人口在高等教育获得方面的差距缩小了，扩招对于教育不平等的城乡差异具有抑制作用。

模型 2 和模型 6 分析了在扩招前后流动因素是否在接受高等教育方面有显著差异，结果显示扩招前后流动因素的影响都比较显著。扩招之前，流动人口受高等教育的机会是非流动人口的 1.41 倍；而在扩招之后，流动人口受高等教育的机会是非流动人口的 1.22 倍，比扩招前稍低。但是根据模型的伪决定系数 R^2 来判断，模型 2 和某型 6 的 R^2 分别为 0.009 和 0.005，可见两个模型拟合得并不好，流动群体和非流动群体之间在高等教育方面虽然有一定差异，但不是高等教育差异产生的主要原因。

模型 3 和模型 7 将家庭背景因素作为考察高等教育获得的主要分析对象。在控制了性别和地区因素之后，家庭背景的各个因素对高等教育获得表现出了不同的作用。父母的党员身份对子女进入高等教育体系的影响呈现不同的显著性，父亲是否为党员对于高等教育获得影响更为显著。在扩招之前，父亲为党员，子女进入高等教育体系的机会是父亲为非党员的 1.7 倍；在扩招之后，父亲为党员的影响上升，父亲为党员，子女进入高等教育体系的机会是父亲为非党员的 1.9 倍。简言之，父亲为党员对子女获得高等教育是一种优势，但是这个优势在扩招前后并没有太大差异。相对于父亲的党员身份而言，母亲的党员身份对子女教育获得的影响并不显著。相对于父母的党员身份，父母的教育程度对结果的影响十分显著。在扩招前后，父母教育对子女教育获得的影响差异并不大，父亲的教育水平和母亲的教育水平对子女高等教育获得的作用基本一致。父母教育每提高一年，子女进入高等教育学习的机会就增加 1.3 倍左右。父母职业对子女教育获得的影响有一定差别，无论是扩招前还是扩招后，父亲职业对子女获得高等教育的影响都不太显著，但母亲的职业对子女的高等教育获得有显著影响。在高等教育扩招之前，母亲为管理层的群体获得高等教育的机会是母亲为农民的 3.2 倍，母亲职业为工人的群体获得高等教育的机会是母亲为农民的 2.8 倍。在扩招之后，母亲为管理层的群体获得高等教育的机会是母亲为农民的 2.8 倍，母亲为工人的群体获得高等教育的机会是母亲为农民的 2.2 倍。可见，扩招之后，母亲职业对子女教育获得的影响稍有减弱，家庭背景阶层的作用不如扩招前。总之，从模型的解释力上看，模型 3 和模型 7 的伪决定系数 R^2 分别为 0.277 和 0.267。也就是说，不论扩招前和扩招后，家庭背景因素都对高等教育获得有重要影响，家庭背景因素在扩招之后对高等教育获得的影响比扩招前稍稍降低。

模型4和模型8将所有变量加入其中，在保持各个变量不变的条件下，考察了扩招前和扩招后某个变量对高等教育获得的影响。结果表明，在扩招前后，户籍因素、父亲党员身份、父母教育和流动因素等自变量的系数都有显著性。将所有自变量纳入模型之后，户籍因素对高等教育获得的因素虽然减弱了，但仍然是所有因素中最有影响力的因素。控制性别、地区、家庭背景和流动等因素，与农村户籍人口相比，城镇户籍进入高等教育的优势从扩招前的30.6倍降到扩招后的4.9倍。这说明扩招和教育制度的改革大大缩小了城乡教育的差距。在家庭背景因素当中，父亲党员身份对高等教育获得的影响比较大，而且，父亲党员与非党员身份影响的差异在扩招之后扩大了。扩招之后，母亲教育对高等教育获得的影响变小。流动因素也表现了一定的显著性，但是扩招前后基本没有变化，高等教育的获得也在流动人口和非流动人口中呈现一定的差别，流动人口获得高等教育的机会更高一些。上述结论与近年来高等教育的高入学率（70%以上）相一致，高等教育已经成为大多数考生可以享受的权利。一个意外的发现是，扩招前后，性别因素发生了重要变化，扩招以前，男性的教育优势更加明显；扩招后，男女的差别缩小了，而且显著性降低了。

综合模型1~8的结果，扩招前后，高等教育的获得机制发生了一定程度的改变，虽然户籍仍然是导致教育不平等问题的主要因素，但是它的重要性在下降，家庭背景因素对个人教育获得的影响总体上有所上升。随着高等教育的扩张，不同人群进入高等教育的差异缩小对MMI假设提出了挑战，中国高等教育入学水平正在走向均等化。但是由于高等教育内部也存在巨大的教育资源分配不平等问题，如专科与本科的差距、一般本科和重点本科的差距，以及文科与理科的差距、冷门专业与热门专业的差距、国内读书和国外留学的差距，这些要素都是考察我国高等教育不平等问题的切入点。一种可能的情况是，随着高等教育入学均等化趋势不断加强，拥有更多文化资本和家庭背景更好的精英群体在高等教育中占据了更热门的专业，就读于重点高校的比例更高，或者出国留学的比例更高，在未来就业时能够得到更好的职业和更高的收入回报。这些结论如果成立，便可证明高等教育内部的分化和不平等，但这已经超出本章的讨论范围，在此不赘述。

表 7-2　扩招后家庭因素对获得高等教育的 Logistic 模型结果

	扩招前			
	模型 1	模型 2	模型 3	模型 4
控制变量				
男性[a]	0.478 ***	0.375 ***	0.597 ***	0.658 ***
	(0.092)	(0.259)	(0.111)	(0.117)
东部[b]	-0.131	-0.114	-0.091	-0.032
	(0.112)	(0.102)	(0.135)	(0.145)
中部[b]	-0.486 ***	-0.171	-0.260 [1]	-0.298 [1]
	(0.142)	(0.109)	(0.146)	(0.155)
户籍和流动				
城镇户籍[c]	3.801 ***			3.421 ***
	(0.099)			(0.176)
流动人口[d]		0.346 **		0.288 *
		(0.105)		(0.141)
家庭因素				
父亲党员			0.513 ***	0.443 **
			(0.144)	(0.157)
母亲党员			-0.610	0.080
			(0.276)	(0.293)
父亲教育[e]			0.260 ***	0.230 ***
			(0.039)	(0.042)
母亲教育[e]			0.324 ***	0.294 ***
			(0.046)	(0.050)
父亲职业[f]				
管理			0.389 [1]	-0.256
			(0.221)	(0.244)
工人			0.470 *	-0.278
			(0.187)	(0.205)
母亲职业[f]				
管理			1.176 ***	0.292
			(0.258)	(0.280)
工人			1.039 ***	0.088
			(0.185)	(0.201)
常量	-1.730 ***	-2.880 ***	-4.978	-6.392 ***
-2Loglikelihood	3222.950	4557.411	2674.552	2126.607
Chi-square	1368.280 ***	33.818 ***	832.267 ***	1380.212 ***

续表

	扩招前			
	模型 1	模型 2	模型 3	模型 4
Psudo R^2	0.348	0.009	0.277	0.445
样本数	9139	9139	7555	7555
	扩招后			
	模型 5	模型 6	模型 7	模型 8
控制变量				
男性[a]	0.084 (0.099)	0.093 (0.089)	0.233* (0.110)	0.191! (0.116)
东部[b]	−0.101 (0.121)	−0.174 (0.110)	−0.256! (0.135)	−0.221 (0.143)
中部[b]	−0.254! (0.142)	−0.140 (0.127)	−0.195 (0.156)	−0.203 (0.165)
户籍和流动				
城镇户籍[c]	2.126*** (0.099)			1.594*** (0.127)
流动人口[d]		0.202* (0.091)		0.287* (0.118)
家庭因素				
父亲党员			0.658** (0.196)	0.670** (0.208)
母亲党员			0.644 (0.466)	0.352 (0.477)
父亲教育[e]			0.270*** (0.053)	0.245*** (0.208)
母亲教育[e]			0.287*** (0.050)	0.223*** (0.052)
父亲职业[f]				
管理			0.083 (0.272)	−0.114 (0.289)
工人			0.325! (0.179)	0.247 (0.191)
母亲职业[f]				
管理			1.030** (0.310)	0.595! (0.332)
工人			0.818*** (0.181)	0.331! (0.183)

续表

	扩招后			
	模型 5	模型 6	模型 7	模型 8
常量	−1.730 ***	−1.014 ***	−3.475 ***	−3.608 ***
−2Loglikelihood	2567.117	3061.878	2104.465	1944.227
Chi-square	503.409 ***	8.649[1]	449.686 ***	609.924 ***
Psudo R^2	0.253	0.005	0.267	0.350
样本数	3399	3399	2859	2859

注：显著性水平[1] $p<0.1$，[*] $p<0.05$，[**] $p<0.01$，[***] $p<0.001$；括号内为标准误；参照组：a 为女性，b 为西部，c 为农村户籍，d 为非流动人口，e 为未受教育，f 为农民。

四 流动人口教育地位的自致因素分析

上文研究结果显示，高等教育的获得在不同人群之间有差异，除城乡差异之外，家庭背景因素对个人教育的影响也具有显著作用。在教育获得的机制中，家庭背景的影响代表了先赋因素，由于问卷中的问题没有对个人自致因素的测量，如成绩、获奖情况、主观态度等，所以，只能通过对各个群体家庭背景的影响的测量，观察不同群体之间的家庭背景对其教育获得的影响程度，以及在扩招前后家庭背景因素的变化程度，以推断先赋因素和自致因素的相对作用。为此，笔者试图解决这样一个问题，即比较各个群体的家庭因素在影响教育获得方面的差异。因为对于高等教育升学比例的影响来说，高等教育扩招是一个重要的历史事件，扩招使得高等教育入学比例大幅提升，所以在模型分析时，仍然以扩招（1999 年）为时间节点，分为扩招前和扩招后两个时期，对四个群体的高等教育获得的家庭背景因素作逻辑斯特回归模型分析。

（一）扩招前四个群体高等教育获得的模型

表 7-3 显示了扩招前家庭因素对不同群体高等教育获得的影响，控制变量仍然为性别和地区。从总体来看，性别、父亲党员身份、父母教育和母亲职业这四个因素对四个群体获得高等教育的影响较为显著。就性别而言，总体情况是男性比女性获得高等教育的机会更大。具体到不同群体，城镇本地人口和城—城流动人口中不同性别有显著差异，这两个群体中男性获得高等教育的机会是女性的两倍。而农村户籍人口高等教育获得的性别差异不显

著。父母党员身份的影响，只有城镇本地人口父亲的党员身份对高等教育获得有显著影响，其他群体的父母党员身份对高等教育获得的影响均不显著。从父母教育来看，城镇本地人口父母教育对子女高等教育获得有较大影响，父母学历越高，子女获得高等教育的机会也就更大。相较于父亲教育而言，母亲教育因素对各个群体教育获得的影响更为普遍和显著，母亲教育对农村本地人口的高等教育获得影响最大，母亲为高中及以上学历的人的高等教育入学机会是母亲未受教育的 31.5 倍。相对于城镇户籍人口而言，母亲教育对农村户籍人口高等教育获得的影响更大，父亲教育则对城镇户籍人口的影响更为显著。父母职业类别对各个群体高等教育的影响不是很显著，只有农村本地人口的母亲职业对其影响较为显著。

概括而言，扩招前家庭因素对不同群体的影响不同，城镇本地人口高等教育的获得受到家庭各个因素的影响最大，其次是城—城流动人口，然后是农村本地人口，乡—城流动人口受到家庭背景因素的影响不大，仅母亲教育有较大影响。农村户籍的人口受母亲教育的影响更大，城镇户籍人口受到父亲教育的影响更大。由于扩招前受高等教育的机会很有限，性别因素的突出说明我国重男轻女的思想产生了一定作用，男性进入高等教育的机会更多。

表 7-3　扩招前家庭因素对获得高等教育的 Logistic 模型结果

	模型 9				
	农村本地人口	城镇本地人口	乡—城流动人口	城—城流动人口	总体
控制变量					
男性[a]	0.639 (0.419)	0.688*** (0.140)	0.677 (0.568)	0.752* (0.310)	0.618*** (0.110)
东部[b]	0.551 (0.563)	-0.181 (0.175)	-0.965! (0.557)	-0.059 (0.372)	-0.155 (0.134)
中部[b]	-0.127 (0.661)	-0.404* (0.181)	-2.319 (1.413)	-0.139 (0.419)	-0.325* (0.146)
家庭因素					
父亲党员	0.716 (0.582)	0.426* (0.180)	0.106 (0.915)	0.079 (0.461)	0.466** (0.144)
母亲党员	0.430 (0.936)	0.137 (0.318)	-0.204 (0.388)	-0.131 (0.987)	-0.019 (0.269)

续表

	模型 9				
	农村本地人口	城镇本地人口	乡—城流动人口	城—城流动人口	总体
父亲教育[c]					
小学	0.765 (0.679)	0.411[!] (0.230)	−0.429 (0.920)	−0.046 (0.471)	0.367[*] (0.180)
初中	1.086 (0.841)	0.996[***] (0.285)	0.398 (1.056)	0.186 (0.589)	0.953[***] (0.218)
高中及以上	−0.457 (1.331)	1.362[***] (0.297)	0.449 (1.254)	1.717[**] (0.657)	1.372[***] (0.236)
母亲教育[c]					
小学	1.186[!] (0.841)	0.637[**] (0.200)	1.617[!] (0.843)	0.564 (0.458)	0.830[***] (0.158)
初中	2.337[**] (0.805)	0.930[**] (0.277)	1.768 (1.164)	1.400[*] (0.567)	1.462[***] (0.212)
高中及以上	3.452[**] (1.182)	1.198[***] (0.317)	3.206[*] (1.267)	1.911[**] (0.714)	1.689[***] (0.250)
父亲职业[d]					
管理	0.248 (0.983)	−0.454 (0.290)	1.379 (1.067)	0.172 (0.611)	0.430[*] (0.218)
工人	0.375 (0.687)	−0.415[!] (0.244)	−0.508 (1.045)	−0.647 (0.599)	0.389[*] (0.189)
母亲职业[d]					
管理	2.583[*] (1.075)	−0.454 (0.318)	−0.659 (0.363)	−0.011 (0.704)	1.259[***] (0.251)
工人	1.598[*] (0.769)	−0.203 (0.232)	−0.970 (1.670)	−0.534 (0.586)	0.971[***] (0.187)
常量	−7.422[***]	−2.392[***]	−4.537[***]	−1.983[**]	−4.467[***]
−2Loglikelihood	261.975	1331.189	138.022	304.721	2638.958
Chi-square	71.817[***]	207.680[***]	28.157[*]	68.353[***]	867.860[***]
样本数	4319	1259	1522	455	7555

注：显著性水平[!] $p<0.1$，[*] $p<0.05$，[**] $p<0.01$，[***] $p<0.001$；括号内为标准误；参照组：a 为女性，b 为西部，c 为未受教育，d 为农民。

（二）扩招后四个群体高等教育获得的模型

表 7-4 显示了扩招之后各个群体高等教育获得中的家庭背景因素作

用。与扩招前相比，各个群体获得高等教育的性别差异缩小，但农村本地人口的性别仍然有显著影响。在家庭背景因素方面，相比扩招前，城镇本地人口和乡—城流动人口父亲的党员身份对高等教育获得的作用加大。在扩招之后，城镇本地人口的父亲教育对高等教育获得的影响减少；在初中及以下的学历层次，城—城流动人口甚至出现了父亲教育水平越低，本人获得高等教育的机会越大的情况。相较于流动人口，城镇本地人口和农村本地人口母亲教育的影响依旧显著，但是母亲教育对农村本地人口的影响比扩招前缩小。扩招后的另一个变化是乡—城流动人口的高等教育受父亲教育的影响更显著，母亲教育对乡—城流动人口的影响比扩招前缩小，城—城流动人口母亲教育的影响也不如扩招前显著。在扩招之后，父亲职业对各个群体的教育获得影响仍然不显著。就方向而言，农村本地人口和城镇本地人口父亲职业的影响均为正向，而乡—城流动人口和城—城流动人口出现了父亲为管理人员，子女获得高等教育的机会低于父亲为农民的情况。四个群体中，母亲职业对农村本地人口高等教育获得的作用最大，也更为显著，母亲为管理层的高等教育入学机会是母亲为农民的11.7倍。虽然结果不显著，但城—城流动人口的母亲职业对子女高等教育获得的影响仍然为负向，说明母亲职业对城—城流动人口的教育获得没有干预作用。

　　总体来讲，对于乡—城流动人口而言，扩招后父亲教育对子女高等教育影响的作用变大，母亲教育的影响减弱，家庭背景因素对子女高等教育获得的影响力有所下降。对于城—城流动人口而言，扩招后父母教育对子女高等教育获得的影响力降低，家庭背景在子女高等教育获得方面的影响力也下降了。对于城镇本地人口而言，扩招后党员身份和母亲教育对高等教育获得的影响力上升，扩招后父亲教育对子女获得高等教育的影响比扩招前有一定程度的下降，家庭背景对子女高等教育获得的影响力在扩招后变得更强。对于农村本地人口而言，具有显著作用的母亲教育和母亲职业对高等教育获得的影响力在扩招后变小，家庭背景因素对子女高等教育获得的影响力也下降了。因此，除城镇本地人口外，其他三个群体的家庭背景因素都在扩招后减弱。

表 7-4 扩招后家庭因素对获得高等教育的 Logistic 模型结果

	模型 10				
	农村本地人口	城镇本地人口	乡—城流动人口	城—城流动人口	总体
控制变量					
男性[a]	0.504*	0.055	0.229	0.043	0.255*
	(0.217)	(0.259)	(0.223)	(0.302)	(0.111)
东部[b]	-0.624*	0.929**	-0.247	-0.593	-0.245[1]
	(0.256)	(0.325)	(0.290)	(0.379)	(0.136)
中部[b]	-0.736*	0.400	0.291	-0.407	-0.211
	(0.284)	(0.338)	(0.359)	(0.467)	(0.158)
家庭因素					
父亲党员	0.368	1.359**	0.946*	0.482	0.641**
	(0.422)	(0.447)	(0.433)	(0.524)	(0.197)
母亲党员	-0.340	0.368	-0.081	0.266	0.740[1]
	(0.765)	(0.844)	(1.235)	(0.918)	(0.448)
父亲教育[c]					
小学	0.162	0.009	0.925	-0.534	-0.002
	(0.451)	(0.637)	(0.663)	(0.921)	(0.261)
初中	0.307	0.081	1.355*	-0.205	0.083
	(0.457)	(0.649)	(0.679)	(0.918)	(0.267)
高中及以上	0.935[1]	1.117**	1.962**	0.783	0.988***
	(0.497)	(0.666)	(0.701)	(0.922)	(0.275)
母亲教育[c]					
小学	0.566	0.797**	0.008	0.602	0.589**
	(0.355)	(0.511)	(0.352)	(0.681)	(0.199)
初中	1.251**	0.588	0.589	1.180	1.014***
	(0.373)	(0.536)	(0.387)	(0.717)	(0.211)
高中及以上	1.546**	1.249**	0.466	1.566*	1.483***
	(0.501)	(0.574)	(0.518)	(0.754)	(0.244)
父亲职业[d]					
管理	1.285	0.810	-0.169	-0.077	0.030
	(0.792)	(0.745)	(0.683)	(0.648)	(0.275)
工人	0.251	0.756	0.112	0.400	0.315[1]
	(0.323)	(0.608)	(0.364)	(0.557)	(0.181)
母亲职业[d]					
管理	2.464**	-0.219	-0.107	-0.387	1.074**
	(0.827)	(0.761)	(0.919)	(0.732)	(0.312)

续表

	模型 10				
	农村本地人口	城镇本地人口	乡—城流动人口	城—城流动人口	总体
工人	1.139**	0.205	0.528	-0.664	0.799***
	(0.347)	(0.588)	(0.386)	(0.535)	(0.183)
常量	-3.070***	-1.126*	-3.331***	0.264	-2.508***
-2Loglikelihood	608.162	386.867	857.146	282.414	2082.192
Chi-square	94.853***	130.997***	188.744***	28.675*	471.959***
样本数	860	340	1256	403	2859

注：显著性水平[1] $p < 0.1$，* $p < 0.05$，** $p < 0.01$，*** $p < 0.001$；括号内为标准误；参照组：a 为女性，b 为西部，c 为未受教育，d 为农民。

（三）流动人口教育获得的自致因素分析

由于问卷中缺乏有关个人学习成绩和努力程度的问题，只能通过对家庭背景因素的考察，推断自致因素和先赋因素在流动人口和非流动人口教育获得中的作用差异。在控制了户籍、地域、性别等因素的影响下，家庭因素的变化也能间接反映自致因素和先赋因素的相对影响。

上述模型的结果表明，在高等教育获得方面，本地人口比流动人口受家庭背景因素的影响更为显著，家庭的代际作用对本地人口教育获得的影响更大。而流动人口和非流动人口的教育地位分析证明，流动人口的整体教育水平和高等教育水平都要高于非流动人口。这就意味着，流动人口的教育地位更高，所依赖的因素是自身的努力，而不是家庭背景先赋因素的作用。

相对于本地人口而言，流动人口在教育获得中遇到的困难可能更多，因为流动人口受教育的进程可能会被迁移经历打断。由于户籍不在当地，流动人口在接受教育时，学校的排外制度会对他们造成一定的负面影响。为此，流动人口不得不将子女送到专门针对外来人口所建立的学校，或者通过缴纳高额的择校费，以让子女获取接受公立学校教育的机会。而流动人口的教育程度普遍高于非流动人口，也说明教育程度高的人流动意愿也更加强烈，更愿意通过进入城市或者寻找新的机会来提高自己的生活水平。即使存在户籍因素的阻碍，教育程度因素也推动着他们突破制度障碍，通过自身的能力和努力获得更好的工作机会。

第二节　职业地位的获得

就业是民生之本，是改善一个人生活的基本前提和基本途径。2010年，全国城镇新增就业1168万人，为全年目标900万人的130%；下岗失业人员再就业547万人，就业困难人员就业165万人。2010年末，全国城镇登记失业人员908万人，城镇登记失业率为4.1%，比2009年底降低0.2个百分点。近年来，在就业压力持续加大的情况下，中国从顶层设计的政策引导出发，采取多种措施控制城镇失业率上升。党的二十大报告提出，要实施就业优先战略。就业是最基本的民生。强化就业优先政策，健全就业促进机制，促进高质量充分就业。健全就业公共服务体系，完善重点群体就业支持体系，加强困难群体就业兜底帮扶。统筹城乡就业政策体系，破除妨碍劳动力、人才流动的体制和政策弊端，消除影响平等就业的不合理限制和就业歧视，使人人都有通过勤奋劳动实现自身发展的机会。健全终身职业技能培训制度，推动解决结构性就业矛盾。完善促进创业带动就业的保障制度，支持和规范发展新就业形态。健全劳动法律法规，完善劳动关系协商协调机制，完善劳动者权益保障制度，加强灵活就业和新就业形态劳动者权益保障。《中华人民共和国国民经济和社会发展第十四个五年规划和2035年远景目标纲要》指出，要健全有利于更充分更高质量就业的促进机制，扩大就业容量，提升就业质量，缓解结构性就业矛盾。完善高校毕业生、退役军人、农民工等重点群体就业支持体系。完善与就业容量挂钩的产业政策，支持吸纳就业能力强的服务业、中小微企业和劳动密集型企业发展，稳定拓展社区超市、便利店和社区服务岗位。促进平等就业，增加高质量就业，注重发展技能密集型产业，支持和规范发展新就业形态，扩大政府购买基层教育、医疗和专业化社会服务规模。建立促进创业带动就业、多渠道灵活就业机制，全面清理各类限制性政策，增强劳动力市场包容性。统筹城乡就业政策，积极引导农村劳动力就业。扩大公益性岗位安置，着力帮扶残疾人、零就业家庭成员等困难人员就业。

从党和国家的文件中可以看到，目前的就业趋势是鼓励以创业带动就业，解决就业难的问题。国家层面的就业指导方针也强调了消除城乡、行业、身份和性别等先赋因素，平等对待一切劳动力，对农村转移劳动力的就业问题给予了重点关注。这说明我国目前的就业存在一定的行业、身份和性别歧视，对待流动人口和本地户籍居民的就业政策也存在不平等的情况。对于流动人口而言，就业问题是他们到迁居地之后需要解决的核心问题和生存前提。由于制度性约束的存在，从农村到城市的流动人口在改变身份、获得与本地市民同样的职业报酬水平和职业地位、就业保障和培训等方面都存在困难。

一 不同群体的代际职业流动情况

代际职业流动是指父母职业和本人职业的地位变化情况，相关研究通常的做法是将父亲的职业与本人职业相比，形成一个代际职业流动表，从而发现不同职业阶层的代际流动情况。笔者将代际流动表进一步细化到不同户籍和流动性质的人口之中，分析农村本地人口、乡—城流动人口、城镇本地人口和城—城流动人口的代际职业流动情况。这样可以比较不同群体代际职业流动的差异和代际职业流动率，考察先赋因素对本人职业的影响。

表 7-5 呈现了父亲职业与本人当前职业的变化情况，其中父亲为农民，农村本地人口中本人职业仍然为农民的比例最高（69.5%），其他几个群体本人职业地位和父亲的职业地位相比，都有一定程度的提升，乡—城流动人口更多地流动到了体力工人到个体经商人员职业阶层，城镇本地人口和城—城流动人口更多地流动到了服务人员到专业技术人员职业阶层，且有一定比例的人进入了管理者阶层。父亲职业为体力工人，农村本地人口中有 34.9% 的人下降到农民阶层，其他则更多地分布在体力工人到个体经商人员阶层之间，乡—城流动人口更多地流动到体力工人到办事人员阶层之间，城镇本地人口和城—城流动人口更多地流动到体力工人和专业技术人员阶层之间。父亲职业为服务人员，农村本地人口中流动到农民阶层的比例最高（60.0%），乡—城流动人口流动到服务人员和个体经商人员阶层的比例最高，城镇本地人口更多地流动到体力工人和专业技术人员阶层之间，城—城流动人口的职业更多地分布在体力工人和技术工人阶层。父亲职业为技术工人，农村本地人口中职业分布在农民和技术工人阶层的比例最高，乡—城流动人口分布在技术工人、服务人员和个体经商人员等阶层的比例最高，城镇本地人口和城—城流动人口更多地流动到体力工人和专业技术人员之间的阶层。

表7-5 不同群体的代际职业流动情况

单位：%

父亲职业		本人当前职业									
		农民	体力工人	服务人员	技术工人	个体经商人员	办事人员	专业技术人员	私营企业主	基层管理者	中高层管理者
农民	农村本地人口	69.5	7.4	2.7	7.6	6.7	2.6	1.2	0.5	1.6	0.2
	乡—城流动人口	13.2	16.5	12.6	26.4	17.6	5.8	3.5	1.7	1.6	1.1
	城镇本地人口	11.4	6.1	12.6	16.1	17.0	12.7	12.9	0.9	4.6	5.9
	城—城流动人口	11.0	3.9	4.8	14.0	19.7	10.1	19.7	1.3	8.3	7.0
体力工人	农村本地人口	34.9	18.5	11.6	11.0	9.6	4.8	2.7	1.4	5.5	0.0
	乡—城流动人口	4.1	20.3	13.5	28.4	16.2	10.8	5.4	1.4	0.0	0.0
	城镇本地人口	1.6	19.9	13.6	16.8	14.1	14.1	9.4	0.5	5.2	4.7
	城—城流动人口	2.2	11.1	15.6	17.8	15.6	17.8	8.9	0.0	8.9	2.2
服务人员	农村本地人口	60.0	4.0	4.0	4.0	8.0	4.0	4.0	0.0	12.0	0.0
	乡—城流动人口	0.0	0.0	36.4	18.2	27.3	0.0	18.2	0.0	0.0	0.0
	城镇本地人口	3.4	11.9	27.1	11.9	8.5	16.9	15.3	1.7	0.0	3.4
	城—城流动人口	0.0	25.0	10.0	25.0	0.0	10.0	10.0	15.0	5.0	0.0
技术工人	农村本地人口	29.7	8.8	9.5	22.3	10.8	8.8	4.1	1.4	2.7	2.0
	乡—城流动人口	1.4	5.5	20.5	38.4	16.4	5.5	1.4	1.4	5.5	4.1
	城镇本地人口	1.2	6.7	13.7	24.7	10.8	14.8	12.8	0.9	6.4	8.1
	城—城流动人口	1.2	11.1	17.3	23.5	9.9	17.3	9.9	0.0	6.2	3.7

续表

父亲职业		本人当前职业									
		农民	体力工人	服务人员	技术工人	个体经商人员	办事人员	专业技术人员	私营企业主	基层管理者	中高层管理者
个体经商人员	农村本地人口	24.8	5.9	13.9	15.8	22.8	9.9	2.0	2.0	2.0	1.0
	乡一城流动人口	2.0	3.9	11.8	23.5	27.5	11.8	11.8	2.0	3.9	2.0
	城镇本地人口	3.9	2.6	9.1	16.9	16.9	22.1	15.6	2.6	3.9	6.5
	城一城流动人口	0.0	2.0	11.8	9.8	11.8	21.6	25.5	2.0	3.9	11.8
办事人员	农村本地人口	51.4	5.6	9.3	7.5	8.4	11.2	4.7	0.0	1.9	0.0
	乡一城流动人口	3.0	9.1	30.3	21.2	15.2	6.1	6.1	3.0	3.0	3.0
	城镇本地人口	1.6	5.4	9.2	16.3	10.9	26.6	16.3	1.6	5.4	6.5
	城一城流动人口	0.0	1.9	15.4	11.5	13.5	23.1	19.2	1.9	5.8	7.7
专业技术人员	农村本地人口	50.0	4.2	4.2	19.4	6.9	6.9	4.2	0.0	1.4	2.8
	乡一城流动人口	29.6	3.7	22.2	3.7	22.2	7.4	3.7	3.7	3.7	0.0
	城镇本地人口	2.7	4.7	12.8	6.8	9.5	14.2	31.8	0.7	2.0	14.9
	城一城流动人口	2.3	0.0	4.5	15.9	11.4	25.0	34.1	0.0	2.3	4.5
私营企业主	农村本地人口	0.0	20.0	20.0	0.0	0.0	20.0	0.0	20.0	20.0	0.0
	乡一城流动人口	0.0	0.0	50.0	25.0	0.0	25.0	0.0	0.0	20.0	0.0
	城镇本地人口	0.0	0.0	11.1	11.1	0.0	11.1	11.1	0.0	44.4	11.1
	城一城流动人口	20.0	0.0	40.0	0.0	0.0	0.0	40.0	0.0	0.0	0.0

续表

父亲职业		本人当前职业									
		农民	体力工人	服务人员	技术工人	个体经商人员	办事人员	专业技术人员	私营企业主	基层管理者	中高层管理者
基层管理者	农村本地人口	59.3	6.8	5.1	13.6	3.4	1.7	6.8	0.0	3.4	0.0
	乡—城镇流动人口	40.0	20.0	10.0	10.0	10.0	10.0	0.0	0.0	0.0	0.0
	城镇本地人口	14.3	0.0	21.4	7.1	7.1	7.1	35.7	0.0	0.0	7.1
	城—城流动人口	0.0	0.0	0.0	28.6	28.6	28.6	14.3	0.0	0.0	0.0
中高层管理者	农村本地人口	56.7	6.7	0.0	11.7	10.0	5.0	6.7	1.7	0.0	1.7
	乡—城流动人口	4.5	4.5	18.2	22.7	27.3	9.1	9.1	0.0	0.0	4.5
	城镇本地人口	2.0	4.6	5.3	15.2	10.6	22.5	25.8	0.0	3.3	10.6
	城—城流动人口	2.5	2.5	10.0	12.5	15.0	20.0	17.5	0.0	7.5	12.5

　　父亲为个体经商人员的情况下，农村本地人口的职业大多分布在农民到办事人员之间的阶层，乡—城流动人口的职业更多地分布在服务人员到专业技术人员之间的阶层，城镇本地人口的职业分布在技术工人到专业技术人员阶层的比例最高，城—城流动人口的职业更多地分布在服务人员到专业技术人员之间的阶层。父亲职业为办事人员，农村本地人口向下流动为农民的比例最高（51.4%），乡—城流动人口更多地分布在服务人员到个体经商人员之间的阶层，城镇本地人口和城—城流动人口更多地分布在服务人员到专业技术人员之间的阶层。父亲为专业技术人员，农村本地人口的职业分布在农民、技术工人阶层的比例最高，乡—城流动人口分布在农民、服务人员和个体经商人员阶层的比例最高，城镇本地人口职业分布在专业技术人员、中高层管理者和办事人员阶层的比例最高，城—城流动人口职业分布在专业技术人员、办事人员和技术工人阶层的比例最高。

　　各群体父亲为私营企业主和管理者的数量较少，致使代际职业流动的分布比较极端。父亲为私营企业主，农村本地人口的职业地位大多是向下流动，乡—城流动人口和城—城流动人口的职业地位全部是向下流动，城镇本地人口职业地位上升和下降的比例相当。父亲职业为基层管理者，除城镇本地人口之外，其他三个群体的职业地位都在下降或不变，农村本地人口的职业地位下降的幅度最大，其次是乡—城流动人口，城—城流动人口职业地位下降的幅度最小。父亲为中高层管理者，各群体职业地位都有一定程度下降，仍然是农村本地人口下降的幅度最大，其次是乡—城流动人口，城镇本地人口和城—城流动人口职业地位下降的幅度小一些。

　　从上述不同职业阶层代际流动的分布结果可以发现如下规律：农村本地人口代际职业地位上升的幅度最低，和父亲职业地位相比，本人职业地位有不同程度的下降；乡—城流动人口的代际职业地位上升情况好于农村本地人口，但是不如城镇本地人口和城—城流动人口。通过图7-2的代际流动率可以看到，乡—城流动人口的代际职业地位上升率最高，为77.6%，远超其他几个群体，进入城市打工对于他们职业地位的提升起到了巨大作用。不过由于父亲职业地位较低，其职业地位上升空间大，这也是他们代际职业地位上升率较高的原因。农村本地人口的代际职业流动率较低，有63.2%的人和父亲的职业地位一样，代际职业地位的上升率仅为29.4%。城镇本地人口和城—城流动人口的代际职业地位上升率为60%左右，他们的代际职业地位下降率高于农村本地人口和乡—城流动人口，但这并不能说明城镇本地人口的地位不如农村本地人口，因为城镇本地人口的父亲职业地位相对较高，子代职业地位上升空间有限，所以向下流动的比例也高。

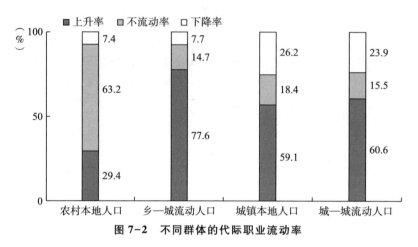

图 7-2　不同群体的代际职业流动率

综合分析流动人口和非流动人口的代际职业流动水平，可以发现流动人口的代际职业流动率高于非流动人口，而且是代际职业地位上升率更高。合理的解释是流动人口改变现状的动力更足，他们为了获得更好的职业，进入新的城市工作，相对于父辈而言，获得了更好的职业。相较而言，本地人口有本地的政策照顾和制度保护，但是他们代际职业上升率不如没有本地户籍的外来人口，说明本地人口的努力程度和进取心不如流动人口，更多地是承袭父亲职业，因而代际职业的不流动率比较高。

二　不同群体的职业地位流动情况

流动人口因其流动性质，就业的地点更换较为频繁，其职业会随着工作地点的改变而变化。乡—城流动人口从农村流动到城市，大多数人的职业从农民转变为工人，职业地位因此得到提升。流动能够带来职业地位的提升，但是职业地位的提升在不同类型的流动人口中有什么差异；与非流动人口相比，流动对职业地位提升具有多大的作用；不同类别职业的流动水平又是如何分布的，这些都需要数据的支持，需要从数据中寻找答案。笔者根据被访者最初职业和当前职业情况，以十个职业等级为基础，对四类人群的初职和当前职业进行交互分析，所得结果见表 7-6。

表 7-6　四个群体最初职业和当前职业的流动情况

单位：%

最初职业		当前职业									
		农民	体力工人	服务人员	技术工人	个体经商人员	办事人员	专业技术人员	私营企业主	基层管理者	中高层管理者
农民	农村本地人口	83.2	5.2	1.2	3.5	4.3	0.9	0.3	0.3	0.9	0.1
	乡—城流动人口	29.9	24.7	8.1	18.1	13.2	4.1	0.2	1.0	0.7	0.0
	城镇本地人口	34.3	11.3	13.5	13.9	14.3	5.2	2.6	0.0	3.0	1.7
	城—城流动人口	38.5	3.8	7.7	7.7	23.1	7.7	3.8	0.0	7.7	0.0
体力工人	农村本地人口	38.1	37.7	3.0	8.7	7.1	2.1	0.9	1.6	0.5	0.3
	乡—城流动人口	3.0	45.3	8.5	18.9	17.9	2.5	0.5	1.5	0.5	1.5
	城镇本地人口	3.8	49.4	8.9	9.5	14.6	8.9	2.5	0.6	0.6	1.3
	城—城流动人口	3.6	50.0	7.1	21.4	8.9	3.6	0.0	0.0	5.4	0.0
服务人员	农村本地人口	27.7	4.3	45.1	4.7	11.1	3.2	0.8	0.8	1.6	0.8
	乡—城流动人口	2.8	1.4	57.8	14.2	15.2	4.3	1.9	0.9	0.9	0.5
	城镇本地人口	1.3	3.9	57.3	5.2	17.7	5.2	1.7	0.9	3.0	3.9
	城—城流动人口	10.9	1.1	52.2	5.4	7.6	7.6	6.5	2.2	2.2	4.3
技术工人	农村本地人口	27.6	3.4	3.1	48.7	9.4	3.2	0.6	1.1	2.1	0.6
	乡—城流动人口	2.6	4.3	6.9	64.8	14.3	2.4	1.0	1.2	2.1	0.5
	城镇本地人口	1.1	4.9	7.9	57.1	13.0	7.6	2.0	0.7	2.9	2.7
	城—城流动人口	0.8	3.2	7.1	56.3	11.9	8.7	4.0	3.2	3.2	1.6

续表

最初职业		当前职业									
		农民	体力工人	服务人员	技术工人	个体经商人员	办事人员	专业技术人员	私营企业主	基层管理者	中高层管理者
个体经商人员	农村本地人口	11.9	3.6	3.6	8.2	63.9	2.1	0.5	1.5	3.1	1.5
	乡—城流动人口	3.9	2.9	8.8	6.9	73.5	1.0	1.0	1.0	1.0	0.0
	城镇本地人口	6.1	7.1	6.1	4.1	62.2	6.1	3.1	1.0	0.0	4.1
	城—城流动人口	2.4	0.0	0.0	7.1	85.7	4.8	0.0	0.0	0.0	0.0
办事人员	农村本地人口	22.7	2.9	1.4	4.3	7.7	53.1	3.4	0.0	3.4	1.0
	乡—城流动人口	0.0	11.1	5.1	7.1	10.1	57.6	3.0	1.0	2.0	3.0
	城镇本地人口	1.7	0.6	2.0	4.6	6.3	63.0	5.7	0.9	5.7	9.5
	城—城流动人口	0.8	0.8	1.6	5.6	10.4	59.2	5.6	0.8	6.4	8.8
专业技术人员	农村本地人口	24.6	0.0	5.1	4.2	5.1	3.4	53.4	0.0	4.2	0.0
	乡—城流动人口	6.7	1.1	6.7	1.1	14.6	4.5	58.4	2.2	1.1	3.4
	城镇本地人口	2.0	0.6	3.7	0.6	3.7	5.7	73.1	0.0	2.6	8.0
	城—城流动人口	0.0	0.0	3.3	0.0	3.3	1.7	80.0	0.8	2.5	8.3
私营企业主	农村本地人口	16.7	0.0	0.0	25.0	8.3	8.3	0.0	41.7	0.0	0.0
	乡—城流动人口	0.0	0.0	0.0	0.0	0.0	0.0	0.0	100.0	0.0	0.0
	城镇本地人口	0.0	28.6	0.0	0.0	0.0	0.0	0.0	71.4	0.0	0.0
	城—城流动人口	0.0	0.0	0.0	0.0	0.0	0.0	0.0	100.0	0.0	0.0

续表

最初职业		当前职业									
		农民	体力工人	服务人员	技术工人	个体经商人员	办事人员	专业技术人员	私营企业主	基层管理者	中高层管理者
基层管理者	农村本地人口	33.8	0.0	0.0	6.5	5.2	3.9	0.0	0.0	48.1	2.6
	乡—城流动人口	5.9	0.0	5.9	0.0	5.9	23.5	0.0	0.0	58.8	0.0
	城镇本地人口	0.0	1.6	0.0	1.6	3.2	0.0	11.1	1.6	68.3	12.7
	城—城流动人口	0.0	4.5	0.0	0.0	4.5	0.0	0.0	0.0	77.3	13.6
中高层管理者	农村本地人口	25.0	0.0	0.0	0.0	25.0	0.0	0.0	0.0	0.0	50.0
	乡—城流动人口	0.0	0.0	0.0	0.0	0.0	0.0	0.0	0.0	0.0	100.0
	城镇本地人口	0.0	0.0	0.0	0.0	2.2	4.3	0.0	2.2	0.0	91.3
	城—城流动人口	0.0	0.0	0.0	0.0	0.0	0.0	0.0	0.0	0.0	100.0

　　农民的职业地位流动在四个群体中有巨大差别，农村本地人口的不流动率比例较高（83.2%），乡—城流动人口的不流动率仅为29.9%。我国土地机械化水平低，粮食产量和耕地亩数有限，加之农民的教育水平相对不高，这些因素都导致农民的职业地位上升空间有限，只有少数农民流向个体经商人员及以上的职业阶层。城—城流动人口职业地位上升的程度最高，城镇本地人口次之，乡—城流动人口实现上升的程度较低。体力工人的职业地位流动率比较高，农村本地人口初职为体力工人，流动为农民和体力工人的比例较高，分别是38.1%和37.7%，职业上升的机会很小。相比之下，其他三个群体初职为体力工人，职业地位上升的比例更高，流向大多为个体经商人员、技术工人、办事人员和服务人员。乡—城流动人口流向办事人员的比例较低，说明他们进入较为正式的单位工作的机会比城镇人口小；城镇本地人口流入个体经商人员的比例最高，城—城流动人口流入技术工人的比例最高。相较于农民和体力工人，最初职业为服务人员的职业流动范围更大，他们流动到社会中层和上层的机会大大超过最底层的两个职业。农村本地人口流向农民和个体经商人员的比例较高，分别为27.7%和11.1%，城镇本地人口流向个体经商人员的比例最高，乡—城流动人口流向技术工人和个体经商人员的比例较高，城—城流动人口流动到其他职业的比例比较平均。最初职业为技术工人的流动趋势和服务人员类似，有机会流动到中上层，农村本地人口流向农民的比例较高（27.6%），其他几个群体的技术工人流向个体经商人员的比例较高。

　　流动人口从事个体经营的比例更高，他们在这个职业上的不流动率也高于非流动人口。除了不流动的部分，最初职业为个体经商人员的农村本地人口更多地流向了农民和技术工人，城镇本地人口的个体工商户流向体力工人、农民、服务人员、办事人员的比例大致相当，乡—城流动人口向下流动的比例较大，城—城流动人口流向技术工人和办事人员的比例较高。由此可见，最初职业为个体经商人员的各个群体的职业流向十分不均衡，内部分化较大。各个群体的办事人员均有一定比例流向最高的职业阶层。初职为办事人员，流动到各个职业阶层的比例比较分散，向上和向下流动的情况并存，但城镇户籍人口职业地位上升的比例高于农村户籍人口。专业技术人员的流动率不高，农村户籍人口的专业技术人员大都流向了地位更低的职业，其他三个群体的专业技术人员都有向上流动的机会。

相比而言，城镇户籍人口在专业技术人员职业上的不流动率更高。

最初职业是私营企业主的职业流动较低，流动人口初职为私营企业主的人，现职仍然为私营企业主，保持了高度的不流动性。这一方面说明私营企业主在经济收入上的优势比较明显，故而流动人口不愿转换职业；另一方面说明流动人口由私营企业主向管理层流动的可能性很小，很难将经济资源转化为政治资本。除了不流动的部分之外，农村本地人口和城镇本地人口的私营企业主都是向下流动。在上层的三个职业中，基层管理者的职业流动率更高一些。农村本地人口中初职为基层管理者，现职除了维持原职（48.1%）之外，转变为农民的比例最高，达33.8%；乡—城流动人口中初职为基层管理者，除了维持原职（58.8%）之外，流向办事人员的比例最高，达23.5%；城镇本地人口初职为基层管理者，除了维持原职（68.3%）之外，流向中高层管理者的比例最高，为12.7%；城—城流动人口基层管理者实现职业地位上升的比例最高。相比于城镇户籍人口，农村户籍人口的基层管理者转变为中上层管理者的机会更小。除农村本地人口之外，其他三个群体初职为中高层管理者、目前职业仍为中高层管理者的比例在90%以上。农村本地人口从中高层管理者转为个体经商人员和农民的比例最高，应该是退休之后又从事了之前的工作。

图7-3是依据表7-6的结果，通过比较四个群体的初职和现职、职业地位上升和下降的比例，计算出的他们的职业流动率。其中，职业地位上升率最高的群体为乡—城流动人口，上升率为40.4%，说明到城镇工作提高了他们的职业地位。但是乡—城流动人口职业地位的上升主要是由下层上升到中下层，中上层和上层的比例和城镇人口相比，还有很大差距。城—城流动人口和城镇本地人口的职业上升率相近，分别为27.3%和29.1%，城镇本地人口稍高一些。农村本地人口由于其农民身份和非流动性，职业流动的上升率最低，为16.7%。四个群体的职业地位下降率大致相同，为10%左右。除乡—城流动人口之外，其他三个群体的职业不流动率都比较高。

上文分析阐释了不同群体的职业流动情况，但是各个群体未来的职业将向什么方向发展，乡—城流动人口的职业地位是否会突破中下层向中上层和上层发展，这取决于我国的产业结构、政策导向以及流动人口自身素质的提高水平。从各个群体对自己未来职业升迁机会的预期，可以对职业

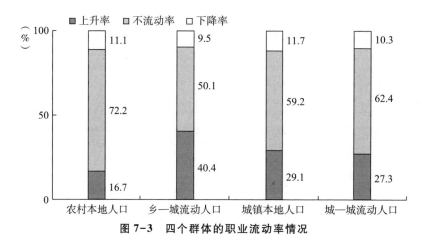

图 7-3 四个群体的职业流动率情况

地位的发展趋势进行一定评估和预测。表 7-7 是四个群体对自己在未来几年内能否得到升迁的主观判断,从中可以粗略了解各个群体的职业地位在未来若干年的变化趋势。

各个群体对这个问题的回答显示了一定的差异性,反映了不同群体对自己职业发展的预期。从表 7-7 可见,在四个群体中,城—城流动人口回答"几乎肯定会"升迁的比例明显高于其他三个群体,为 6.2%;乡—城流动人口认为自己"几乎肯定会"升迁的比例为 2.6%,稍高于城镇本地人口(2.2%)和农村本地人口(1.9%)。城—城流动人口和城镇本地人口选择未来几年内"有可能"升迁的比例为 31.5% 和 29.4%,高于乡—城流动人口(16.6%)和农村本地人口(12.6%)。综合上述两个选项的结果,城—城流动人口认为未来能够升迁的比例最高,其次是城镇本地人口,再次是乡—城流动人口,农村本地人口的比例最低,负向选项的结果也支持了上述判断。这与目前各个群体的职业地位和职业流动趋势类似,未来几年内,四个群体职业地位的差异大概率仍将维持现状。城镇本地人口对未来升迁问题表示"不知道"的比例(20.5%)高于其他群体,其次是农村本地人口(17.8%)和城—城流动人口(17.1%),乡—城流动人口选择"不知道"的比例最低(14.9%)。也就是说,在四个群体中,城镇本地人口对自己未来几年职业地位的变化最难以作出估计,乡—城流动人口反而认为自己的职业地位变化更可预测。可能是由于城镇本地人口职业选择的可能性或者流动渠道比乡—城流动人口更多,他们对自己未来升迁更难以作出判断；乡—城流动人口没有过多的选择，他们知道自己很难实现职业地位的上升，所以更容易对自己未来的职业变化情况作出判断。

表 7-7 各个群体对升迁机会的判断

单位：%

	农村本地人口	乡—城流动人口	城镇本地人口	城—城流动人口	总体
几乎肯定会	1.9	2.6	2.2	6.2	2.7
有可能	12.6	16.6	29.4	31.5	19.9
不太可能	27.9	33.0	29.6	28.4	29.1
肯定不可能	39.8	32.9	25.6	16.8	30.6
不知道	17.8	14.9	20.5	17.1	17.7
合计	100.0	100.0	100.0	100.0	100.0

三 不同群体的职业地位获得分析

职业分层是社会分层中至关重要的构成部分。职业地位获得的定义并不存在太大的争论，它指"人们对能为之带来一定资源的某一职业位置的获取，它包括职业领域中职业位置的取得和流动"（周玉，2006：83）。职业地位获得不仅包括职业地位的获取，也包括职业的流动。中国的职业地位获得与市场转型带来的社会结构和劳动力市场变化紧密联系在一起，社会成员的职业地位获得成为国内外学者关注的焦点之一。对职业地位获得的研究大致包括以下四个层面：一是从个人特征或自致的角度出发解释职业地位获得，探讨教育在社会流动和职业地位获得过程中的作用（刘精明，2001；钱民辉，2004）；二是从家庭背景因素，即从先赋因素的角度分析父母的职业、教育等家庭资本对本人职业地位获得的影响（王春光，2003；李煜，2007）；三是从制度特征出发解释职业地位获得，及户籍因素对职业地位获得的影响（吴晓刚，2007）；四是从社会资本的角度，研究社会关系和人际资源对职业地位获得的影响（赵延东、王奋宇，2002；张文宏，2006）。

本书的主要目的是分析自致因素在四类群体的地位获得中所起的作用，而四类群体的分类是依照户籍因素和流动性质区分的，所以，通过比较四类群体的职业地位获得方式，可以发现户籍制度的作用，也能够比较流动人口和非流动人口职业地位获得方式的差异。为了更好地分析自致因素的影响，笔者采用路径分析模型对四类群体的最初职业和目前职业获得进行研究。路径分析模型参照"布劳—邓肯"经典模型，见图7-4。

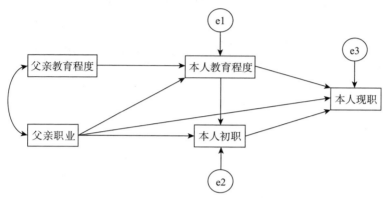

图7-4 布劳—邓肯职业地位获得的路径

　　根据数据的形态和模型的要求，笔者将父亲教育程度（X_1）、父亲职业（X_2）、本人教育程度（X_3）、本人初职（X_4）和本人现职（X_5）转化为定距变量并加入模型，其中教育程度为0年（未读书）到21年（研究生），职业地位为上述十大职业阶层的指标，1~10代表职业地位依次由低到高。四类人群的模型分析结果见图7-5、图7-6、图7-7、图7-8。

　　从图7-5可以看到，在农村本地人口中，父亲职业对本人初职的路径系数为0.13，本人教育程度对本人初职的路径系数为0.45，所以个人自致因素在初职获得中发挥了更重要的作用。再看农村本地人口目前职业获得的情况，父亲的职业对本人当前职业的影响很微弱，路径系数仅为0.06，而本人的教育程度和本人初职对本人当前职业的影响很大，路径系数分别为0.30和0.26，自致因素在当前职业获得中的作用比先赋因素的影响更大。

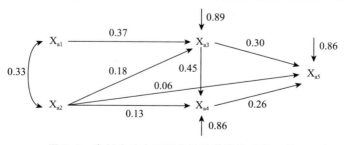

图7-5 农村本地人口职业地位获得的路径系数

图 7-6 显示，乡—城流动人口的初职受个人教育影响更大，路径系数达到了 0.70，高于农村本地人口。在当前职业的获得中，个人教育程度和初职的影响也高于父亲职业的影响。由此可见，对于农村户籍人口而言，先赋因素的影响普遍不如自致因素。对比农村户籍的流动人口和非流动人口，可以发现，流动人口的自致因素在职业地位获得中起到了更重要的作用。在争取一份更好的职业时，与非流动人口相比，流动人口更多地靠个人能力和努力，而不是家庭背景等先赋因素。

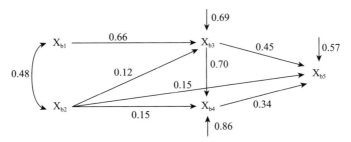

图 7-6 乡—城流动人口职业地位获得的路径系数

由图 7-7 可见，城镇本地人口的初职获得受本人教育的影响更大，父亲的职业对本人初职的路径系数仅为 0.03，远低于本人教育对本人初职的路径系数（0.71）。但是，通过图 7-8 可知，城—城流动人口本人教育程度对本人初职的路径系数达到了 0.85，且父亲职业对本人初职的影响为负向。这说明家庭背景因素对城—城流动人口初职获得的影响几乎不存在，自致因素才是本人初职获得的主要因素，而且该自致因素的作用大于城镇本地人口。从当前职业的获得情况来看，两个群体的本人教育和初职对本人当前职业的影响都远高于父亲职业的影响，自致因素对城—城流动人口现职获得的影响更为突出。

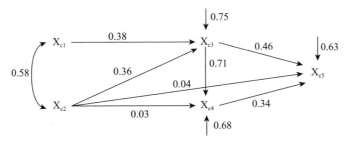

图 7-7 城镇本地人口职业地位获得的路径系数

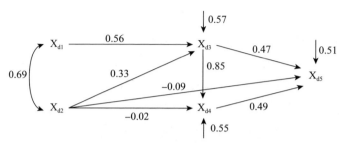

图7-8　城—城流动人口职业地位获得的路径系数

第三节　经济地位的获得

一　影响流动人口收入的因素

随着市场经济的发展，人力资本因素和制度分割因素对城乡收入差距的影响也在变化。在流动人口进入城镇初期，由于户籍的限制，他们不得不进入非正规部门就业，收入也非常不稳定（李强、唐壮，2002）。相关研究发现，户籍为流动人口与城镇本地人口收入差距的主要影响因素，有60%的收入差异能被户籍因素所解释（邓曲恒，2007：8~16），后续一些研究也证实了上述观点。但是，随着流动人口大量进入城市，成为城镇劳动力市场的重要组成部分，户籍的影响逐渐有所转变。陈伟（2013）通过对中国综合社会调查（Chinese General Social Survey，简称CGSS）2006年的数据进行研究，发现尽管经历了市场化改革，户籍制度仍是产生城乡初次分配差异的重要原因，户籍产生初次分配不平等的机制主要表现为持农业户口的居民难以进入收入和社会地位较高的体制内单位。不过，户籍只是在入职时产生门槛效应，只要劳动者进入这些单位之后，户籍对于职位的高低并未产生显著影响。

乡—城流动人口的自身素质和教育水平不高，也是造成其工作条件和收入不如本地居民的原因。李培林等人对农民工与城市工人的收入进行分析，对比年龄、职业、地域、教育等因素，发现影响他们收入的最主要变量是教育程度和工作技能，即人力资本因素。而体现农民工身份的户籍因素在收入方面的作用几乎不存在（李培林、李炜，2007：12~16）。随着户籍因素对城乡收入的影响不断减弱，人力资本因素的比重显著增加，由劳动者的个体特征（主要是教育水平）所造成的收入差异较大，流动人口和本地居民收入差距的 90% 都可以由文化程度的不同所解释（邢春冰，2008：55~64）。上文的数据也证明，乡—城流动人口和城镇本地人口的收入几乎没有差距，户籍因素不再是影响外来打工者和本地居民收入的主要因素。

　　就常理而言，户籍对于收入的影响肯定存在，但是户籍因素并不一定直接影响收入，而是通过行业、单位性质等因素产生影响。也就是说，乡—城流动人口在职业地位和收入方面与本地人口的差距，应该是由教育因素所产生的行业分布和职业技能等差异导致的。人力资本因素成为影响收入的重要原因，而户籍因素并不那么显著。此外，随着改革的持续深化和经济的快速发展，户籍导致的城乡收入差距在不同的行业、单位也逐渐缩小，户籍所起的作用和范围也在变化。制度性因素对收入差距的阻碍变小，依靠人力资本因素获得更高收入的比重加大，说明随着市场经济转型，个人自致因素在收入、地位的获得中逐渐占据主要作用。

　　有研究表明，除制度分割因素和个人自致因素之外，家庭背景因素也能够对个人收入产生影响。父母的职业、行业和教育都会影响本人的收入水平，通过父母的关系和网络，个人能够获得具有更高报酬和更稳定的工作（Datcher，1982）。国内学者在相关层面进行的研究，也表明我国城镇居民的收入还存在较强的代际传递因素，大部分人的收入和父亲的收入接近，与父亲的收入相比，本人教育对收入的影响更为明显，而且父母的教育对个人收入能够产生正面作用，且母亲教育的作用比父亲教育的作用更大（郭丛斌、闵维方，2007；张世伟、吕世斌，2008）。谢周亮（2010）的研究则表明，个人收入能被家庭背景因素解释的比例为 13.8%，能被个人教育水平解释的比例为 26.3%。这意味着，虽然个人自致因素仍是影响收入的最主要因素，但家庭背景的因素仍不可忽视。

　　但尚未有学者对不同户籍和是否流动的人口进行先赋和自致的分析。事实上，通过这样的研究，不仅能发现本地人口和流动人口的收入受到先赋和自致影响所产生的差异，也能解释流动人口经济地位上升的原因，即流动人口更多地依靠个人能力、勤奋和努力等自致性因素获得更高的收入，本地人口更依赖家庭背景因素，没有付出太多的努力，从而在收入水平上低于流动人口。

二　变量的操作化和说明

　　由于收入问题比较敏感，对收入的调查通常难以获得较高的答复率。

笔者在 12540 个被访者中，选取了所有有月收入记录的非农职业的个案，进入模型分析的个案共有 5014 个，流动人口为 1901 人，包括乡—城流动人口 1397 人和城—城流动人口 504 人，本地居民 3113 人，其中农村本地人口 1745 人，城镇本地人口 1368 人。

因变量。对于收入的测量，研究者一般选择月收入或者小时收入进行测量。笔者通过下面的问题来获得月收入的情况："您从事这份工作，上个月所得的工资收入是多少元？（包括所有的工资、各种奖金、补贴在内）"通过对分组数据和实际回答的整理，得到了分析对象的月收入情况，为定距变量。

控制变量。控制变量包括一些基本的个人特征和属性。①性别，为二分变量，加入模型时以虚拟变量的方式进入，男性为 1，女性为 0，以女性为参照类。②政治身份，问卷中对政治面貌的分类包括共产党员、民主党派、共青团员和群众四类，党员身份对于一个人进入政治组织和领导岗位有重要影响，较高的位置也促使一个人成为共产党员，组织能够给予其更高的职位和收入报酬（Szelényi，1987；Bian，1994；Walder，2002）。当然随着我国的政治体制改革和市场经济开放，政治身份对于收入的影响正在逐渐减弱。为了与前人的研究达成一致性和连贯性，笔者依旧将党员作为一类，其他几类归为非党员，作为参照组。③年龄，为定距变量，记录的被访者年龄为出生年月，笔者将其转换为年龄。④年龄的平方，年龄和收入是曲线关系，即劳动者进入劳动力市场，刚开始的收入并不会很高，随着年龄的增加，收入逐渐上升，但到了一定的年龄，收入达到最高点之后，随着退休的临近和身体机能的衰老，收入开始下降，所以加入年龄的平方作为自变量。⑤地区变量。根据我国的行政和地理区划，笔者将本次调查的 28 个省、自治区、直辖市分为东部、中部和西部三个地区①，为定类变量，将其转化为虚拟变量，以西部地区为参照组。⑥单位所在地的行政级别。问卷中询问被访者目前或者最后一次工作地的行政级别，根据其回

---

① 本次全国抽样数据共覆盖了除海南、西藏和青海之外的 28 个省、自治区、直辖市。为了统计分析方便，笔者将调查省份分为三个地区，其中东部地区包括北京、天津、河北、辽宁、上海、江苏、浙江、福建、山东、广东 10 个省份；中部地区包括山西、吉林、黑龙江、安徽、江西、河南、湖北、湖南 8 个省份；西部地区包括新疆、甘肃、宁夏、云南、贵州、四川、陕西、重庆、广西、内蒙古 10 个省份。

答，对每一个级别由低到高赋值，并对不同的行政级别做收入差异分析，控制该变量，保持其不变的情况下，考察自变量对收入的影响，因此将其当作定距变量处理。⑦单位类型。单位类型分为六个类别，为定距变量。因为分析的目的并不是考虑每种单位类别之间的收入差异，所以本书仅把单位类别当作控制变量，以便在保持单位类型不变的情况下，分析其他因素对收入的影响。

自变量。为了区分先赋和自致的原因，模型的自变量包括两部分。①代表先赋作用的变量，包括父亲教育、母亲教育、父亲职业和母亲职业。这四个变量均转换为定距变量，教育用教育年限表示，职业划分用 10 个阶层表示。②自致因素，包括本人教育、本人职业、培训经历。本人教育为教育年限的定距变量。培训经历，是指在学历教育之外，是否参加过党校学习、职业培训、岗位培训等培训。根据被访者回答，笔者将其编码为二分变量，参加过为 1，未参加为 0。各个变量的描述见表 7-8。

表 7-8　收入模型的相关变量描述

变量	农村本地人口	乡—城流动人口	城镇本地人口	城—城流动人口
控制变量				
年龄（均值）（岁）	41	34	40	35
性别（男性占比）（%）	62.7	62.3	55.0	61.1
党员（占比）（%）	6.6	19.2	3.1	15.5
地区变量				
东部	58.2	65.3	40.4	53.0
中部	25.7	15.2	34.4	24.4
西部	16.1	19.5	25.3	22.6
单位地点	2.29	3.51	3.85	4.02
单位类型	5.31	5.35	4.77	5.11
自变量（先赋）				
父亲教育	4.15	5.34	7.26	7.68
母亲教育	2.57	3.76	5.49	6.35
父亲职业	1.75	1.67	3.98	3.84
母亲职业	1.27	1.42	2.97	3.04
自变量（自致）				
本人教育	8.08	9.03	12.67	13.11

变量	农村本地人口	乡—城流动人口	城镇本地人口	城—城流动人口
本人职业	4.08	4.17	5.76	5.80
培训经历（%）	14.2	10.7	29.3	30.2
样本数	1745	1397	1368	504

三　经济地位的模型分析和结果

由于收入是定距变量，笔者采用多元回归的线性模型，以最小二乘法（OLS）估算参数。由于线性回归模型要求因变量与各个自变量呈线性关系，所以需要对月收入取对数，以收入的对数作为因变量。

为了比较各变量对流动人口和非流动人口收入的影响，笔者建立了5个多元回归模型，模型1~4是对农村本地人口、乡—城流动人口、城镇本地人口和城—城流动人口的分析，模型5是将所有类别的群体考虑在内，形成一个总体情况的模型。每个模型都对影响收入的各个因素分别作了分析，并报告了标准化回归系数，因此可以比较先赋因素和自致因素的相对作用，模型结果见表7-9。

数据表明，年龄和收入存在非线性关系，因为"年龄的平方"的非标准化系数是负值。性别是分析社会分层和地位获得的常用变量，欧美社会学者对于性别差异的研究更为深入和细致。在美国等西方国家，女性的收入大大低于同龄男性，其收入大概为男性的65%~70%（Blau & Kahn，2006）。数据结果显示，从总体上看，性别的标准化回归系数为正值，说明男性比女性的月平均收入更高。总体来看，党员身份对收入的影响并不大，非标准化系数为负值，说明党员的收入比非党员低。不同地区对收入的影响不一样，东部地区的收入显著高于西部地区，中部地区的收入和西部地区相比没有显著优势，且系数的值很小。单位类型和单位地点都对收入有显著影响，因此，将它们作为控制变量，能够更好地解释先赋因素和自致因素对收入所起的作用。

除了农村本地人口的母亲教育对本人收入有显著影响之外，其他群体的父母教育和父母职业对本人收入的影响都不显著。由此可见，父母教育和父母职业等先赋因素对个人的收入几乎没有影响。从总体上看，本人教育、本人职业和培训经历都对收入有显著影响。其中本人职业对收入的影响最大，标准化回归系数为 0.171；本人教育对收入也有较大影响，标准化回归系数为 0.118；培训经历对收入的影响最小，且为负值，说明培训经历对个人的收入提高并没有什么作用。四个群体的本人教育和本人职业对收入的作用也有明显差别。农村本地人口本人教育的作用并不显著，本人职业对收入影响较大，但相较而言，乡—城流动人口的职业地位对收入的影响更大。城镇人口的教育对收入的作用大于农村人口，说明城镇人口的文凭在收入中的作用比农村人口重要。这可能是因为农村本地人口和乡—城流动人口的教育程度普遍较低，且更多地依靠体力工作赚钱，所以教育对农村人口收入的作用不如城镇人口。城镇本地人口教育的标准化回归系数也高于城—城流动人口，但其职业的标准化回归系数小于城—城流动人口，说明教育因素更直接地影响了城镇本地人口的收入，而职业对城—城流动人口的影响更大。从自致因素对收入的作用来看，乡—城流动人口自致因素的影响大于农村本地人口。

表 7-9　流动人口与非流动人口收入的 OLS 回归结果

变量	模型 1 农村本地人口	模型 2 乡—城流动人口	模型 3 城镇本地人口	模型 4 城—城流动人口	模型 5 总体
控制变量					
年龄	1.134 ** (0.012)	1.011 ** (0.011)	0.797 ** (0.016)	0.642 (0.026)	1.000 ** (0.007)
年龄的平方	-1.281 ** (0.000)	-0.998 ** (0.000)	-0.813 ** (0.000)	-0.662 * (0.000)	-1.092 ** (0.000)
性别[a]	0.272 ** (0.043)	0.284 ** (0.034)	0.220 ** (0.048)	0.207 ** (0.086)	0.256 ** (0.023)
党员[b]	-0.111 ** (0.088)	-0.034 (0.096)	-0.011 (0.066)	-0.038 (0.117)	-0.043 * (0.042)
东部[c]	0.171 ** (0.056)	0.138 ** (0.046)	0.253 ** (0.058)	0.178 * (0.103)	0.190 ** (0.030)
中部[c]	0.077 * (0.066)	-0.020 (0.057)	0.029 (0.063)	0.007 (0.124)	0.031 (0.035)
单位地点	0.131 ** (0.015)	0.084 * (0.010)	0.118 ** (0.013)	-0.029 (0.021)	0.136 ** (0.006)
单位类型	0.121 ** (0.017)	0.161 ** (0.015)	0.112 * (0.022)	0.130 * (0.048)	0.127 ** (0.010)

续表

变量	模型 1	模型 2	模型 3	模型 4	模型 5
	农村本地人口	乡—城流动人口	城镇本地人口	城—城流动人口	总体
先赋变量					
父亲教育	-0.032	0.052	-0.033	0.010	-0.010
	(0.007)	(0.006)	(0.008)	(0.015)	(0.004)
母亲教育	0.093*	0.032	0.092	-0.034	0.067
	(0.008)	(0.006)	(0.007)	(0.015)	(0.004)
父亲职业	-0.013	0.041	-0.060	-0.025	-0.019
	(0.013)	(0.014)	(0.012)	(0.020)	(0.007)
母亲职业	-0.006	0.002	0.033	0.016	0.019
	(0.021)	(0.016)	(0.014)	(0.024)	(0.008)
自致变量					
本人教育	0.052	0.081*	0.225**	0.132*	0.118*
	(0.007)	(0.006)	(0.009)	(0.016)	(0.004)
本人职业	0.111**	0.193**	0.167**	0.260**	0.171**
	(0.011)	(0.010)	(0.013)	(0.021)	(0.006)
培训经历[d]	-0.016	-0.016	-0.027	0.12	-0.021*
	(0.061)	(0.057)	(0.054)	(0.089)	(0.031)
常数项	4.994**	5.474**	4.754**	5.498**	5.130**
R^2	0.198	0.238	0.273	0.211	0.232
F 检验值	20.716**	22.068**	20.128**	5.675**	70.061*

注：（1）表内系数均为标准化的回归系数，括号内为标准误；（2）* $p<0.05$，** $p<0.001$；（3）括号内参照系类别：a 为女性；b 为非党员；c 为西部；d 为未培训。

▶▶ 第八章
地位争得机制失效

从上一章的分析结果可以看到，流动人口在教育、职业和收入等地位上的自致因素高于本地人口，这些地位是流动人口通过努力奋斗争得的，但是流动人口在政治地位和主观地位上与本地人口有一定差距。本章将探究流动人口在主观地位上出现地位争得失效的原因。

第一节　主观地位的获得

一　主观地位与阶层认同

社会分层的标准不仅有客观指标，如教育、收入、职业和家庭背景等，也存在心理层面的主观阶层认定。马克思和韦伯等社会分层研究的先驱都认为社会阶层的划分不能被简单地当作一种纯客观化的衡量模式，它与处于其中的成员的主观意识有紧密联系。社会阶层的归属可以通过客观指标来认定，也可以通过社会成员的自我判断来分析，即某一个体根据自身在整个社会阶层中的位置，将自己划分到某一个阶层。马克思曾提出，从"自在阶级"转化到"自为阶级"的关键，就在于工人阶级是否能够对自身的阶级地位和群体利益具备充足的觉悟。他所指的阶级觉悟就是一种"阶级意识"（class consciousness），其旨在凸显两大对立阶级的矛盾和冲突，唤醒工人阶级处于被压迫地位的主观感受。如果没有这种阶级意识，工人阶级的抗议仍然是一种狭隘的经济活动，不会演变为政治斗争。马克思主义的阶级理论指出，由客观经济利益分化所形成的阶级必然具有共同的阶级意识和社会政治态度（马克思、恩格斯，1972：423~485）。按照马克思的预测，"自在阶级"终将成为"自为阶级"，但完成这一过程需要一定的时间。《英国工人阶级的形成》一书提出，"工人阶级的生活过程和斗争过程，就是阶级的形成过程，同时也是阶级意识的形成过程"（汤普森，2001）。

与马克思的观点不同，韦伯采取了一种更为温和的策略，将这种分层地位的主观判断称为"阶层意识"。同时，他也不接受客观经济地位决定主观意识的论点。根据韦伯的分层标准，经济地位、声望地位和权力地位这三个指标所代表的客观经济水平与群体身份之间的关系也不一定完全一致。根据韦伯的观点，决定人们的身份认同和社会政治态度的指标是声望阶层地位，并不是经济标准下的市场地位分层。因此，主观意识与客观经济地位不存在唯一对应的固定关系，也就不会形成马克思所说的统一的阶级意识和阶级行动（韦伯，2010：425~428）。阶层意识与社会结构的稳定程度有密切关系，在较为稳定的现代化社会中，客观阶层的分化或许比较明显，但是阶层或阶级意识难以形成；在一个剧烈变动和转型的国家中，社会成员的地位变化和差距较大，对自己的阶层地位更加敏感，阶层意识也更容易产生（刘欣，2001：8~10）。

实际上，个体的主观阶层认同是一个复杂的现象。已有研究发现，一个人的主观阶层与他的工作状况、受教育水平以及其配偶的客观阶层有关（Ritter et al.，1975）。这一领域的大部分研究由被访者将自己置于若干个社会阶层类别中，如社会底层、工薪阶层、中产阶层和社会上层（Jackman et al.，1973；Kluegel et al.，1977）。最近的一些研究则将关注点放在了不同身份群体的主观地位分化方面，如男性和女性的主观地位差异（Baxter，1994）。

国内学者对我国居民的阶层化意识和主观阶层认同也有研究。卢汉龙（1996：119~127）利用上海社会科学院1991年的调查资料证明，上海居民有阶层化的差别，但是无阶层化意识，也就是说，客观的阶层分化已经出现，但是由于处于市场经济建立初期，人们并没有产生明显的主观阶层感。刘欣（2001：15~17）对武汉市的调查资料表明，中间层占据了阶层地位认同的多数，但与其他国家相比，中间层的比例还有差距；决定市民主观阶层地位的主要因素是经济地位和政治地位，教育地位也有一定作用，但是重要性不如前两者。虽然职业地位在西方社会分层中占据核心位置，但对武汉市民的调查结果并不支持这个结论，职业在衡量个人主观地位认同的因素中，并非一个核心尺度。中国社会科学院"当代中国人民内部矛盾研究"课题组对全国城市居民的抽样调查的研究结果证明，收入、教育和职业等客观地位与主观阶层认同的相关性并不强，两者存在不一致性，决定一个人的主观阶层地位的最主要因素是父亲的社会地位，即一个人对自己所属阶层的认定更多地受到家庭背景的影响，此外，处于相对剥夺地位的人对自己的阶层认定也较低（中国社会科学院"当代中国人民内部矛盾研究"课题组，2004：21~27）。陈光金（2013）利用中国社会状况综合调查（CSS）的数据，通过对教育、政治面貌、城乡、资产、消费、职业、权力、收入、体制、生活变化等 15 类变量的研究，考察了我国居民的主观地位获得因素。他认为用"相对剥夺论"的命题解释主观地位认同还不完善，加入"转型期生存焦虑"命题之后，能够更加合理地解释主观地位获得机制，后者也正是我国居民主观阶层认同与其他国家不同的主要原因，同时导致了主客观阶层变化的不同步。

二　主观地位和客观地位的相关性

一个人的客观分层状况和社会地位与其主观地位必然有一定的联系，即客观生活的状况会反映到他的主观思维中。但是，主观地位和客观地位的关联性必须在一定框架内讨论才有意义，对流动人口的主观地位分析不能脱离流动的属性，虽然其客观地位较高，但其他因素会影响其主观地位，所以主观地位和客观地位的差异就成为一个很有意义的研究问题。前人的研究证明，主观地位与客观地位存在一定的关联，但二者之间也存在差异，客观地位与主观地位存在不一致的情况，即客观地位或指标的上升，不能说明个体对自身状况和周围环境的满意度有所提高（Singh-Manoux，2005）。上文对流动人口客观地位的分析其实是一种"相对社会地位"（relative social standing）的研究，是将两类流动人口的教育、职业、收入和政治地位与两类非流动人口进行比较。从理论上讲，主观地位只是客观地位的衍生物。对主观地位的测量不仅能够反映当前的社会地位状况，也能测量和评估一个人过去的生活感受，以及他们对未来状况的预测。因此，对客观地位的研究不能取代对主观地位的研究。

陆学艺等（2002）对中国社会阶层的研究认为，人们对自身的等级地位评价与其经济收入、教育和阶层归类之间的相关性比较小。翁定军、何丽（2007：88~96）对上海居民的研究表明，人们的主观地位评价与其教育、职业、经济收入等客观指标存在明显的相关性，这说明人们的自我评价深受客观基础所影响。他们进一步研究发现，有相当一部分人的教育、职业和经济地位较高，却故意低估自己的主观地位，那些客观地位较低的人则倾向于高估自己的地位。对此，陆学艺等（2002：122~125）从文化传统和社会心理角度出发，认为我国公民有中庸之道的心理取向，不论自己地位如何，更愿意认为自己处于社会中层；人们对于当前社会经济的等级分化结构认同程度较低，客观社会地位上升的人不承认自己处于社会的上层，而客观社会地位下降的人，特别是工人阶层，不愿接受他们地位下降的事实。所以，主客观地位不一致的情况是普遍存在的，在流动人口和非流动人口之间又有什么差别，是本节主要关注的问题。

为了测量流动人口和其他群体的主观地位和客观地位的相关性，笔者对数据进行了整理，将经济地位、教育地位、职业地位和政治地位转化为定序变量，对主观地位也根据问卷中的问题编码为 1~10 的定序变量。本书测量的是客观地位对主观地位的影响，两者为非对称关系，故使用 Somers 的 dy 系数测量定序变量的相关性；当然，也可以把两组定序变量视为定距变量，使用 Pearson's 的 r 系数进行衡量。表 8-1 显示了不同群体的主观地位和客观地位的相关系数。

结果显示，客观地位对不同群体主观地位的影响有所不同，不同的客观地位指标对主观地位的影响也不同。四个群体之中，城镇本地人口的客观地位对其主观地位的影响最大，尤其是经济地位和政治地位与主观地位相关性最强。这说明城镇本地人口的主观地位更多地受外在条件决定，相对于其他几个群体，心理感受对主观地位的影响稍小。乡—城流动人口的客观地位与主观地位的相关性最小，表明乡—城流动人口的客观地位并不能强烈地影响他们的主观地位，即便他们的客观地位上升，他们的主观地位仍难以提升。笔者估计，这与流动人口漂泊的身份、农村户籍、未融入城市生活、社会对他们的评价有很大关系。乡—城流动人口的心理认同受到负面影响，主观地位更多受到心理波动和外界评价的影响。

表 8-1　主观地位与客观地位的相关性

	农村本地人口		乡—城流动人口		城镇本地人口		城—城流动人口	
	dy 系数	r 系数	dy 系数	r 系数	dy 系数	r 系数	dy 系数	r 系数
经济地位	0.17**	0.20**	0.15**	0.17**	0.22**	0.27**	0.18**	0.22**
教育地位	0.16**	0.19**	0.15**	0.18**	0.18**	0.22**	0.14**	0.17**
职业地位	0.11**	0.16**	0.10**	0.13**	0.19**	0.23**	0.13**	0.15**
政治地位	0.16**	0.19**	0.10*	0.13*	0.21**	0.25**	0.19*	0.24*

注：* $p<0.05$，** $p<0.001$。

在四个客观地位指标中，经济地位与各个群体的主观地位的相关性最大，说明经济地位的提升对一个人地位的提升有很强影响。对于城镇户籍人口来说，教育和职业对主观地位的影响类似。但是对于农村户籍人口，尤其是农村本地人口来说，教育对他们的主观地位影响比职业的影响更大，说明学历在农村人口评价自身地位中的作用比职业更加重要。乡—城流动人口和其他三个群体在政治地位与主观地位的相关性方面显示了较大的差异，政治地位对乡—城流动人口主观地位的影响较小，对其他三个群体的主观地位影响较大。这可能是因为乡—城流动人口更多从事个体经营工作，他们对自己的政治地位并没有太多感知。

综观四个群体的整体情况，主观地位和客观地位有显著的相关性，说明客观地位会影响主观地位的评价。从两者的相关系数来看，在 0.1 至 0.3 之间，说明相关性不是很强。不同群体的主观地位和客观地位的偏差说明人们的主观地位可能还受其他因素影响，并非完全由客观地位决定。例如，身处不同的群体、社区和地域，参照群体不同，很可能使得有相对剥夺感的群体认为自己身处更低的地位。还有心理上对于自己地位的纠偏，如客观地位较高的人倾向于隐藏自己的高地位，会选择较低的主观地位；而客观地位很低的人，出于面子等因素的考量，会选择较高等级的主观地位，这都会导致主观地位和客观地位的不一致。

三　主观地位的因素分析

自马克思以来，研究者便认识到人们的阶级或阶层意识或多或少来自现实社会的经济状况和社会遭遇，而且阶层意识会随着经济和社会条件的改变而改变。在美国，被访者在定义社会阶层的标准时，认为阶级作为一个重要的社会现象，与经济现状密不可分（Jackman，1979）。在改革开放以前，阶级成分作为一种政治身份被人们所接受，整个社会对政治身份的评价深深地影响了人们的地位观。改革开放之后，政治因素对人们的社会地位评价的影响逐渐降低，经济收入对于提升人们地位的作用加大，政治身份逐渐被经济身份所取代（李强，1997：36~41）。可见，随着社会政策和对客观地位评价的变迁，人们的地位观念也在不断变化。进入 21 世纪，我国社会的文化多元化和结构碎片化趋势不断增强，不同的政治身份、职业等级、受教育程度、生活水平导致人们在地位观念上的分化（孙立平，2009：93~97）。前人的研究和上文的结果也证明，社会成员的主观地位和客观地位有某种程度的关联，这表现为客观生活境遇会对主观阶层意识和自我地位判断产生影响，不同的研究证明这种影响的大小程度不尽相同，经济和社会认同之间并不存在一一对应的关系（Cantril，1943；Hodge et al.，1968）。

在中国的经济改革和城市化进程中，社会阶层化和碎片化倾向明显，不同群体的地位观念受到各方面因素的影响。流动人口的生活环境会更多地影响到他们对自身社会地位的判断，流动人口进入城市后，更多地生活在环境不是很好的地方，周围社会环境和物质条件与城市核心地段和高档小区相比有很大差距，他们会感受到强烈的社会不公平，从而产生"相对剥夺感"，生活和居住地变化带来的环境变换会导致他们生成等级分明的阶层意识，并降低对自己的地位评价。在对流动人口的主观地位进行探讨时，笔者将继续把焦点放在两个方面：一是延续全书分析框架，分析流动人口和非流动人口在主观地位获得中先赋因素和自致因素各自的作用以及两者的对比，探讨人们的主观地位认同更多的是由家庭背景熏陶之下产生的优越感或自卑感所决定，还是来自人们通过自身能力和奋斗所产生的自信心或者失落感；二是探索决定流动人口和非流动人口主观地位认同的关键因素，由于流动人口的主观地位较非流动人口更低，而且客观地位与主观地位认同的相关性也不是很强，笔者假设存在更主要的因素决定一个人的主观地位认同，而这个因素也是影响流动人口与非流动人口主观地位差距的主要原因。为此，主观地位获得模型的分析对象将延续前面章节的划分方法，根据户籍和流动的因素，将流动人口分为乡—城流动人口和城—城流动人口，将本地人口分为城镇本地人口和农村本地人口。

（一）模型选择和变量描述

主观地位的测量是定序变量，可将其看作定距变量，运用多元回归模型进行分析。多元回归模型不仅能预测各个自变量对因变量的影响，还能通过标准化系数比较不同因素对主观地位获得的影响。

因变量。主观地位的测量，要求被访者从 10 个等级中选择一个等级代表自己的社会地位，1 为最低，10 为最高。这是一个定序变量，为了分析的方便，可以将其近似看成一个定距变量进行分析。

控制变量。①性别。性别变量是一个影响非常广泛的二分类变量，通过引入性别变量，既可以观察性别的差异，也能控制因性别差异所产生的影响。②年龄。随着一个人的年龄增长，其社会经历和资源会慢慢积累，主观地位会逐渐提高，但当年龄超过一定界限，过了一个人发展的高峰期，年龄增大反而会对其主观地位产生负面作用。为了检验和控制年龄的曲线作用，年龄和年龄的平方都将作为控制变量加入模型。③地区。有学者证明，我国的阶层地位分布有一定的地域性差异，沿海发达地区的经济社会发展速度比较快，那里的人们的经济社会地位的各个指标都比内陆地区高（戴炳源、万安培，1998；肖文涛，2001）。这种地区间发展的不均衡是否会影响人们对自身地位的评价尚有待研究，为此，笔者将地区分为东部、中部和西部三个类别，并将之转换为虚拟变量纳入模型，其中西部地区为参照类别，以控制地区间差异的影响。

自变量。自变量分为三类。①先赋因素。包括父母教育和父母职业，纳入时均转换为定距变量。②自致因素。包括本人教育、本人职业、月均收入和管理人数，为了衡量各个自致因素的相对作用，也将其转换为定距变量后纳入模型。③社区认同感和生活幸福感。笔者假设社区认同感可能是影响流动人口主观地位认同的重要因素，所以将其转换为从"不认同"到"认同"五个等级的定序变量，在纳入模型时近似看作定距变量。生活幸福感是询问被访者生活是否幸福，答案从"不幸福"到"幸福"，分为 4 个层次，当作定距变量纳入模型。

各个变量的描述性统计见表 8-2。表 8-2 显示，流动人口的样本在年龄上小于非流动人口，乡—城流动人口和城—城流动人口平均年龄分别为 35.7 岁和 38.4 岁，比非流动人口年龄大 10 岁左右。在性别比例上，流动人口的男性比例更高，本地人口的被访者中女性比例更高，这说明男性流

动的比例比女性更高。代表先赋因素的父母教育和父母职业变量均是城镇
户籍人口比农村户籍人口高，流动人口比非流动人口更高（城—城流动人
口父亲职业除外）。自致因素也呈现上述特点，仅管理人数是非流动人口
比流动人口更高，上文对此已有分析。社区认同感变量的检验结果表明，
流动人口的社区认同感明显低于非流动人口，流动人口在社区中的居住时
间较短，户籍不在当地，导致其社区融入和认同水平不高。生活幸福感变
量也是流动人口总体上低于非流动人口，但城—城流动人口的幸福感稍高
于农村本地人口。从其他几个经济社会地位的客观指标比较情况看，城—
城流动人口的地位远高于农村本地人口，但是他们的幸福感与农村本地人
口相差无几，这说明漂泊流动的生活减弱了他们的幸福感。

表 8-2 主观地位获得模型的变量描述

变量	农村本地人口	乡—城流动人口	城镇本地人口	城—城流动人口
性别（男性占比）（%）	47.7	51.7	47.4	50.9
年龄（均值）（岁）	46.9	35.7	45.0	38.4
地区				
东部	38.9	61.9	37.2	50.5
中部	32.3	17.8	37.2	27.6
西部	28.8	20.3	25.5	21.9
先赋因素				
父亲教育	3.18	5.06	6.18	7.05
母亲教育	1.81	3.53	4.55	5.57
父亲职业	1.52	1.73	3.76	3.63
母亲职业	1.18	1.41	2.77	2.85
自致因素				
本人教育（年）	6.13	8.47	11.41	12.13
本人职业	2.14	3.85	5.19	5.41
月均收入（元）	2654	3549	4042	4749
管理人数（人）	13.4	13.1	14.1	13.2
社区认同感	4.50	3.05	4.27	3.57
生活幸福感	3.14	3.07	3.21	3.17

（二）主观地位获得的模型结果

为了比较先赋因素和自致因素对流动人口和非流动人口的相对作用，以及社区认同感和生活幸福感对不同人群的影响，笔者进行了两组回归分析，即模型1和模型2，每组模型又分别对四个群体进行分析，因此产生了模型1a～1d和模型2a～2d八个模型，每个模型报告的系数为标准化回归系数。

首先看模型1a～1d，即在控制性别、年龄和地区的条件下，观察先赋因素和自致因素对不同群体的主观地位认同的影响。各个群体控制变量中性别的系数均为负数，而且除了城—城流动人口之外，其他三个群体在性别上的系数都比较显著，说明女性更倾向于将自己的主观地位定位在较高等级。这与其他学者早前的研究一致，虽然男性在关键部门工作的比例更大，更多地承担了养家的任务，但是他们的压力过大，使得他们对自己的主观地位评价不如背负更少社会期待的女性。年龄和年龄的平方的系数证实了年龄与主观地位认同的曲线关系，即中年人的主观地位更高，年轻的和年老的群体主观地位相对较低。地区对主观地位的影响在不同群体之间存在差异，东部地区和中部地区的农村本地人口比西部地区的农村本地人口对自己的主观地位评价更高，在城镇本地人口中，东部地区人口的主观地位高于西部地区，但中部地区人口的主观地位低于西部地区，地区差异也较农村本地人口更小，两类流动人口主观地位认同的地区差异均不太显著。

在先赋因素和自致因素的影响方面，农村本地人口父亲教育对本人主观地位认同的标准化回归系数为0.142，远高于乡—城流动人口的0.080；城镇本地人口父亲教育的标准化回归系数为0.139，也远高于城—城流动人口的0.015，且后者不显著。母亲教育对主观地位的影响在城镇本地人口中显著，且系数高于其他几个群体。四个群体父亲职业和母亲职业的系数都很小，且不太显著，说明父母职业对本人主观地位的影响很微弱。在四个自致因素中，本人教育对四个群体的主观地位影响最大，且都显著。乡—城流动人口和城—城流动人口本人教育的系数分别为0.173和0.198，都明显高于非流动人口的0.127和0.102。相较于农村人口而言，本人职业对城镇人口的主观地位的影响更大，且对非流动人口的职业影响稍高于流动人口，但两者差距不如教育因素大。总体上，月均收入对主观地位的影响不如本人教育和本人职业的影响，且流动人口收入对主观地位的影响高于非流动人口。管理人数在四个自致因素中的作用最小，且农村户籍人口管理人数的系数并不显著。

通过比较四个模型的 R^2，发现上述自变量对主观地位获得的解释并不十分理想，R^2 均在 0.1 以下，先赋和自致等因素对主观地位的影响都十分有限，主观地位的获得可能和社区归属感、生活满意度有较大关系。为此，笔者将社区认同感和生活幸福感变量加入模型，剔除了结果不太显著的收入和管理人数变量。

模型 2a、2b、2c 和 2d 显示了四个群体主观地位获得受到上述变量影响的系数。首先，各控制变量的变化很小，可以忽略不计。再看先赋因素，将社区认同感和生活幸福感加入模型之后，本地人口的父母教育和父母职业对本人主观地位获得的影响明显下降，对于流动人口来说，先赋因素在模型 1 中的影响不大，在模型 2 中的变化也较小。再看本人教育和本人职业对主观地位获得的影响，本人教育和本人职业在模型 2 中的系数都有一定程度下降（乡—城流动人口在本人职业上略有上升），但总体来说，仍然是影响主观地位获得的主要因素，且结果都比较显著。新加入的社区认同感变量对各个群体的主观地位获得产生了不一样的作用。对于流动人口来说，社区认同感对主观地位获得有较强作用，其标准化回归系数高于非流动人口，非流动人口的社区认同感对主观地位获得仅有很小的影响，系数为 0.025 左右。对各个群体来说，生活幸福感成为影响主观地位的最主要因素，其系数在所有自变量中最大，结果也很显著。这说明一个人的切身生活感知对其主观地位认同的影响高于外在的教育、收入等客观条件，物质因素并不是决定一个人主观地位的最主要因素。

第二节　地位争得失效的原因

通过上文的论证，可以得知流动人口的主观地位低于本地人口，这显然与他们的流动状况和无归属感有密切的关系。许多学者将流动人口定义为城市"边缘人"，即城市社会生活中居于边缘地位的特殊群体。造成边缘社会地位的制度性因素，如户籍制度、现行的城市管理体制等，更多指向了乡—城流动人口。乡—城流动人口不仅是城市里的"边缘人"，而且是

表 8-3　各变量对主观地位影响的 OLS 回归结果

	农村本地人口		乡—城流动人口		城镇本地人口		城—城流动人口	
	模型 1a	模型 2a	模型 1b	模型 2b	模型 1c	模型 2c	模型 1d	模型 2d
控制变量								
性别[a]	-0.084** (0.043)	-0.075*** (0.041)	-0.052** (0.078)	-0.045* (0.073)	-0.048* (0.066)	-0.041! (0.076)	-0.002 (0.124)	0.005 (0.124)
年龄	-0.369*** (0.012)	-0.355*** (0.010)	-0.278* (0.020)	-0.202* (0.018)	-0.423** (0.017)	-0.420* (0.019)	-0.378* (0.037)	-0.450! (0.029)
年龄的平方	0.342*** (0.000)	0.309*** (0.000)	0.205* (0.000)	0.179* (0.000)	0.455*** (0.000)	0.433** (0.000)	0.451*** (0.000)	0.492*** (0.000)
东部[b]	0.139** (0.051)	0.113*** (0.049)	0.060! (0.096)	0.051! (0.090)	0.077* (0.095)	0.086** (0.097)	-0.019 (0.192)	-0.015 (0.155)
中部[b]	0.118** (0.053)	0.091*** (0.051)	0.007 (0.125)	0.014 (0.116)	-0.069* (0.094)	-0.039 (0.097)	0.101! (0.226)	0.014 (0.176)
先赋因素								
父亲教育	0.142! (0.031)	-0.003 (0.007)	0.080* (0.014)	0.062! (0.013)	0.139* (0.034)	0.025 (0.013)	0.015 (0.027)	0.23 (0.021)
母亲教育	0.016 (0.039)	0.004 (0.009)	0.037 (0.014)	0.016 (0.013)	0.098** (0.011)	0.094 (0.013)	0.081 (0.028)	0.084 (0.020)
父亲职业	0.053* (0.016)	0.024 (0.015)	-0.047 (0.029)	-0.034 (0.027)	-0.014 (0.053)	-0.032 (0.019)	0.029 (0.029)	0.024 (0.029)
母亲职业	-0.009 (0.026)	-0.005 (0.024)	0.048! (0.034)	0.060! (0.034)	0.051 (0.062)	0.011 (0.023)	-0.019 (0.037)	-0.006 (0.037)

续表

	农村本地人口		乡—城流动人口		城镇本地人口		城—城流动人口	
	模型 1a	模型 2a	模型 1b	模型 2b	模型 1c	模型 2c	模型 1d	模型 2d
自致因素								
本人教育	0.127*** (0.037)	0.117*** (0.006)	0.173** (0.011)	0.129*** (0.012)	0.102*** (0.041)	0.097** (0.012)	0.198* (0.026)	0.098* (0.020)
本人职业	0.079*** (0.012)	0.068*** (0.011)	0.060* (0.021)	0.072** (0.021)	0.138*** (0.132)	0.122*** (0.019)	0.120* (0.132)	0.104** (0.030)
月均收入	0.060*** (0.018)		0.090*** (0.014)		0.046* (0.024)		0.091* (0.023)	
管理人数	0.005 (0.002)		0.023 (0.005)		0.037! (0.003)		0.022! (0.006)	
社区认同感		0.025* (0.029)		0.123*** (0.031)		0.026 (0.048)		0.080* (0.056)
生活幸福感		0.196*** (0.038)		0.194*** (0.077)		0.179*** (0.080)		0.109** (0.122)
常量	4.148***	2.054***	2.268***	2.240***	4.846***	2.306***	4.150***	2.676***
F	44.911***	60.390***	13.905***	15.628***	19.497***	17.672***	7.036**	3.945***
R^2	0.073	0.111	0.081	0.109	0.091	0.115	0.097	0.127
样本数	6877	7251	1824	1942	2487	455	669	777

注：表中报告的为标准化回归系数；显著性水平：! $p<0.1$，* $p<0.05$，** $p<0.01$，*** $p<0.001$；括号内为标准误差；参照组：a 为女性，b 为西部。

农村的"边缘人",他们对农村和农业的依恋正在丧失,在城市和农村间作"钟摆式"流动,从而产生了一种无归属感和疏离感(唐斌,2002:37~38)。"边缘人"的感觉深刻地影响了流动人口的主观地位认同,甚至成为影响他们主观地位的最主要因素。前面几章的研究表明,即便流动人口在教育、职业和收入等方面已经超过了非流动人口,主观地位仍低于非流动人口。分析其原因,主要是户籍制度使农村向城市迁移的人口受到社会发展的先天性制度的整体排斥,阻碍了他们在城市生活中获得市民所拥有的资源(李强,2003:35~36)。城—城流动人口具有城镇户籍,虽然不是本地户籍,但城市排外的户籍政策对他们的影响较小。

除了上述制度性因素之外,一些非制度性因素对流动人口也产生了非常重要的隔离作用。首先,迁居到一个新地点的流动人口缺乏可靠的能为自己提供帮助的亲属邻里和其他社会关系网络,也没有了原本生活的积累和文化资本。其次,一些地方存在方言,语言不通使他们很难参与新地域的社会交换和社会互动。最后,面对陌生的城市生活,他们的心理准备不足,还可能遭到本地人的歧视和排斥(张敦福,1998;徐艳,2001;罗惠缙,2003)。这些非制度因素能够更加充分地解释流动人口的主观地位较低的原因,也表明了流动人口在城市中存在一定的生存困境。实际上,流动人口的社会融合包含经济整合、文化接纳、行为适应和身份认同四个维度,四个维度之间存在递进关系,其中身份认同是"社会融入的最高境界"(杨菊华,2009:28~29)。笔者分析发现,相较于经济整合和文化接纳,目前我国流动人口的行为适应和身份认同还没有完成,这意味着经济层次或者物质层面的融入并不必然带来其他层次的融入(李培林、田丰,2012:20~24)。

在流动人口和非流动人口主观地位获得的先赋因素和自致因素上,数据结果表明流动人口的主观地位获得更多地来自教育和收入等自致因素,而先赋因素如父母教育对非流动人口的主观地位获得同样有重要的影响。非流动人口的家庭背景因素不仅以经济、职业等实质性的资源形式传递给下一代,物质基础上产生的价值观等主观方面因素也对下一代人产生了重要影响,对他们的主观地位认同产生一种根深蒂固的影响(布尔迪约、帕斯隆,2002:56~68)。然而,先赋因素和自致因素的框架并非解释主观地位获得的有效机制,流动人口的社区认同感对他们的主观地位获得有更加显著的影响。生活幸福感是影响各个群体主观地位获得的最主要因素，在考虑到生活幸福感之后，家庭背景因素的显著性和其发挥的作用都有很大程度的下降。但这并不是说家庭背景的因素不存在了，更加合理的解释是家庭背景对一个人主观地位认同的效应通过他自身的生活幸福感传递到了主观地位上，也就是生活幸福感成为家庭背景和主观地位的中介变量。总体来看，流动人口的主观地位获得更多地靠个人的能力、努力和社会融合等多方面因素，非流动人口的主观地位获得主要靠家庭，当然个人能力也是一个重要的方面，只是相对于流动人口而言，他们更加依赖家庭代际资本的传递。

▶▶ 第九章
结论与展望

第一节　流动人口地位获得机制

社会地位通常与个人、家庭以及群体在一个社会分层系统的相对位置有关，人们可以通过不同的途径到达这些位置并获得某些社会资源，如教育、职业、权力、声望和收入等。社会学家对社会地位的确切定义并无统一的意见，有的侧重于职业地位，有的侧重于经济地位以及其他地位，但存在一系列与个人地位获得相关的变量，这些变量包括家庭背景、个人认知能力、学习动机和受教育水平等（Blau et al.，1967；Sewell et al.，1975；Halsey et al.，1980；Breen et al.，2001；Deary et al.，2005）。地位获得一般是指通过最初的社会地位（即父母的社会地位），经过一定的途径实现本人社会地位的过程。地位获得的研究领域存在两个主要的问题，一是出生时的先赋性因素影响其后来的成就水平，二是一个人在分层体系中的初职对其随后某个时间点职位的影响。这种最初由索罗金所发起的流动研究被称为代际（inter-）和代内（intra-）地位传承和流动研究，并延续至今。笔者通过上文对四类群体的教育地位、职业地位、经济地位、政治地位和主观地位获得的先赋因素和自致因素进行分析，可以得出以下结论。

就不同的地位获得而言，先赋因素与自致因素对不同的群体影响并不一样。在教育地位获得的过程中，即便是在高等教育扩招之后，先赋因素对城镇本地人口的影响仍然很大，而农村本地人口、乡—城流动人口和城—城流动人口家庭背景对教育地位获得所起的作用正在逐渐下降。在职业地位和经济地位的获得上，不论是农村人口还是城镇人口，家庭背景的先赋因素作用明显不如个人教育和初职等自致因素的作用。在政治地位的获得中，农村本地人口和城镇本地人口的先赋因素作用仍大于自致因素作用，乡—城流动人口的党员身份获得中也是先赋因素作用大于自致因素作用；城—城流动人口党员身份获得中自致因素作用大于先赋因素作用。四个群体主观地位的获得情况均是自致因素作用大于先赋因素作用。上述结果表明，我国的社会较为开放，经过市场转型等一系列改革措施，除政治地位之外，大多数的地位获得更多地来自社会成员自身的条件。布劳、邓肯的工业化假设①已经在我国大部分领域得到验证，而在政治地位上，党员和干部身份仍有很强的继承性，而且这种情况无论在农村还是城市，都比较显著。以往的研究都仅对城市和农村的某一个场域进行讨论，笔者的研究则证实了农村和城市都存在政治地位维续的现象。

本书的另一个重要发现是，将流动人口和非流动人口的地位获得置于"先赋—自致"框架下进行比较，可以发现，流动人口在各个地位的获得中自致因素的作用比非流动人口的自致因素作用更大。这意味着流动人口在地位获得中更多依靠个人的努力，而非家庭的代际传承。社会学的研究表明，现代社会的不平等仍然来自不同社会阶层的机会不均等。但在大多数情况下，阶层流动的研究缺乏个体层面的因果解释。早期对流动问题的讨论，研究者的兴趣和精力都集中于描述流动模型本身，却忽视了因果关系，即研究和解释地位变化的决定性因素。早期的研究聚焦于使用不同的分数衡量父母和子代初职之间的关联性，并以相应的得分代表地位流动的方向和距离，忽略了分析地位流动的原因和结果。而且这样的得分不仅仅是一个测量手段，也是初职、现职和目前地位的一个组成部分，并且在统计上遇到了很大的困难，因为影响父母和子代初职以及流动得分的因素可

---

① 布劳和邓肯把对于个人职业获得的家庭背景作用和个人教育作用进行了推论，认为一个社会的工业化程度越高，先赋因素对个人社会地位获得的作用越小；一个社会更加传统，即前工业社会，则先赋因素对个人社会地位获得的作用就更强。不过，即便是在西方一些城市化和工业化水平都很高的市场化社会，家庭背景的因素对本人的地位获得还是有一定的间接作用，个人地位无法摆脱家庭的影响。

能与其原因并不一致（Blau et al.，1967：69-75）。上述困难使得研究者把兴趣转移到因果解释方面，比如一个人最初的社会地位为什么在最底层，并把它作为导致最终地位获得的前置原因。"地位获得"这个术语被引入流动研究中，能够避免研究者陷入对得分差异的描述，也能够避免对动机的作用过早地得出结论。地位获得可以让研究者把焦点放在地位变化的过程中，包括代际地位的转换。当然，不同社会有不同的事件和原因，这将导致地位获得模式的不同。例如，有学者比较了美国社会中竞争型（contest）的地位获得模式和英国社会赞助型（sponsored）的地位获得模式的异同（Turner，1960）。

　　相关研究的发展趋势一直伴随着学术术语的变化，对"流动"的研究也逐渐转变为对"分层过程"、"成就"和"动机"的考察。布劳和邓肯使用"分层过程"，以避免过早地把问题终止在对先赋因素和自致因素的讨论上。为了更加精确地对研究进行定位，布劳和邓肯把他们的关注点放在特殊的流动过程上，重点研究父亲的职业地位在多大程度上能延续到子代身上以及这种延续的机制是什么。布劳和邓肯的概念并非没有缺陷。实际上，还有其他的分层过程并没有纳入他们的研究范围，比如在某个社会中整个地位体系的变化。威斯康星学派曾经在布劳、邓肯等人建立的地位获得模式上强调地位获得过程中的社会心理因素，他们侧重于研究个体成长过程中的一些特质，如能力和动机，正是这些因素导致了不同的教育成就，并影响其后的职业地位获得结果。威斯康星模型肯定了教育在地位获得过程中的重要作用，并注意到了家庭的社会地位和年轻人的能力水平以及社会地位愿望之间的联系。

　　本书对流动人口地位获得影响因素的发现证实了流动人口更多靠个人自致因素实现地位获得，即他们的成就动机高于非流动人口。实际上，在威斯康星模型之后，学者们对一个人的智力、能力和动机及其进入劳动力市场并取得经济社会成就的模式进行了大量的研究（Herrnstein et al.，1994；Korenman et al.，2000）。在英国，学者们就个人绩能①（merit）原则是否替代阶层背景的再生产原则而成为社会选择的重要因素进行了一系列的激烈争辩。基于1958年和1970年英国的出生队列分析，研究者认为

---

　　①　指一个人的能力和努力程度。

英国在很大程度上已经成为绩能主义（meritocratic）为主导的社会（Bond et al.，1999；Saunders，1997）。当然，也有学者并不赞同这样的观点。例如，桑德斯发现，阶级背景仅对职业成就有很小的影响，个人能力和动机发挥了更大的作用（Saunders，2002）。Breen 和 Goldthorpe（2002）使用相同的数据，却发现在控制了认知能力和学业动机之后，社会阶层的出身仍然对一个人的社会地位获得产生重要的影响。不同学者得出了有差异的结论，这是因为分析方法和路径不同。笔者无意于对上述学者的结论做出判断，而是试图采用上述思路对流动人口的地位获得因素予以解释。

上述争议的焦点在于，在一个人的社会地位获得中，阶层背景和个人绩能哪一个占据主导地位。笔者的研究并非讨论二者在当前我国地位获得中的作用，而是证明流动人口在地位获得中的个人绩能效应大于非流动人口的个人绩能效应。绩能选择（merit selection）假设认为，现代化的工业社会在职业地位获得方面应根据用人唯才的原则，而绩能被定义为能力和努力，并且将学历作为代表这些绩能特征的变量。然而，根据绩能的定义，其不仅包含个人努力和成就动机，也包含智商或天资等与生俱来的特质。不少坚持绩能主义的学者对智商（intelligence quotient）与个人学业成就、工作和收入等地位的关系进行了研究，以期证明个人绩能因素在地位获得中的重要作用（Herrstein，1973；Lemann，1999；Freese，2006）。笔者认为，绩能变量综合了天资（智商）和后天努力（成就动机）两个方面的作用，无法有效分析社会中一部分人依靠个人努力获得成功而非依靠智商等与生俱来的资质的情况。笔者认为，流动人口的教育、职业和经济地位高于非流动人口，是因为其有更强烈的成就动机，更多依靠个人后天努力实现地位上升，而并非智商高于非流动人口。

对于流动人口的努力奋斗精神和成就动机的来源，可以借用韦伯的新教工作伦理（Protestant Work Ethic，简称 PWE）理论予以解释。新教工作伦理概念来自韦伯对资本主义为何兴起于西方新教国家的讨论，他认为新教工作伦理是西方资本主义社会取得成功的重要因素。韦伯强调了工作责任的价值，提出了这样一个问题：为什么有些人将工作放在更重要的位置，并显得比其他人更认真？韦伯借用了富兰克林的话来阐述新教工作伦理的特征，即谨慎、勤奋、不偷懒、珍惜时间和金钱、讲信用、准时、节俭等（韦伯，2012）。对于这些新教工作伦理特征，一些研究者试图进行更为概念化的界定,认为新教工作伦理是努力工作、有强烈愿望取得经济上的成功,为了达到目标愿意放弃暂时的享乐和安逸(Isonio et al.,1987)。然而,新教工作伦理的概念有一种宗教意涵的倾向,似乎只有在新教国家才能出现那种恪尽职守的工作观念。实际上,研究者证实很多社会都存在工作伦理,在一些非新教的社会中,也表现出新教工作伦理的精神(Niles,1999)。因此,新教工作伦理是一种广泛存在的工作伦理价值,不是仅存在于某个宗教团体,它折射了一种团体文化和集体信念(Ma,1986)。因此,一些学者直接使用"工作伦理"替代"新教工作伦理",但并没有改变其核心含义,只是在指涉的群体上有所扩展,不再仅仅局限于信仰某种教义的团体(Cherrington,1980;Levin et al.,1996;Miller et al.,2002)。工作伦理被看作一种信念,在工作中勤奋努力等行为本身就有很高的价值。

数据证明,和非流动人口相比,流动人口每周工作时间更长、工作强度更高,更具有工作伦理的价值观。其结果就是,不论是在农村户籍范围内还是在城镇户籍范围内进行比较,流动人口的收入显著高于本地人口。流动人口的工作时间更长,收入更高,虽然体现了他们确实在更努力地工作,但他们并不是完全把工作本身当作一种实现自身价值的手段,也存在一种成就动机。麦克利兰和他的同事最早开始系统研究成就动机的概念。麦克利兰将韦伯的新教工作伦理引入心理学领域。他认为成就需要是人格的一个基本维度,而新教工作伦理概念是成就需要的重要组成部分,这个概念能代表一种奋斗精神(McClelland,1961)。笔者认为,引入成就动机和需求,能够更加有效地解释流动人口的地位争得模式。

成就动机常被定义为一种习得的动机,其在本质上是无意识的。麦克利兰认为成就动机产生于对特定行为的奖励或处罚。因此,成就动机是从一个人的需求出发,当人们相信某种行为能够减轻紧张情绪和压力时,就激发了行动的能力,以便减小压力和缓解紧张状态。根据成就动机的理论,流动人口进入城市后面对的环境压力是非流动人口所不曾遇到的。流动人口在一个新的环境中承受了比本地人口更大的压力,这些压力不仅来自制度的限制和阻碍,也来自周围人对他们的污名化和偏见。例如户籍的排外政策,以及新环境与原来居住地的反差,这些使他们处于相对弱势的地位,引发了他们对生活现状的不满,以及期待提高自己的生活水平和改善自身生活环境的需求。为了改变这样的状况，流动人口的奋斗心更容易被激发，因而更加投入工作，形成一种勤奋努力的工作伦理，以改变现状。而那些承继家庭背景更多的非流动人口，惰性较流动人口更大，自身努力程度较流动人口更低。因此，从两类群体的地位获得方式来说，流动人口的地位获得可以被称为"地位争得"，非流动人口则是更加依赖家庭背景的"地位承继"。

第二节　地位争得的差异度分析

传统的"先赋—自致"框架通过对比父母教育、职业等家庭背景作用和个人教育、初职地位等自致因素对某一地位的相对影响力，来判断一个人的地位获得更多地依靠先赋因素还是自致因素，并在这个基础上建立了"工业化假设"。但采用这个框架，并不能直接测量一个人在地位获得过程中依靠个人努力的作用大小。而且，学者们对地位获得的模型分析，也大多采用回归模型，将本人教育、是否为党员、本人初职等变量作为自致因素，与父母教育和父母职业放入一个模型中进行对比。这种做法的一个缺点是，代表自致因素的个人教育、初职等变量实际上包含家庭代际传承的影响，即一个人的教育和初职等地位也受到先赋因素的影响，并不完全是个人努力的结果，因此无法测量地位争得中个人努力因素的绝对作用。

为了更加直接地测量不同群体依靠自身努力获得地位的绝对作用，也就是地位争得在一个人社会地位获得中的效应，笔者认为可以将个人目前地位和父母地位之差作为考量地位争得的指标。这样的做法，实际上是对个人目前地位与家庭背景的背离程度进行测量。如果一个人靠个人努力的因素更大，那么他的地位差异度指数会比那些较少靠个人努力的人的地位差异度指数更大。同时，通过将个人地位减去父母地位的方式测量地位差异度指数能够剔除个人地位获得中先赋因素的影响，得到地位获得中个人努力的效应，也就是地位争得的绝对作用。

为了从实际层面上将地位差异度指数变得可操作化，并考察其可行性和有效性，笔者利用问卷中的问题，选取了代表自致因素的三个变量，即本人教育年限、本人职业和本人出生地的行政级别，代表先赋因素的三个变量，即父母教育年限、父母的职业和本人目前所在地的行政级别，分别做差值，然后将三个差值标准化之后相加，构建出地位差异度指数。但对不同群体的地位差异度指数进行运算和比较时，一个潜在的问题是，如果某个群体的先赋地位本来就比较高，其靠自身努力所获得的地位即使再高，和先赋地位做差值，其地位差异度指数也会比较小；而另一个群体的先赋地位可能很低，这样依靠自身努力得到的地位很容易显著地超出先赋地位，所得出的地位差异度指数也会较高。为了避免先赋地位差异对地位差异度指数的影响，笔者同时列出了四个群体的先赋地位，然后在此基础上观察地位差异度指数情况。图9-1列出了四个群体的先赋地位和地位差异度指数。

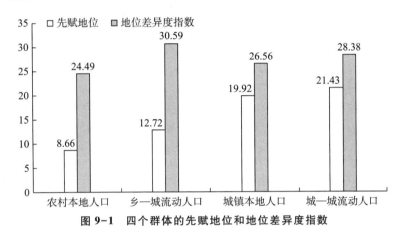

图 9-1　四个群体的先赋地位和地位差异度指数

从图9-1可以看到，流动人口的先赋地位高于非流动人口，城—城流动人口的先赋地位最高。上文证明，和非流动人口相比，流动人口更多地靠个人努力和成就动机来争得一定的地位。乡—城流动人口和城—城流动人口的地位差异度指数均高于农村本地人口和城镇本地人口，乡—城流动人口的地位差异度指数最高。即便流动人口的先赋地位高于非流动人口，其目前地位与初始地位的差值，即地位差异度指数也高于非流动人口。可见，流动人口的地位得到了很大的提升，他们作为从本地流出的精英群体，在新的城市中依靠自己的努力取得了超过本地人口的地位成就。

此外，流动人口受到户籍制度和地方排外政策的阻碍，他们的异乡人边缘身份也是阻碍其地位上升的重要因素。尽管如此，流动人口仍然能够突破制度和地域的阻隔，获得较高的地位。这说明目前我国对流动人口限制的一些政策和制度失去了效力，它们只在一部分领域延续原有居民的优势，如福利制度、主观地位，但是在更加市场化的领域，如教育、职业和经济地位方面，流动人口已经超过非流动人口。

第三节 流动人口和非流动人口的地位不一致

对于地位不一致所产生的后果，伦斯基早在1954年对地位结晶化（status crystallization）的研究中就指出，严重的地位不一致现象如果频繁地出现在某个群体中，那么这个群体中的大多数人会倾向于支持社会变迁的改革政策。一个人的地位在某方面得到提升，在另一些方面却遭到阻碍，而且这样的阻碍如果来自政策制定者或既得利益者的自身私利，则不利于精英流动。理想的社会流动模式是精英的地位与其才能和智力紧密相连，只有在这样的条件下，具备相应能力的人才可以进入管理阶层。但社会中的实际情况往往是，代际传承、社会关系、制度障碍、身份界限等阻碍着人们在不同社会阶层和地位之间自由流动。如果既得利益者试图拒绝来自社会大众中更有能力、更优秀的人进入精英群体，也就是说精英的流通渠道一旦被堵塞，社会均衡就会被破坏，进而导致社会秩序紊乱（帕累托，2010）。

我国流动人口通过努力奋斗，在教育、职业和经济等方面的地位高于本地人口，但主观地位仍低于本地人口。上文研究结果表明，流动人口因身份属于外来人口，在城市的生活受到户籍制度的影响，导致其主观地位难以上升。

在改革过程中，经济领域的改革通常最先启动，也较社会领域的变革更快，因此流动人口在进入市场后，职业地位和经济地位迅速提高，获得了一部分经济资源，物质方面的地位得到最先改善。但是主观地位没有与市场因素所带来的地位提升保持一致，变化较慢，而这一变化恰恰来自制度层面和观念层面，它反映了一个社会深层结构的资源配置以及整个社会对流动人口的评价，也暗含流动人口缺乏文化自信，存在认同危机。

由此可见，我国流动人口地位不一致的产生原因主要来自体制和制度方面的障碍，它引发了社会对于流动人口的偏见和歧视，最终导致流动人口产生一定心理压力，从而降低了主观地位评价，流动人口的地位不一致充分体现了制度分割的负面影响。而地位不一致让他们在不同的分层维度上处于矛盾境地，即地位相悖和上升的渠道受到阻碍，其中一部分人因此通过一些消极或者积极的反抗来宣泄地位不一致所带来的压力和矛盾心情，所以地位不一致也成为社会矛盾产生的一个重要原因。当然，从积极的角度看，它也是促成社会变迁的动力因素。

第四节　本书的不足和展望

一　本书的不足之处

首先，本书试图证明流动人口的地位获得依靠更高的成就动机和更多的自身努力，但是问卷中并没有直接测量被访者成就动机和努力程度的问题。所以，成就动机、后天努力等因素的作用，还有衍生出的工作伦理，是建立在流动人口拥有较高自致作用之上的理论分析和推断。当然，对于工作时长以及诸多障碍因素的分析，也能够证明流动人口比非流动人口更勤奋。事实上，也很难采用一定的指标测量一个人的成就动机和努力程度，因为一个人内心波动的程度很大，主观地位也不完全与客观地位相一致。本书将流动人口的地位获得模式总结为地位争得模式，也需要进一步商榷，并利用未来有关流动人口的数据进行再验证。

其次，笔者所构建的地位差异度指数是指一个群体的地位与其先赋地位的变化或离异度，其功能更多的是比较不同群体的地位差异情况，即某个群体的代际地位变化程度相对于另一个群体是更大还是更小，从而得出其地位获得是否依靠个人努力。这里存在两个问题。一是由于指标建立的可信度并没有得到更多数据的支持，因此地位差异度指数并不是一个绝对指标。与 ISEI、SES 等国际通用的指标[①]相比，它很难单独衡量一个群体地位争得程度的高低，只能比较不同群体的地位差异度指数的大小。二是建立地位差异度指数的潜在假设是各个群体的智商或天资等先天的个人能

---

① 在地位测量上，比较常用的是社会经济地位量表（Socioeconomic Score），简称 SES。该量表最初由美国社会学家邓肯（Duncan）提出。该地位量表通过对人们的经济地位、教育地位和职业地位进行综合衡量得出一个指数。另一个使用频繁的是国际职业社会经济地位指数（International Socioecnomic Index of Occupational Status），简称 ISEI。这个指数由 Ganzeboom、DeGraaf 和 Treiman 等人建立，它的依据是收入、教育和职业声望，并在多个国家中使用，对国际比较研究具有重要意义。

力没有差别，因此能够推出流动地位获得是靠成就动机和后天努力等因素达成，即地位争得。如果存在关于不同群体的智商测量题目，就能够通过计算智商的得分控制其影响，以解决这个问题。但是问卷中并没有相关的题目，而且各个群体的样本数比较多，笔者相信智商的差别微乎其微，因此没有对其进行更多的检测。

二 流动人口地位上升的途径

在同样的户籍条件下，流动人口在教育地位、职业地位和经济地位等方面高于非流动人口，在主观地位上与非流动人口有差距。如果将乡—城流动人口和城镇本地人口相比，前者仅在经济收入方面高于后者，在其他地位上，都是城镇本地人口占优势。此外，城乡的地位差异仍然高于流动与非流动的差异。因此要改善流动人口和其他弱势群体的地位，可以从以下几方面进行政策设计。

第一，打破城乡二元分割和地域分割的制度安排，提高流动人口的社会保障等福利待遇。根据调查结果，我国的户籍城镇化率非常低，非农户籍人口占全国总人口的比例为 27.6%，20 年内农转非比例仅增长了 7.7 个百分点。与此相对应的是，我国的城镇化率已经超过了 50%，这是基于城镇常住人口的统计。由此可见，我国人口城镇化率远高于户籍城镇化率，大量人口突破了户籍的障碍，进入城市工作生活。虽然户籍已经无法阻止人们涌入城市，但是户籍所内嵌的公民权利和福利却将流动人口和非流动人口、本地人口和外地人口区别开来。一些学者建议取消户籍制度，并建议采取逐步改善的方式（黄平、彭柯、马春华，2005：35~43），还有学者认为应该按照城市规模和类型，采取不同的户籍管理方式，有序、逐步放开户籍制度（李强等，2013：25~27）。笔者认为户籍制度对流动人口的阻碍不仅是工作和居住方面的，也是认知和心理层面的。户籍制度可以暂且保留，但是附着在户籍上的福利和权利应该逐步剥离，使之通过市场化的方式运作，让所有人公平竞争，能者多得，从而打破流动人口地位上升的瓶颈。城乡户籍的分割对于城—城流动人口而言并无意义，对于这部分流动人口而言，他们受到的是本地和外地的地域分割。有学者把这样的分割看作地方分权的结果，使得很多权利、城市公共产品和社会福利仅供本地居民享有，如一些大城市的汽车摇号政策、购房政策，都体现了对本地人口的保护。因此，在解决城乡户籍问题的同时，也需要对本地市民保护主义的地域分割进行研究和纠正，避免对本地人口和外来人口（流动人口）实行双重对待的政策设计。

第二，通过社区建设、参与式管理以及社区宣传，改善流动人口生活和居住的社会环境。流动人口在新的城市中生活，原有的社会关系被打破，生活圈子中的陌生人较多，易产生疏离感。流动人口对社区的认同程度不高，会直接影响他们的主观地位。因此，需要以社区生活和社区参与为切入点，通过对社区资源、文化和人际关系的整合，增强他们对社区的认同，使本地居民和流动人口共同享有社区发展带来的好处。同时，吸引流动人口参与到社区管理的行列中，这样有助于流动人口熟悉社区环境，让他们争当社区"主人翁"，从以往被动管理的角色转为主动参与社区管理，增加社区认同感。由于人们对外来人口存在一定的偏见，在采取社区建设和社区参与等以人为本的措施时，要着力消除人们对流动人口的排斥心理，在社区范围内增加流动人口和本地人口的交流和沟通，宣传流动人口为城市建设所做的贡献，让流动人口逐渐融入本地生活。

第三，借新型城镇化的机遇，推动流动人口市民化以及外来市民本地化。新型城镇化包括两个方面：一是物的城镇化，即城镇化过程中的基础设施建设和城市扩建过程；二是人的城镇化，即人口由农村向城镇转移，农民逐渐融入城市生活，成为市民的过程，也可称为"市民化"。目前，我国在物的城镇化方面已经取得了很大成就，城市建设的发展速度非常快。在针对人的城镇化方面，虽然中央的顶层设计明确地指出了方向，但是在基层落实和政策落地上还亟待夯实。新型城镇化是以人为本的城镇化，对流动人口而言，新型城镇化是他们融入城市生活的巨大契机，相关政策正在制定。在新一轮城镇化的带动下，乡—城流动人口的市民化前景更为乐观。对于城—城流动人口而言，他们已经是市民，因此他们的问题是本地化，而非市民化。本地化的障碍是地方保护主义政策，新型城镇化将带动城市圈和城市群的发展，这意味着不同城市之间的联系将更加紧密，城市资源的交换更为频繁，不同城市的制度和政策也可能走向一致和融合。在城市圈和城市群的带动下，人们在城市之间的流动更加频繁，流动人口和非流动人口的界限也变得更为模糊，城—城流动人口的本地化也将会顺利实现。

附　录 ◄◄
中国城镇化与劳动移民研究调查问卷①

A1. 性别（访问员记录）：

　　男 ……………………………………………………………… 1

　　女 ……………………………………………………………… 2

A2. 您的出生年月？记录： |　|　|　|　| 年 |　|　| 月

　　访问员注意：出生年月均记录为公历年/月。如果被访者以农历、生肖或其他方式报告自己的出生年月，请换算成公历后再编码记录；高位补零。

A4. 您目前的政治面貌是：

　　共产党员 ……………………………………………………… 1

　　民主党派 ……………………………………………………… 2

　　共青团员 ……………………………………………………… 3

　　群众 …………………………………………………………… 4

A6a. 您目前在党内担任某种职务吗？

　　未担任职务 …………………………………………………… 1

　　支部成员 ……………………………………………………… 2

---

① 原始问卷较长，涉及问题变量较多，本书仅截取其中一部分问题，故问题编号不一定是连续的。

支部书记 ……………………………………………… 3

党委委员 ……………………………………………… 4

党委书记 ……………………………………………… 5

A6b. 担任党内职务的级别：

无级别 ………………………………………………… 1

村/股级 ……………………………………………… 2

正、副科级 …………………………………………… 3

正、副处级 …………………………………………… 4

副局级及以上 ………………………………………… 5

B1. 您的最高教育程度是：

没有受过正式教育 …………………………………… 01

小学（一年级） ……………………………………… 02

小学（二年级） ……………………………………… 03

小学（三年级） ……………………………………… 04

小学（四年级） ……………………………………… 05

小学（五年级） ……………………………………… 06

小学（六年级） ……………………………………… 07

初中（一年级） ……………………………………… 08

初中（二年级） ……………………………………… 09

初中（三年级） ……………………………………… 10

高中（一年级） ……………………………………… 11

高中（二年级） ……………………………………… 12

高中（三年级） ……………………………………… 13

职高、技校 …………………………………………… 14

中专 …………………………………………………… 15

大学专科（非全日制） ……………………………… 16

大学专科（全日制） ………………………………… 17

大学本科（非全日制） ……………………………… 18

大学本科（全日制） ………………………………… 19

研究生及以上（国内就读） ·················· 20

研究生及以上（国外就读） ·················· 21

其他（请注明：_____） ·················· 22

B2. 您参加过高考吗？（注：不包括成人高考）

没有参加过 ······························· 0

参加过，共_____次 ···················· 1

B5. 除了上述学历教育以外，您还参加过党校学习、职业培训、语言培训、
岗位培训、资格证书考试培训（包括职业技能、职业资格、执业资格、
专业技术资格等）等任何形式的培训学习或培训班吗？

参加过 ·································· 1

没有参加过 ······························· 2

C3a. 下列各种情形，哪一种更符合您目前的工作状况？

受雇于他人（有固定雇主） ·················· 1

零工、散工（无固定雇主的受雇者） ············ 2

在自己家的企业中工作/帮忙，不领工资 ·········· 3

在自己家的企业中工作/帮忙，领取工资 ·········· 4

自己一个人工作，没有雇用他人 ··············· 5

为自己的经营、买卖或企业工作，没有雇用他人 ······ 6

自己是老板（或合伙人），有雇员 ············· 7

务农（主要替别人耕种土地，自己领取工资） ········ 8

务农（经营自家或别人的承包地） ············· 9

C6. 您目前的工作场所主要是在：

户外 ·································· 1

车间 ·································· 2

室内营业场所 ···························· 3

办公室 ································· 4

家里 ·································· 5

其他（请注明：_____）　·· 6

C12. 您单位或国家劳动部门为您评定过劳动技能等级或职业技术等级吗？

没有 ··· 1

初级工（国家职业资格五级）·································· 2

中级工（国家职业资格四级）·································· 3

高级工（国家职业资格三级）·································· 4

技师（国家职业资格二级）····································· 5

高级技师（国家职业资格一级）······························ 6

［不读］不适用 ··· 7

C13. 目前您有专业技术职称吗？

没有 ··· 1

初级专业技术职称（助教、实习研究员或相当）······· 2

中级专业技术职称（讲师、助理研究员或相当）······· 3

副高级专业技术职称（副教授、副研究员或相当）···· 4

正高级专业技术职称（教授、研究员或相当）········· 5

［不读］不适用 ··· 6

C14. 在您所在的单位或部门，您是否担任一定的管理职务或职位？

没有管理职位 ·· 1

有管理职位 ··· 2

C15. 您有多少个直接的下属？（将答案记录在下面横线上，并高位补零）

记录：［＿＿｜＿＿｜＿＿｜＿＿］人（没有填"0"，并跳问 C17 题）

C18. 当您的直接主管想让您做某件事情时，通常他/她会如何做呢？

命令你如何去做 ··· 1

跟你讨论这项工作 ······································· 2

既命令你如何做，同时也和你进行讨论 ·················· 3

C19. 工作中您可以较为自由地向主管表达自己的建议或不同意见吗？

可以 ……………………………………………………………………… 1

不可以 ………………………………………………………………… 2

C20. 当您向主管表达不同意见时，他/她通常会采纳您的建议或意见吗？

大部分意见都会被采纳 ……………………………………………… 1

只有部分意见会被采纳 ……………………………………………… 2

基本不会被采纳 ……………………………………………………… 3

完全不会被采纳 ……………………………………………………… 4

C23. 依您判断，在未来的几年内，您在单位里得到提拔或升迁的机会有多大？

几乎肯定会 …………………………………………………………… 1

很有可能 ……………………………………………………………… 2

不太可能 ……………………………………………………………… 3

几乎不可能 …………………………………………………………… 4

［不知道/不好说］ ………………………………………………… 5

［不读］不适用 ……………………………………………………… 6

C25. 您目前的工作平均每周大约要工作/劳动多少个小时？

记录：［　　|　　|　　　］小时/周

C26a. 您从事这份工作，上个月所得的工资收入是多少元？包括所有的工资、各种奖金、补贴在内。（请将具体数字填写在横线上，并高位补零）

百万位　十万位　万位　千位　百位　十位　个位

记录：|　　|　　|　　|　　|　　|　　|　　| 元/月

9999997. ［不适用］// 9999998. ［不清楚］// 9999999. ［拒绝回答］

访问员注意：如果被访者表示不清楚或者拒绝回答，请被访者选择 C26b 的收入范围。

C26b. 请问您上个月的收入属于以下哪个范围？

1. 少于 500 元　　　　2. 500~999 元　　　　3. 1000~1999 元

4. 2000～3999 元　　　5. 4000～6999 元　　　6. 7000～9999 元

7. 1 万～2 万元　　　8. 2 万～4 万元　　　9. 4 万～6 万元

10. 6 万～8 万元　　　11. 8 万～10 万元　　　12. 10 万元及以上

WK 表（题 W01～W15）：第一份和目前工作情况

W03. 获得这份工作的方式？

1. 国家分配/组织调动　2. 政府安排　3. 参加招聘会人才交流会

4. 亲戚朋友介绍　5. 付费职业介绍机构　6. 免费职业介绍机构

7. 刊登求职广告　8. 直接上门求职　9. 直接应聘

10. 培训部门安排上岗　11. 自己创业/个体

12. 其他（请注明：＿＿＿＿＿＿）

W06. 单位类型

1. 党政机关　2. 企业　3. 事业单位　4. 社会团体

5. 个体/合伙/自办企业　6. 其他

W07. 单位所有制性质

1. 国有或国有控股　2. 集体或集体控股　3. 私有　4. 港澳台资

5. 与外资合资　6. 外资　7. 其他（请注明：＿＿＿＿＿＿）

W09. 单位/工作所在位置

1. 村庄　2. 乡政府所在地　3. 镇政府所在地　4. 城市的郊区

5. 县城、县级市市区　6. 地级市市区　7. 省会城市市区

8. 直辖市市区

W10. 这份工作签过合同吗？

1. 与工作单位/雇主签订了合同

2. 与劳务公司签订了劳动合同

3. 签了合同，但不知道是哪种合同

4. 没有任何合同

W11. 您所签订的劳动合同期限是多长？

1. 三个月及以下　2. 三个月以上不满一年　3. 一年　4. 两年

5. 三年及以上　6. 以完成一项特定任务为期限

7. 无固定期限　8. 其他

W12. 这份工作中您有哪些社会保险？（本题是多选题，可多选）

1. 养老保险　2. 失业保险　3. 工伤保险　4. 生育保险

5. 住房公积金　6. 公费医疗　7. 大病统筹　8. 单位提供的医疗保险

9. 自己买的医疗保险　10. 新农村合作医疗保险　11. 没有任何保险

W13d. 单位内（或该份工作/劳动过程中）的职业类别？

农村：11. 乡镇/公社领导干部　12. 乡镇/公社一般干部

13. 村长/大队支书　14. 村/大队一般干部　15. 生产组长/小队长

16. 乡村专业技术人员　17. 手工业者　18. 个体开店

19. 普通农业劳动者

非农：21. 单位负责人/高层管理人员　22. 单位中层管理人员

23. 单位基层管理人员　24. 专业技术人员　25. 一般办事人员

26. 居委会的主任、书记　27. 领班/组长/工头/监工

28. 服务人员　29. 私营业主　30. 个体经营

31. 个体（流动摊贩）　32. 技术工人/维修人员/手工艺人

33. 体力工人/勤杂工/搬运工　34. 自由职业者

35. 军人/警察　36. 其他

W13f. 单位内（或该份工作/劳动过程中）的行政级别？

1. 无级别　2. 科级以下　3. 副科级　4. 正科级　5. 副处级

6. 正处级　7. 副局及以上

RH-A00. 出生时的居住地类型是：

1. 村庄　2. 乡政府所在地　3. 镇政府所在地　4. 城市的郊区

5. 县城/县级市市区　6. 省会城市市区　6. 地级市市区

8. 直辖市市区

E01. 您父母目前的基本情况：

	父亲	母亲
a. 出生年	｜＿｜＿｜＿｜＿｜	｜＿｜＿｜＿｜＿｜
b. 教育程度（代码见下面的选项卡）	｜＿｜＿｜	｜＿｜＿｜
c. 政治面貌 1. 共产党员 2. 民主党派 3. 群众	｜＿｜	｜＿｜
f. 目前或最后职业的类别	｜＿｜＿｜	｜＿｜＿｜

[教育程度代码表]

01. 没有受过任何教育　02. 扫盲班　03. 私塾　04. 小学　05. 初中

06. 普通高中　07. 职高、技校　08. 中专　09. 大学专科（非全日制）

10. 大学专科（普通高等教育）　11. 大学本科（非全日制）

12. 大学本科（普通高等教育）　13. 研究生及以上　14. 其他（请注明：＿＿＿＿＿）

[职业类别代码]

01. 单位负责人/高层人员　02. 单位中层管理人员　03. 高级专业技术人员

04. 中级专业技术人员　05. 初级专业技术人员　06. 办事人员

07. 村、居委会主任、书记　08. 领班/组长/工头/监工　09. 私营业主

10. 个体经营（开店/经商/运输）　11. 个体（流动摊贩）　12. 服务人员（如营业员）

13. 技术工人/维修人员/手工艺人　14. 体力工人/勤杂工/搬运工

15. 农林牧渔劳动者　16. 自由职业者　17. 军人/警察　18. 其他（请注明：＿＿＿＿＿）

E02. 您父母的主要情况：

	父亲	母亲
a. 您父亲/母亲的户口性质 　1. 农业户口 　2. 非农户口（城镇户口） 　3. 不适用 　4. 没有登记户口 　5. 其他（请注明：＿＿＿＿＿）	｜＿｜＿｜	｜＿｜＿｜
e. 职业类别（代码见上页选项卡）	｜＿｜＿｜	｜＿｜＿｜

G1. 您当前的户口性质是：

农业户口 ·· 1

非农户口（城镇户口）·································· 2

居民户口（不分城乡）·································· 3

其他（请注明：_____）···························· 4

G13. 您第一次外出工作或经商，最主要的原因或目的是什么？

a. 请说出您外出工作的主要原因	b. 您所说的主要原因包含了下列哪些项？
	1. 不喜欢务农
	2. 一直在念书，不懂农活
	3. 家乡没有发展机会
	4. 家里太穷，出来赚钱贴补家用
	5. 为了给子女提供更好的教育
	6. 羡慕城里的生活
	7. 同村人在外面干得不错，也来试试
	8. 出来见见世面，为以后积累经验
	9. 全家都在外面

G27. 您最近有去外地工作的打算吗？

年内准备出去 ·· 1

1~2 年内出去 ·· 2

3~5 年内出去 ·· 3

5 年后再打算 ·· 4

不打算出去 ·· 5

还没打算 ··· 6

H1. 您认同自己是属于目前居住这个社区的正式成员吗？

非常认同 ··· 1

比较认同 ··· 2

一般 ·· 3

不太认同 ··· 4

完全不认同 ·· 5

H7. 总体而言，您觉得自己的生活幸福吗？

一点都不幸福 ·· 1

不是很幸福 ·· 2

比较幸福 ·· 3

很幸福 ·· 4

I03. 在我们社会里，有些人居于顶层，有些人处于底层。"10"分代表最顶层，"1"分代表最底层。

　I03a. 根据您的情况，您认为自己目前处在哪个位置上？

　　　记录：⌈___|___⌋ 分

　I03b. 您认为 10 年前您处在哪个位置上？

　　　记录：⌈___|___⌋ 分

I06. 您希望您的子女以后在哪里工作、生活？

本乡（镇、街道）（当前调查所在地） ······················· 1

本县（市、区）其他乡（镇、街道） ·························· 2

本省（直辖市、自治区）的其他县（市、区） ················ 3

外省（直辖市、自治区） ·································· 4

国外 ·· 5

其他（请注明：_____）

参考文献 ◀◀

一 中文文献

[1] 埃里克·奥林·赖特，2004，《后工业社会中的阶级：阶级分析的比较研究》，陈心想、皮小林、杨玉明、陈阳译，辽宁教育出版社。

[2] 埃米尔·涂尔干，2000，《社会分工论》，渠东译，生活·读书·新知三联书店。

[3] 边燕杰、李路路、李煜、郝大海，2006，《结构壁垒、体制转型与地位资源含量》，《中国社会科学》第5期。

[4] 边燕杰、卢汉龙、孙立平，2002，《市场转型与社会分层：美国社会学者分析中国》，生活·读书·新知三联书店。

[5] 边燕杰、张文宏，2001，《经济体制、社会网络与职业流动》，《中国社会科学》第2期。

[6] 边燕杰等，2012，《社会网络与地位获得》，社会科学文献出版社。

[7] 别红暄，2013，《城乡公平视域下的当代中国户籍制度研究》，中国社会科学出版社。

[8] 蔡昉，2010，《"民工荒"现象：成因及政策涵义分析》，《开放导报》第2期。

[9] 蔡昉、杨涛、黄益平主编，2012，《中国是否跨越了刘易斯转折点》，社会科学文献出版社。

[10] 蔡昉主编，2011，《中国人口与劳动问题报告No.12——"十二五"时期挑战：人口、就业和收入分配》，社会科学文献出版社。

[11] 陈丙欣、叶裕民，2007，《德国政府在城市化推进过程中的作用及启

示》,《重庆工商大学学报》(社会科学版) 第 3 期。

[12] 陈光金,2013,《不仅有"相对剥夺",还有"生存焦虑"——中国主观认同阶层分布十年变迁的实证分析 (2001—2011)》,《黑龙江社会科学》第 5 期。

[13] 陈伟,2013,《职业隔离:城乡二元结构的户籍因素》,《经济研究导刊》第 13 期。

[14] 陈祖耀,1998,《再论社会学的研究对象》,《甘肃社会科学》第 1 期。

[15] 程杰,2018,《城市的活力之源:流动人口对城市经济发展的系统性影响》,《城市与环境研究》第 4 期。

[16] 崔帆,2010,《对农村考生高考录取比率下降问题的思考》,《教育与教学研究》第 5 期。

[17] 崔岩,2012,《流动人口心理层面的社会融入和身份认同问题研究》,《社会学研究》第 5 期。

[18] 戴炳源、万安培,1998,《中国中产阶层的现状特点及发展态势简析》,《财政研究》第 9 期。

[19] 戴维·格伦斯基编,2005,《社会分层》(第二版),王俊等译,华夏出版社。

[20] 道格·桑德斯,2012,《落脚城市——最后的人类大迁移与我们的未来》,陈信宏译,上海译文出版社。

[21] 邓曲恒,2007,《城镇居民与流动人口的收入差异——基于 Oaxaca-Blinder 和 Quantile 方法的分解》,《中国人口科学》第 2 期。

[22] 董小君,2006,《转型国家的经济增长与贫富差距——斯蒂格利茨教授与中国学者对话》,《国家行政学院学报》第 3 期。

[23] 杜放、郑红梅,2006,《美国流动人口管理及对我国的启示》,《特区经济》第 8 期。

[24] 段成荣、杨舸、马学阳,2012,《中国流动人口研究》,中国人口出版社。

[25] E.P. 汤普森,2001,《英国工人阶级的形成》,钱乘旦等译,译林出版社。

[26] 费孝通,1984,《小城镇 大问题》,江苏人民出版社。

[27] 费正清等，2002，《中国：传统与变迁》，张沛等译，世界知识出版社。

[28] 冯钢主编，2004，《社会学》，浙江大学出版社。

[29] 冯雪红、王玉强，2016，《西部民族地区城镇化研究现状与走向述评》，《中南民族大学学报》（人文社会科学版）第 3 期。

[30] 高文书，2006，《进城农民工就业状况及收入影响因素分析——以北京、石家庄、沈阳、无锡和东莞为例》，《中国农村经济》第 1 期。

[31] 格丽娅，2007，《农村富余劳动力转移和融入城市问题》，《前沿》第 12 期。

[32] 辜胜阻、刘传江主编，2000，《人口流动与农村城镇化战略管理》，华中理工大学出版社。

[33] 辜胜阻、易善策、李华，2009，《中国特色城镇化道路研究》，《中国人口·资源与环境》第 1 期。

[34] 郭丛斌、闵维方，2007，《中国城镇居民教育与收入代际流动的关系研究》，《教育研究》第 5 期。

[35] 郭菲、张展新，2012，《流动人口在城市劳动力市场中的地位：三群体研究》，《人口研究》第 1 期。

[36] 国家人口和计划生育委员会流动人口服务管理司编，2012，《中国流动人口发展报告 2012》，中国人口出版社。

[37] 国家统计局人口统计司编，1988，《中国 1987 年 1% 人口抽样调查资料：全国分册》，中国统计出版社。

[38] 国家卫生和计划生育委员会流动人口司编，2013，《中国流动人口发展报告 2013》，中国人口出版社。

[39] 国家卫生健康委员会编，2018，《中国流动人口发展报告 2018》，中国人口出版社。

[40] 胡锦涛，2012，《坚定不移沿着中国特色社会主义道路前进 为全面建成小康社会而奋斗——在中国共产党第十八次全国代表大会上的报告》，人民出版社。

[41] 黄平、彭柯、马春华，2005，《农村劳动者流动中的几个问题》，《中国人口科学》第 2 期。

[42] 柯兰君、李汉林主编，2001，《都市里的村民——中国大城市的流动

人口》，中央编译出版社。

［43］蓝海涛，2000，《我国户籍管理制度的历史渊源及国际比较》，《人口与经济》第 1 期。

［44］劳伦斯·纽曼，2007，《社会研究方法：定性和定量的取向》，郝大海译，中国人民大学出版社。

［45］李博，2017，《民族文化视阈下蒙古族特色城镇发展模式研究——以吉林省西部地区为例》，《中国发展》第 6 期。

［46］李春玲，2003，《社会政治变迁与教育机会不平等——家庭背景及制度因素对教育获得的影响（1940—2001）》，《中国社会科学》第 3 期。

［47］李春玲，2006，《流动人口地位获得的非制度途径——流动劳动力与非流动劳动力之比较》，《社会学研究》第 5 期。

［48］李汉林，1993，《中国单位现象与城市社区的整合机制》，《社会学研究》第 5 期。

［49］李路路，2002a，《论"单位"研究》，《社会学研究》第 5 期。

［50］李路路，2002b，《制度转型与分层结构的变迁——阶层相对关系模式的"双重再生产"》，《中国社会科学》第 6 期。

［51］李路路、王奋宇，1992，《当代中国现代化进程中的社会结构及其变革》，浙江人民出版社。

［52］李培林、李炜，2007，《农民工在中国转型中的经济地位和社会态度》，《社会学研究》第 3 期。

［53］李培林、田丰，2011，《中国新生代农民工：社会态度和行为选择》，《社会》第 3 期。

［54］李培林、田丰，2012，《中国农民工社会融入的代际比较》，《社会》第 5 期。

［55］李培林、张冀、赵延东，2001，《就业与制度变迁——两个特殊社会群体的求职过程》，浙江人民出版社。

［56］李强，1986，《论主观社会指标及其在我国的应用》，《社会学研究》第 6 期。

［57］李强，1995，《关于城市农民工的情绪倾向及社会冲突问题》，《社会学研究》第 4 期。

[58] 李强，1997，《政治分层与经济分层》，《社会学研究》第 4 期。

[59] 李强，1999，《中国大陆城市农民工的职业流动》，《社会学研究》第 3 期。

[60] 李强，2000，《当前中国社会的四个利益群体》，《学术界》第 3 期。

[61] 李强，2001，《关于中产阶级和中间阶层》，《中国人民大学学报》第 2 期。

[62] 李强，2002，《关注转型时期的农民工问题（之三）——户籍分层与农民工的社会地位》，《中国党政干部论坛》第 8 期。

[63] 李强，2003，《影响中国城乡城流动人口的推力与拉力因素分析》，《中国社会科学》第 1 期。

[64] 李强，2005a，《关于中产阶级的理论与现状》，《社会》第 1 期。

[65] 李强，2005b，《"丁字型"社会结构与"结构紧张"》，《社会学研究》第 2 期。

[66] 李强，2008，《社会分层十讲》，社会科学文献出版社。

[67] 李强，2010a，《当代中国社会分层：测量与分析》，北京师范大学出版社。

[68] 李强，2010b，《为什么农民工"有技术无地位"——技术工人转向中间阶层、社会、结构的战略探索》，《江苏社会科学》第 6 期。

[69] 李强，2011，《中国城市化进程中的"半融入"与"不融入"》，《河北学刊》第 5 期。

[70] 李强、陈宇琳、刘精明，2012，《中国城镇化"推进模式"研究》，《中国社会科学》第 7 期。

[71] 李强、唐壮，2002，《城市农民工与城市中的非正规就业》，《社会学研究》第 6 期。

[72] 李强、薛澜主编，2013，《中国特色新型城镇化发展战略研究（第四卷）》，中国建筑工业出版社。

[73] 李强、张海辉，2004，《城市外来人口两大社会群体的差别及其管理对策》，《学海》第 2 期。

[74] 李强等，2013，《多元城镇化与中国发展——战略及推进模式研究》，社会科学文献出版社。

[75] 李荣时，1996，《对当前我国农村人口流动的再认识》，《人口研究》

第 6 期。

[76] 李雅儒、孙文菅、阳志平，2003，《北京市流动人口及其子女教育状况调查研究（下）》，《首都师范大学学报》（社会科学版）第 2 期。

[77] 李煜，2006，《制度变迁与教育不平等的产生机制——中国城市子女的教育获得（1966—2003）》，《中国社会科学》第 4 期。

[78] 李煜，2007，《家庭背景在初职地位获得中的作用及变迁》，《江苏社会科学》第 5 期。

[79] 李煜，2009，《代际流动的模式：理论理想型与中国现实》，《社会》第 6 期。

[80] 刘传江，2010，《新生代农民工的特点、挑战与市民化》，《人口研究》第 2 期。

[81] 刘精明，1999，《"文革"事件对入学、升学模式的影响》，《社会学研究》第 6 期。

[82] 刘精明，2001，《教育与社会分层结构的变迁——关于中高级白领职业阶层的分析》，《中国人民大学学报》第 2 期。

[83] 刘精明，2006，《高等教育扩展与入学机会差异：1978～2003》，《社会》第 3 期。

[84] 刘精明，2006，《市场化与国家规制——转型期城镇劳动力市场中的收入分配》，《中国社会科学》第 5 期。

[85] 刘倩倩，2010，《教育公平视阈下的流动人口子女教育问题》，《学理论》第 29 期。

[86] 刘欣，2001，《转型期中国大陆城市居民的阶层意识》，《社会学研究》第 3 期。

[87] 刘英杰主编，1993，《中国教育大事典（1949—1990）》（上下两册），浙江教育出版社。

[88] 卢汉龙，1996，《城市居民社会地位认同研究》，载中国社会科学院社会学研究所编《中国社会学年鉴（1992.7～1995.6）》，中国大百科全书出版社。

[89] 陆学艺，2004，《对社会主义社会阶级阶层结构是"两个阶级一个阶层"论的剖析》，《江苏社会科学》第 6 期。

[90] 陆学艺，2009，《破除城乡二元结构实现城乡经济社会一体化》，《社

会科学研究》第 4 期。

[91] 陆学艺主编，2002，《当代中国社会阶层研究报告》，社会科学文献出版社。

[92] 陆益龙，2002，《1949 年后的中国户籍制度：结构与变迁》，《北京大学学报》（哲学社会科学版）第 2 期。

[93] 陆益龙，2008，《户口还起作用吗——户籍制度与社会分层和流动》，《中国社会科学》第 1 期。

[94] 路风，1989，《单位：一种特殊的社会组织形式》，《中国社会科学》第 1 期。

[95] 罗惠缙，2003，《"城市边缘人"的逃避与对抗——关于农民工问题的文化解读》，《民族论坛》第 4 期。

[96] 罗纳-塔斯，1996，《昔日风云人物还是今日弄潮儿吗？——社会主义过渡转型中的企业家和共产党干部》，李康译，《国外社会学》第 5~6 期。

[97] 罗霞、王春光，2003，《新生代农村流动人口的外出动因与行动选择》，《浙江社会科学》第 1 期。

[98] 罗云，2011，《城市公立学校中的流动人口子女教育：区别还是融合》，《教育发展研究》第 8 期。

[99] 马克思、恩格斯，1972，《马克思恩格斯选集》（第一卷），人民出版社。

[100] 马克思、恩格斯，1995，《马克思恩格斯选集》（全四卷），人民出版社。

[101] 马克斯·韦伯，2010，《经济与社会》（第一卷），阎克文译，上海人民出版社。

[102] 马克斯·韦伯，2012，《新教伦理与资本主义精神》，阎克文译，上海人民出版社。

[103] 马岩、杨军、蔡金阳、王晓兵、侯麟科，2012，《我国城乡流动人口教育回报率研究》，《人口研究》第 2 期。

[104] P. 布尔迪约、J.-C. 帕斯隆，2002，《再生产——一种教育系统理论的要点》，邢克超译，商务印书馆。

[105] 帕累托，2010，《精英的兴衰》，宫维明译，北京出版社。

［106］钱民辉，2004，《教育真的有助于向上社会流动吗——关于教育与社会分层的关系分析》，《社会科学战线》第 4 期。

［107］人民出版社，2013，《中国共产党第十八届中央委员会第三次全体会议公报》。

［108］任远、王桂新，2003，《常住人口迁移与上海城市发展研究》，《中国人口科学》第 5 期。

［109］桑德斯，2015，《落脚城市》，陈信宏译，上海译文出版社。

［110］孙立平，2002，《资源重新积聚背景下的底层社会形成》，《战略与管理》第 1 期。

［111］孙立平，2009，《中国社会结构的变迁及其分析模式的转换》，《南京社会科学》第 5 期。

［112］孙立平，2012，《"中等收入陷阱"还是"转型陷阱"?》，《开放时代》第 3 期。

［113］孙立平、王汉生、王思斌、林彬、杨善华，1994，《改革以来中国社会结构的变迁》，《中国社会科学》第 2 期。

［114］孙明，2011，《家庭背景与干部地位获得（1950—2003）》，《社会》第 5 期。

［115］谭敏、谢作栩，2011，《家庭背景、族群身份与我国少数民族的高等教育获得》，《高等教育研究》第 10 期。

［116］唐斌，2002，《"双重边缘人"：城市农民工自我认同的形成及社会影响》，《中南民族大学学报》（人文社会科学版）第 S1 期。

［117］唐亚林，2013，《新型城镇化 道路如何走》，《经济日报》5 月 24 日，第 13 版。

［118］田丰，2010，《城市工人与农民工的收入差距研究》，《社会学研究》第 2 期。

［119］田明、孙林，2013，《进城农民工工作流动及其影响因素分析——基于东部 4 城市的问卷调研》，《山东社会科学》第 8 期。

［120］王春光，1996，《大城市在我国社会经济发展中的地位和作用》，《经济研究参考》第 2 期。

［121］王春光，2001，《新生代农村流动人口的社会认同与城乡融合的关系》，《社会学研究》第 3 期。

［122］王春光，2003，《中国职业流动中的社会不平等问题研究》，《中国人口科学》第 2 期。

［123］王春光，2004，《农民工在流动中面临的社会体制问题》，《中国党政干部论坛》第 4 期。

［124］王春光，2004，《农民工在流动中面临的社会体制问题》，《中国党政干部论坛》第 4 期。

［125］王大中，2004，《流动人口犯罪问题透视》，《中国人民公安大学学报》第 5 期。

［126］王大中，2005，《流动人口权益与促进社会和谐稳定》，《中国人民公安大学学报》（社会科学版）第 4 期。

［127］王建民、胡琪，1996，《上海农村就业结构的变动及其影响》，《探索与争鸣》第 10 期。

［128］王培安，2013，《让流动人口尽快融入城市社会》，《求是》第 7 期。

［129］王松磊、杨剑萍、王娜，2017，《中国特色、西藏特点的城镇化道路研究》，《西藏大学学报》（社会科学版）第 1 期。

［130］王卫东，2006，《中国城市居民的社会网络资本与个人资本》，《社会学研究》第 3 期。

［131］王小鲁、夏小林，1999，《优化城市规模 推动经济增长》，《经济研究》第 9 期。

［132］韦艳、张力，2013，《"数字乱象"或"行政分工"：对中国流动人口多元统计口径的认识》，《人口研究》第 4 期。

［133］魏津生，1999，《中国城市流动人口的基本概念，状况和问题》，《人口与计划生育》第 6 期。

［134］魏下海、黄乾，2011，《天津市农民工就业现状与收入影响因素研究》，《农业技术经济》第 5 期。

［135］温铁军，2000，《中国的城镇化道路与相关制度问题》，《开放导报》第 5 期。

［136］文东茅，2005，《我国高等教育机会、学业及就业的性别比较》，《清华大学教育研究》第 5 期。

［137］翁定军、何丽，2007，《社会地位与阶级意识的定量研究——以上海地区的阶层分化为例》，上海人民出版社。

[138] 吴冰，2008，《农民工"退保潮"因何而起》，《人民日报》1月8日，第10版。

[139] 吴晓刚，2007，《中国的户籍制度与代际职业流动》，《社会学研究》第6期。

[140] 吴愈晓，2011，《社会关系、初职获得方式与职业流动》，《社会学研究》第5期。

[141] 肖文涛，2001，《中国中间阶层的现状与未来发展》，《社会学研究》第3期。

[142] 谢周亮，2010，《家庭背景、人力资本与个人收入差异》，《财经科学》第5期。

[143] 邢春冰，2008，《农民工与城镇职工的收入差距》，《管理世界》第5期。

[144] 徐艳，2001，《关于城市边缘人现代性的探讨——对武汉市260名农民工的调查与分析》，《青年研究》第11期。

[145] 杨东平主编，2013，《中国教育发展报告（2013）》，社会科学文献出版社。

[146] 杨菊华，2009，《从隔离、选择融入到融合：流动人口社会融入问题的理论思考》，《人口研究》第1期。

[147] 杨菊华，2010，《城乡差分与内外之别：流动人口经济融入水平研究》，《江苏社会科学》第3期。

[148] 杨小柳，2019，《民族地区新型城镇化发展路径探略：基于新发展理念的分析》，《广西民族大学学报》（哲学社会科学版）第1期。

[149] 张斌贤，2001，《流动人口子女教育研究的现状与趋势》，《清华大学教育研究》第4期。

[150] 张敦福，1998，《城市相对贫困问题中的特殊群体：城市农民工》，《人口研究》第2期。

[151] 张利萍，2008，《战后美国人口流动的新变化及对我国的启示》，《山西大学学报》（哲学社会科学版）第4期。

[152] 张明斗、葛于壮，2019，《民族地区城镇化发展模式及路径创新——基于四川、广西、贵州等地的调研分析》，《民族学刊》第10期。

[153] 张清郎，2011，《中国转型期流动人口犯罪研究》，博士学位论文，西南财经大学。

[154] 张庆五，1988，《关于人口迁移与流动人口概念问题》，《人口研究》第 3 期。

[155] 张庆五、张云，2002，《从国外民事登记看我国户籍制度改革》，《人口与计划生育》第 3 期。

[156] 张世伟、吕世斌，2008，《家庭教育背景对个人教育回报和收入的影响》，《人口学刊》第 3 期。

[157] 张文宏，2005，《城市居民社会网络资本的阶层差异》，《社会学研究》第 4 期。

[158] 张文宏，2006，《社会网络资源在职业配置中的作用》，《社会》第 6 期。

[159] 张文新，2002，《近十年来美国人口迁移研究》，《人口研究》第 4 期。

[160] 张雪筠，2002，《心理疏离与民工犯罪——城市化进程中民工犯罪的心理分析》，《理论与现代化》第 6 期。

[161] 章礼明，2001，《广州市流动人口犯罪问题研究》，《广州大学学报》（综合版）第 1 期。

[162] 赵娟，2003，《城市流动人口子女教育的现状》，《社会》第 9 期。

[163] 赵频、赵芬、刘欣，2005，《美国社会学家关于地位不一致研究的概述》，《社会》第 5 期。

[164] 赵延东、王奋宇，2002，《城乡流动人口的经济地位获得及决定因素》，《中国人口科学》第 4 期。

[165] 郑秉文，2008，《改革开放 30 年中国流动人口社会保障的发展与挑战》，《中国人口科学》第 5 期。

[166] 郑路，1999，《改革的阶段性效应与跨体制职业流动》，《社会学研究》第 6 期。

[167] 中国社会科学院"当代中国人民内部矛盾研究"课题组，2004，《城市人口的阶层认同现状及影响因素》，《中国人口科学》第 5 期。

[168] 中华人民共和国国家统计局编，2012，《中国统计年鉴（2012）》，中国统计出版社。

[169] 周皓，2012，《流动人口社会融合的测量及理论思考》，《人口研究》第 3 期。

[170] 周满生，2012，《中国高等教育的改革与发展》，《中国党政干部论坛》第 10 期。

[171] 周明宝，2004，《城市滞留型青年农民工的文化适应与身份认同》，《社会》第 5 期。

[172] 周玉，2006，《社会网络资本与干部职业地位获得》，《社会》第 1 期。

[173] 朱力，2001，《群体性偏见与歧视——农民工与市民的磨擦性互动》，《江海学刊》第 6 期。

[174] 朱力，2002，《论农民工阶层的城市适应》，《江海学刊》第 6 期。

[175] 朱力，2005，《从流动人口的精神文化生活看城市适应》，《河海大学学报》（哲学社会科学版）第 3 期。

[176] 邹德慈，2004，《对中国城镇化问题的几点认识》，《城市规划汇刊》第 3 期。

二　外文文献

[1] Atkinson, J. W., Raynor J. O., & Birch D., 1974, *Motivation and achievement*, Winston.

[2] Averitt, R. T., 1968, *The dual economy: the dynamics of American industry structure*, W. W. Norton.

[3] Baxter, J., 1994, "Is husband's class enough? Class location and class identity in the United States, Sweden, Norway, and Australia," *American Sociological Review*, 59 (2): 220-235.

[4] Beck, E. M., Horan P., & Tolbert C., 1978, "Stratification in a dual economy: a sectoral model of earnings determination," *American Sociological Review*, 43 (5): 704-720.

[5] Beggs, J. I. & Hurlbert J. S., 1997, "The social context of men's and women's job search ties: membership in voluntary organizations, social resources, and job search outcomes," *Sociological Perspectives*, 40 (4): 601-622.

［6］ Bian, Yanjie, 1994, Work and inequality in urban China, State University of New York Press.

［7］ Bian, Y. J. & Logan J. R. , 1996, "Market transition and the persistence of power: the changing stratification system in urban China," *American Sociological Review*, 61 (5): 739-758.

［8］ Blau, F. D. & Kahn, L. M. , 2006, "The U. S. gender pay gap in the 1990s: slowing convergence," *Industrial and Labor Relations Review*, 60 (1): 45-66.

［9］ Blau, P. M. & Duncan O. D. , 1967, *The American occupational structure*, Wiley.

［10］ Blau, P. M. & Ruan D. Q. , 1990, "Inequality of opportunity in urban China and America," *Research in Social Stratification and Mobility*, 9: 3-32.

［11］ Bond, R. & Saunders P. , 1999, "Routes of success: influences on the occupational attainment of young British males," *The British Journal of Sociology*, 50 (2): 217-249.

［12］ Bowen, H. R. , 1977, *Investment in learning: the individual and social value of American higher education*, Jhu Press.

［13］ Breen, R. & Goldthorpe J. H. , 2001, "Class, mobility and merit the experience of two British birth cohorts," *European Sociological Review*, 17 (2): 81-101.

［14］ Breen, R. & Goldthorpe J. H. , 2002, "Merit, mobility and method: another reply to Saunders," *The British Journal of Sociology*, 53 (4): 575-582.

［15］ Brødsgaard, K. E. , 2012, "Politics and business group formation in China: the party in control?" *The China Quarterly*, 211: 624-648.

［16］ Cantril, H. , 1943, "Identification with social and economic class," *The Journal of Abnormal and Social Psychology*, 38 (1): 74-89.

［17］ Casmon, N. , 1981, "Economic integration of immigrants," *American Journal of Economics and Sociology*, 40 (2): 149-163.

［18］ Cheng, T. & Selden M. , 1994, "The origins and social consequences of

China's hukou system," *The China Quarterly*, 139: 644–668.

[19] Cherrington, D. J., 1980, *The work ethic: working values and values that work*, Amacom.

[20] Coleman, J. S., 1988, "Social capital in the creation of human capital," *American Journal of Sociology*, 94 (Suppl.): S95–S120.

[21] Datcher, L., 1982, "Effects of community and family background on achievement," *The Review of Economics and Statistics*, 64 (1): 32–41.

[22] Davis, J. A., 1956, "Status symbols and the measurement of status perception," *Sociometry*, 19 (3): 154–165.

[23] Davis, K. & Moore W. E., 1945, "Some principles of stratification," *American SociologicalReview*, 10 (2): 242–249.

[24] Deary, I. J., Taylor M. D., Hart C. L., Wilson V., Smith G. D., & Blane D. et al, 2005, "Intergenerational social mobility and mid-life status attainment: influences of childhood intelligence, childhood social factors, and education," *Intelligence*, 33 (5): 455–472.

[25] Deng, Z. & Treiman D. J., 1997, "The impact of the cultural revolution on trends in educational attainment in the People's Republic of China," *American Journal of Sociology*, 103 (2): 391–428.

[26] Duncan, O. D., 1982, "Ability and achievement," *Biodemography and Social Biology*, 29 (3–4): 208–220.

[27] Duncan, O. D., Featherman D. L., & Duncan B., 1972, *Socioeconomic background and achievement*, Seminar Press.

[28] Dustmann, C., Bentolila S., & Faini R., 1996, "Return migration: the European experience," *Economic Policy*, 11 (22): 213–250.

[29] Edwards, R. 1979, *Contested terrain: the transformation of the workplace in the twentieth century*, Basic Books.

[30] Fan, C. C., 2002, "The elite, the natives, and the outsiders: migration and labor market segmentation in urban China," *Annals of the Association of American Geographers*, 92 (1): 103–124.

[31] Featherman, D. L., Jones F. L., & Hauser R. M., 1975, "Assumptions of social mobility research in the US: the case of occupational sta-

tus," *Social Science Research*, 4（4）: 329–360.

[32] Freese, J., 2006, "The just meritocracy: IQ, class mobility, and American social policy," *Contemporary Sociology: A Journal of Reviews*, 35（3）: 250–252.

[33] Glass, D. V., 1954, *Social mobility in Britain*, Routledge & Kegan Paul.

[34] Gough, H. G., 1948, "A new dimension of status. Ⅰ. development of a personality scale," *American Sociological Review*, 13（4）: 401–409.

[35] Granovetter, M., 1973, "The strength of weak ties," *American Journal of Sociology*, 78（6）: 1360–1380.

[36] Granovetter, M., 1974, *Getting a job: a study of contacts and careers*, Harvard University Press.

[37] Granovetter, M., 1985, "Economic action and social structure: the problem of embeddedness," *American Journal of Sociology*, 91（3）: 481–510.

[38] Haller, A. O., 1970, "Changes in the structure of status systems," *Rural Sociology*, 35（4）: 469–487.

[39] Halsey, A. H., Heath A. F., & Ridge J. M., 1980, *Origins and destinations: family, class, and education in modern Britain*, Clarendon Press.

[40] Hauser, R. M. & Featherman D. L., 1977, *The process of stratification: trends and analyses*, Academic Press.

[41] Heath, A., 1981, *Social mobility*, Fontana paperbacks.

[42] Heise, D. R., 1972, "Employing nominal variables, induced variables, and block variables in path analyses," *Sociological Methods & Research*, 1（2）: 147–173.

[43] Herrnstein, R. J., 1973, *IQ in the meritocracy*, Allen Lane.

[44] Herrnstein, R. J., Murray C., 1994, *The bell curve: the reshaping of American life by differences in intelligence*, Free Press.

[45] Hodge, R. W. & Treiman D. J., 1968, "Social participation and social status," *American Sociological Review*, 33（5）: 722–740.

[46] Hodge, R. W., Siegel P. M., & Rossi P. H., 1966, "Occupational prestige in the United States: 1925–1963," in Bendix R. & Lipset S. M., *Class, Status and Power: Social Stratification in Comparative Perspective*, Free Press.

[47] Huff, T. E., 1973, "Theoretical innovation in science: the case of William F. Ogburn," *American Journal of Sociology*, 79 (2): 261–277.

[48] Inkeles, A. & Smith D. H., 1974, *Becoming modern: individual change in six developing countries*, Harvard University Press.

[49] Isonio, S. A. & Garza R. T., 1987, "Protestant work ethic endorsement among Anglo Americans, Chicanos, and Mexicans: a comparison of factor structures," *Hispanic Journal of Behavioral Sciences*, 9 (4): 413–425.

[50] Jackman, M. R. & Jackman R. W., 1973, "An interpretation of the relation between objective and subjective social status," *American Sociological Review*, 38 (5): 569–582.

[51] Jackman, M. R., 1979, "The subjective meaning of social class identification in the United States," *Public Opinion Quarterly*, 43 (4): 443–462.

[52] Jacobs, D. & Tillie J., 2004, "Introduction: social capital and political integration of migrants," *Journal of Ethnic and Migration Studies*, 30 (3): 419–427.

[53] Jonnalagadda, S. S. & Diwan, S., 2002, "Social integration and health among Asian Indian immigrants in the United States," *Journal of Gerontological Social Work*, 36 (1–2): 45–62.

[54] Karabel, J., 1972, "Community colleges and social stratification," *Harvard Educational Review*, 42 (4): 521–562.

[55] Kerckhoff, A. C., 1974, "Stratification processes and outcomes in England and the US," *American Sociological Review*, 39 (6): 789–801.

[56] Kerckhoff, A. C., Campbell R. T., & Trott J. M., 1982, "Dimensions of educational and occupational attainment in Great Britain," *American Sociological Review*, 47 (3): 347–364.

[57] Kerr, C. , 1954, "The balkanization of labor markets," in E. W. Bakke (ed.), *Labor mobility and economic opportunity*, John Wiley and Sons.

[58] Kerr, C. , 1977, *Labor markets wage determination: the balkanization of labor markets*, University of California Press.

[59] Kluegel, J. R. , Singleton R. , & Starnes C. E. , 1977, "Subjective class identification: a multiple indicator approach," *American Sociological Review*, 42 (4): 599-611.

[60] Knight, J. , Song L. , & Huaibin J. , 1999, "Chinese rural migrants in urban enterprises: three perspectives," *The Journal of Development Studies*, 35 (3): 73-104.

[61] Korenman, S. & Winship C. , 2000, "A reanalysis of the bell curve: intelligence, family background, and schooling," in K. Arrow, S. Bowles, & S. Durlauf (eds.), *Meritocracy and economic inequality* (pp. 137-178), Princeton University Press.

[62] Lampman, R. J. , 1962, *The share of top wealth-holders in national wealth*, Princeton University Press.

[63] Lehman, E. W. , 1969, "Toward a macrosociology of power," *American Sociological Review*, 34 (4): 453-465.

[64] Lemann, N. , 1999, *The big test: the secret history of the American meritocracy*, Farrar, Straus and Giroux.

[65] Lenski, G. E. , 1954, "Status crystallization: a non-vertical dimension of social status," *American Sociological Review*, 19 (4): 405-413.

[66] Lenski, G. E. , 1966, *Power and privilege: a theory of social stratification*, McGraw-Hill.

[67] Levin, David A. & Sze Yeung, 1996, "The Hong Kong work ethic," in *Work and society: Labour and human resources in East Asia* (pp. 135-154), Hong Kong University Press.

[68] Levitt, P. , DeWind J. , & Vertovec S. , 2003, "International perspectives on transnational migration: an introduction," *International Migration Review*, 37 (3): 565-575.

[69] Lin, Nan, 1982, "Social resources and instrumental action," in Peter

V. M. & Nan Lin, *Social structure and network analysis*, Sage Press.

[70] Lin, N. & Bian Y. J., 1991, "Getting ahead in urban China," *American Journal of Sociology*, 97 (3): 657–688.

[71] Lin, N., Vaughn J. C., & Ensel W. M., 1981, "Social resources and occupational status attainment," *Social Forces*, 59 (4): 1163–1181.

[72] Lipset, S. M. & Bendix R., 1953, *Class, status and power: a reader in social stratification*, Free Press of Glencoe.

[73] Ma, L. C., 1986, "The protestant ethic among Taiwanese college students," *The Journal of Psychology*, 120 (3): 219–224.

[74] Marsden, P. V. & Hurlbert J. S., 1988, "Social resources and mobility outcomes: a replication and extension," *Social Forces*, 66 (4): 1038–1059.

[75] Maurer-Fazio, M. & Dinh N., 2004, "Differential rewards to, and contributions of, education in urban China's segmented labor markets," *Pacific Economic Review*, 9 (3): 173–189.

[76] McClelland, D. C., 1961, *The achievement society*, D. Van Nostrand Company.

[77] Meng, X. & Zhang J., 2001, "The two-tier labor market in urban China: occupational segregation and wage differentials between urban residents and rural migrants in Shanghai," *Journal of Comparative Economics*, 29 (3): 485–504.

[78] Miller, H. P., 1966, *Income distribution in the United States*. Government Printing Office.

[79] Miller, M. J., Woehr D. J., & Hudspeth N., 2002, "The meaning and measurement of work ethic: construction and initial validation of a multidimensional inventory," *Journal of Vocational Behavior*, 60 (3): 451–489.

[80] Nee, V., 1989, "A theory of market transition: from redistribution to markets in state socialism," *American Sociological Review*, 54 (5): 663–681.

[81] Niles, F. S., 1999, "Toward a cross-cultural understanding of work-re-

lated beliefs," *Human Relations*, 52 (7): 855-867.

[82] Ogburn, W. F. 1922, *Social change: with respect to culture and original nature*, B. W. Huebsch, Inc.

[83] Parish, W. L. , 1984, "Destratification in China," in J. Watson (ed.), *Class and social stratification in post-revolution China*, Cambridge University Press.

[84] Parish, W. L. & Michelson E. , 1996, "Politics and markets: dual transformations," *American Journal of Sociology*, 101 (4): 1042-1059.

[85] Parkin, F. , 1971, *Class inequality and political order: social stratification in capitalist and communist societies*, Praeger Publishers.

[86] Pincus, F. L. , 1980, "The false promises of community colleges: class conflict and vocational education," *Harvard Educational Review*, 50 (3): 332-361.

[87] Poulantzas, N. , 1982, "On social classes," in Giddens A. & Held D. (eds.), *Classes, power and conflict*, University of California.

[88] Pöntinen, S. , 1976, *Patterns of social mobility in the Scandinavian countries*, University of Helsinki.

[89] Raftery, A. E. & Hout M. , 1993, "Maximally maintained inequality: expansion, reform, and opportunity in Irish education, 1921-75," *Sociology of Education*, 66 (1): 41-62.

[90] Rigby, T. H. , 2019, *Communist Party membership in the USSR*, Princeton University Press.

[91] Ritter, K. V. & Hargens L. L. , 1975, "Occupational positions and class identifications of married working women: a test of the asymmetry hypothesis," *American Journal of Sociology*, 80 (4): 934-948.

[92] Robert, B. & Form, W. H. , 1977, "The effects of industrial, occupational, and sex stratification on wages in blue-collar markets," *Social Forces*, 55 (4): 974-996.

[93] Rona-Tas, A. 1994, "The first shall be last? entrepreneurship and communist cadres in the transition from socialism," *American Journal of Sociology*, 100 (1): 40-69.

［94］ Roos, P. A. , 1985, *Gender and work*: *a comparative analysis of indus-trial societies*, Suny Press.

［95］ Rosen, B. C. , Crockett H. J. , & Nunn C. Z. , 1969, *Achievement in American society*, Schenkman.

［96］ Runciman, W. G. , 1968, "Class, status, and power," in Jackson J. A. (ed.), *Social stratification*, Cambridge University Press.

［97］ Saunders, P. , 1997, "Social mobility in Britain: an empirical evalua-tion of two competing explanations," *Sociology*, 31 (2): 261-288.

［98］ Saunders, P. , 2002, "Reflections on the meritocracy debate in Britain: a response to Richard Breen and John Goldthorpe," *The British Journal of Sociology*, 53 (4): 559-574.

［99］ Segal, D. R. , 1969, "Status inconsistency, cross pressures, and A-merican political behavior," *American Sociological Review*, 34 (3): 352-359.

［100］ Seibert, S. E. , Crant J. M. , & Kraimer M. L. , 1999, "Proactive personality and career success," *Journal of Applied Psychology*, 84 (3): 416.

［101］ Sewell, W. H. & Hauser R. M. , 1972, "Causes and consequences of higher education: models of the status attainment process," *American Journal of Agricultural Economics*, 54 (5): 851-861.

［102］ Sewell, W. H. & Hauser R. M. , 1975, *Education*, *occupation*, *and earnings*: *achievement in the early career*, Academic Press.

［103］ Sewell, W. H. & Shah V. P. , 1967, "Socioeconomic status, intelli-gence, and the attainment of higher education," *Sociology of Educa-tion*, 40 (1): 1-23.

［104］ Sewell, W. H. , Haller A. O. , & Portes A. , 1969, "The educational and early occupational attainment process," *American Sociological Re-view*, (34): 82-92.

［105］ Singh-Manoux, A. , Marmot M. G. , & Adler N. E. , 2005, "Does subjective social status predict health and change in health status better than objective status?" *Psychosomatic Medicine*, 67 (6): 855-861.

[106] Sorokin, P. A., 1927, *Social mobility*, Harper and Brothers.

[107] Stehr, N., 1968, "Status consistency: the theoretical concept and its empirical referent," *Pacific Sociological Review*, 11 (2): 95–99.

[108] Stolzenberg, R. M., 1975, "Occupations, labor markets and the process of wage attainment," *American Sociological Review*, 40 (5): 645–665.

[109] Svalastoga, K., 1965, *Social differentiation*, David McKay Company.

[110] Szelényi, I., 1987, "The prospects and limits of the East European New Class project: an auto-critical reflection on 'The Intellectuals on the Road to Class Power'," *Politics and Society*, 16 (2): 103–144.

[111] Szelényi, I., & Szelényi, S., 1995, "Circulation or reproduction of elites during the postcommunist transformation of Eastern Europe: introduction," *Theory and Society*, 24 (5): 615–638.

[112] Tigges, L. M., 1988, "Age, earnings, and change within the dual economy," *Social Forces*, 66 (3): 676–698.

[113] Titma, M., Tuma N. B., & Roosma K., 2003, "Education as a factor in intergenerational mobility in Soviet society," *European Sociological Review*, 19 (3): 281–297.

[114] Tolbert, C., Horan P. M., & Beck E. M., 1980, "The structure of economic segmentation: a dual economy approach," *American Journal of Sociology*, 85 (5): 1095–1116.

[115] Treiman, D. J. & Yip K. B., 1989, "Educational and occupational attainment in 21 countries," in *Cross-national research in sociology* (pp. 373–394), Sage Publication.

[116] Treiman, D. J. & Roos P. A., 1983, "Sex and earnings in industrial society: a nine-nation comparison," *American Journal of Sociology*, 89 (3): 612–650.

[117] Treiman, D. J., 1970, "Industrialization and social stratification," *Sociological Inquiry*, 40 (2): 207–234.

[118] Treiman, D. J., 1977, *Occupational prestige in comparative perspective*, Academic Press.

[119] Turner, R. H., 1960, "Sponsored and contest mobility and the school system," *American Sociological Review*, 25 (6): 855-867.

[120] Walder, A. G., 1995, "Career mobility and the communist political order," *American Sociological Review*, 60 (3): 309-328.

[121] Walder, A. G., 1996, "Markets and inequality in transitional economies: toward testable theories," *American Journal of Sociology*, 101 (4): 1060-1073.

[122] Walder, A. G., 2002, "Beijing red guard factionalism: social interpretations reconsidered," *Journal of Asian Studies*, 61 (2): 437-471.

[123] Wallace, M. & Kalleberg A. L., 1981, "Economic organization of firms and labor market consequences: toward a specification of dual economy theory," in *Sociological perspectives on labor markets* (pp. 77-117), Academic Press.

[124] Walton, J., 1971, "A methodology for the comparative study of power: some conceptual and procedural applications," *Social Science Quarterly*, 52 (1): 39-60.

[125] Warner, W. L. & Lunt P. S., 1941, *The social life of a modern community*, Yale.

[126] Wegener, B., 1991, "Job mobility and social ties: social resources, prior job, and status attainment," *American Sociological Review*, 56 (1): 60-71.

[127] White, K. R., 1982, "The relation between socioeconomic status and academic achievement," *Psychological Bulletin*, 91 (3): 461.

[128] Whyte, M. K., 1975, "Inequality and stratification in China," *The China Quarterly*, 64: 685-711.

[129] Whyte, M. K., 2010, "The paradoxes of rural-urban inequality in contemporary China," in Whyte M. K., *One country, two societies: rural-urban inequality in contemporary China*, Harvard University Press.

[130] Whyte, M. K. & Parish W. L., 1984, *Urban life in contemporary China*, University Chicago Press.

[131] Wong, D. F. K., Li, C. Y., & Song H. X. 2007, "Rural migrant

workers in urban China: living a marginalised life," *International Journal of Social Welfare*, 16 (1): 32-40.

[132] Wright, E. O. & Perrone L. , 1977, "Marxist class categories and income inequality," *American Sociological Review*, 42 (1): 32-55.

[133] Wu, X. & Treiman D. J. , 2004, "The household registration system and social stratification in China: 1955 - 1996," *Demography*, 41 (2): 363-384.

[134] Young, M. , 1958, *The rise of the meritocracy , 1870-2033: an essay on education and society*, Thames and Hudson.

[135] Zang, X. , 1991, "Elite formation and the bureaucratic—technocracy in Post-Mao China," *Studies in Comparative Communism*, 24 (1): 114-123.

[136] Zhou, X. , 2000, "Economic transformation and income inequality in urban China: evidence from panel data," *American Journal of Sociology*, 105 (4): 1135-1174.

[137] Zhou, X. , Tuma N. B. , & Moen P. , 1996, "Stratification dynamics under state socialism: the case of urban China, 1949 - 1993," *Social Forces*, 74 (3): 759-796.

▶▶ 后　记

　　随着中国式现代化建设的不断推进，越来越多的人从农村流向城市，从小城镇流向大城市，但以户籍制度为基础的政策安排对流动人口平等享受本地市民待遇、平等获得社会地位带来了较大阻碍，违背了社会公平正义的原则，也不利于社会的稳定和发展。本书试图从社会分层和社会流动的视角出发，对流动人口的地位状况及获得方式进行研究。

　　以往对流动人口的研究主要集中于从农村到城市的流动人口，缺乏对从城市到城市这部分群体的研究。本书从城乡户籍和流动与否的维度，区分了农村本地人口、城镇本地人口、乡—城流动人口、城—城流动人口这四类群体，对他们的教育地位、职业地位、经济地位、政治地位和主观地位进行了论述。这样的区分方法在国内外的研究中都比较少见。

　　在研究资料和方法上，本书利用清华大学中国经济社会数据研究中心2012—2013年"中国城镇化与劳动移民研究"调查数据，采用定量统计分析方法，对四类群体的地位状况和地位获得方式进行了研究。调查数据虽然稍显陈旧，但在当时，这是国内较早对流动人口开展的全国性抽样调查，能够记录和显示出我国流动人口当时的整体情况和基本趋势，具有较高的学术研究价值。

　　在地位获得方式上，以往研究的缺陷在于，没有区分自致因素中的个人努力因素和天赋因素，也较少考虑常规自致因素之外的非常规地位获得情况，难以解释流动人口地位获得的机制。本书研究发现，流动人口虽然受到政策排斥，但仍然在与本地人口的竞争中获得一定的社会地位，教育地位、经济地位和职业地位高于本地人口，而政治地位和主观地位却低于本地人口。究其原因，在于流动人口更加渴望成功并付出了超常的努力，本书将这种地位获得方式称为"地位争得",即一种通过个人更强烈的成就动机和更多的努力而达成的奋斗型地位获得模式。这是本书的一个创新点。

通过运用"先赋—自致"的地位模型分析,本书发现,相对于本地人口,流动人口在教育地位、经济地位和职业地位等地位的获得中更加依赖自致因素。本书还对出身地位和目前地位进行对比分析,以进一步证明流动人口的地位获得是一种"地位争得"模式。流动人口在各方面的地位不一致,在某些地位上仍然处于劣势,是因为主观地位比较特殊,出现地位争得失效的现象,而那些较为开放的领域,如教育和收入等,则是可争得的。因此,本书所得到的一些结论可以为我国人口高质量发展工作提供参考。例如:破除阻碍劳动力流动的体制机制障碍,帮助农民工安心进城、稳定就业,持续推进农业转移人口市民化;运用引导和激励的办法,提高人口治理能力和水平;等等。

本书创新性地提出"地位争得"概念,以此来解释流动人口教育地位、经济地位和职业地位相对较高,靠的是自身的加倍努力和超出常人的付出。这也与流动人口辛勤工作、拼命奋斗的社会常识相吻合。中国能够在几十年的时间保持经济高速发展,综合国力位于世界前列,也与大量加班加点、辛勤工作的劳动者密不可分。他们的奋斗不仅为自己争得了较高的社会地位,也汇聚成了改革开放以来中国龙腾飞的壮阔历史。历史将铭记这段辉煌,本书则书写这一群体。

著作行将出版,其中曲折只有自己知道。本书是在本人博士学位论文的基础上修改完成的,不仅包含三年博士阶段的学习收获,也有工作 9 年来的心得体会。

博士期间给予我最大帮助、对我影响最深的就是导师李强教授。李老师在学术上的造诣令我深感社会学之博大精深,他的社会关怀和人文情怀指引着我的研究方向。李老师的研究立意高远,他严谨的态度、缜密的思考、身体力行的调研,无一不是我学习的榜样。我在清华大学学习期间,参与的各个科研项目、学术会议也大多是李老师组织和发起的,在这方面的锻炼也得益于李老师的培养。在生活中,李老师对学生的关心和鼓励也细致入微,他的和蔼、慈善、宽容,让我终生难忘。2014 年的春节,为了完成博士学位论文,我没有回家过年,一个人在宿舍废寝忘食地写作。李老师关心地问我过年在学校有没有吃饭的地方，还和师母在大年初五到我宿舍，给我送来了热腾腾的饭菜，着实令我感动。我认为，用"一日为师，终身为父"来形容李老师在我心目中的地位，一点都不为过。

工作以来，我的教学科研任务较多，所以本书的修改和出版搁浅了下来，社会科学文献出版社的刘荣副编审多次与我沟通，但是未能按时交稿，心中深感歉意。今年有幸得到内蒙古大学高端成果培育项目的资助，加之几年前李强老师的课题经费资助，使得本书的出版"箭在弦上，不得不发"。所以本书的出版并不是我一个人的功劳，我只是书写者，其中包含很多老师、同学、家人的帮助，还有若干课题在经费和数据资料上的支持。特此致谢！

刘　强

2023 年 5 月